Das Glück erweist sich also als etwas,
das abschließend und autark ist –
es ist das Ziel all dessen, was wir tun.

ARISTOTELES,
NIKOMACHISCHE ETHIK I.5.4 [1]

Von Marken und Menschen

Arbeit, Führung und das Gute Leben

Andreas Freitag

verlag hermann schmidt

Inhalt

Einleitung

Einleitung

Wovon ich spreche, wenn ich von Marken spreche

Denken Sie bitte an eine Marke. Irgendeine Marke. Die erste, die Ihnen in den Sinn kommt.

Woran haben Sie gedacht? An Coca-Cola? An Apple oder Google? Oder vielleicht an BMW, Mercedes oder Volkswagen? Wenn im Alltag von Marken die Rede ist, egal ob im Freundeskreis oder in öffentlichen Diskussionen, geht es meist um unser Einkaufsverhalten und um die Weltmarken, die aus unserem Leben kaum noch wegzudenken sind. Wir schätzen die Marken, für die wir uns entscheiden, wenn es um die Wahl unseres Autos, unseres Telefons oder der richtigen Sportschuhe geht. Wir vertrauen im Supermarkt den Marken, mit denen wir aufgewachsen sind, und greifen immer wieder zum gleichen Käse. Dabei beschleicht uns das Gefühl, dass wir unseren Lieblingsmarken auf den Leim gehen und viel zu viel für etwas bezahlen, das auch besser oder wenigstens günstiger zu haben wäre. Fernsehen und Presse gehen der Sache auf den Grund, indem sie regelmäßig Vergleiche anstellen zwischen Markenprodukten und – ja, was eigentlich?

Der Begriff *Markenprodukt* tut so, als ob es auch Nicht-Marken-Produkte gäbe, ähnlich wie uns der Begriff *Designermöbel* weismachen möchte, dass es auch Möbel geben könnte, die niemand entworfen hätte. In Wirklichkeit steckt natürlich hinter jedem Möbelstück ein Designer, und genauso lässt sich auch jedes Produkt als Marke betrachten. Die Frage ist nicht, ob es sich um ein Markenprodukt handelt, sondern um was für eine Art von Marke es sich handelt und wie die Marke mit uns spricht. Während wir die eine Marke schon lange kennen, mit ihr schon Erfahrungen gesammelt haben und ihr gewisse Eigenschaften zuschreiben, begegnet uns eine andere Marke vielleicht zum ersten Mal oder tritt äußerst zurückhaltend auf. Eine Marke gibt möglicherweise seit vielen Jahren sehr viel Geld für Werbung aus, eine andere verspricht den günstigsten Preis, und wieder eine andere wurde uns von Freunden als besonders gesund, individuell oder umweltfreundlich empfohlen.

Als Hamburger Jung bin ich mit dem Satz »Du bist vielleicht 'ne Marke« aufgewachsen. Über meine Freunde oder Mitschüler hieß es schon mal, »das ist auch so 'ne Marke«. Mit diesem liebevollen Urteil wurde uns bescheinigt, dass wir uns einen bestimmten Ruf erarbeitet, einen Charakter entwickelt hatten. Dabei sind Menschen natürlich keine Marken, genauso wie Produkte oder Unternehmen keine Marken sind. Wir können sie jedoch als Marken betrachten. Die Marke und die Sache selbst sind zwei Seiten derselben Medaille. Auf der einen Seite sehen wir die messbaren und zählbaren Eigenschaften: Wir wissen, wie alt und groß so ein Schüler ist, welche Klasse er besucht und was für Noten er nach Hause bringt. Wir können die Größe und den Umsatz eines Unternehmens ermitteln oder den Nährwert und den Zuckergehalt eines Lebensmittels bestimmen. Auf der anderen Seite, der Seite der Marke, stehen all die Geschichten, die wir uns über ein Produkt oder eine Organisation erzählen, die Summe aller Erfahrungen, die wir gemacht, und alle Meinungen, die wir gehört haben. Die eine Seite der Medaille liefert uns Fakten und Informationen, auf der anderen Seite entdecken wir Persönlichkeit und Charakter.

Beide Seiten sind untrennbar miteinander verbunden wie Körper und Seele. Sie beeinflussen sich gegenseitig und lassen sich dennoch getrennt voneinander betrachten.

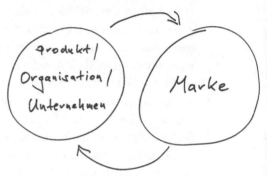

Wenn ich in diesem Buch also von Marken spreche, dann spreche ich davon, wofür etwas steht und was wir damit verbinden. Ich betrachte die Welt durch eine »Marken-Brille« und möchte Sie davon überzeugen, dass es sich lohnen kann, dies in Zukunft gelegentlich etwas bewusster und zielgerichteter zu tun. Denn dabei geht es um viel mehr als um unseren Einkauf im Supermarkt oder die Entscheidung für das nächste Auto. Marken begegnen uns ständig und überall.

Vielleicht sind auch Ihre Eltern irgendwann mit Ihnen in eine Kleinstadt gezogen. Vielleicht gab es auch in dieser Kleinstadt zwei Gymnasien, die sich ganz unterschiedliche Werte auf die Fahnen geschrieben hatten. Vielleicht gab es eine Handvoll Bäckereien, mit mehr oder weniger gutem Ruf. Vielleicht gab es einen blauen und einen roten Sportverein, die jeweils ihre eigene Kultur pflegten. Und wahrscheinlich mussten Sie sich nach dem Schulabschluss für einen Studiengang oder eine Berufsausbildung und einen Arbeitgeber entscheiden. All dies sind Marken, mit denen wir uns beschäftigen, zu denen wir uns verhalten und die einen großen Teil unseres Lebens ausmachen.

Viele Firmen arbeiten mit einem mehr oder weniger bekannten Logo, ihrem Markenzeichen. Einige Unternehmen lassen ihre Marken sogar registrieren und damit rechtlich schützen. In unserer Kleinstadt vor den Toren Hamburgs gab es zwar keinen McDonalds, dafür aber einen Imbiss, der ganz ohne Logo einfach nur als »die Schiebetür« bekannt war – für uns damals dennoch eine bedeutende und hochgeschätzte Marke. Marken sind mehr als Markenzeichen und wir brauchen kein Logo, um von einer Marke sprechen zu können. Alles, was wir brauchen, ist etwas Verbindendes. So können Sie etwa die Abteilung, in der Sie arbeiten, als Marke betrachten, die Gruppe, mit der Sie sich jeden Montag nach Feierabend zum Laufen treffen, oder den Verein, in dem Sie sich für eine gute Sache engagieren. Warum Sie das tun sollten? Davon handelt dieses Buch. Nur so viel vorab: Ich bin davon überzeugt, dass Marken uns dabei helfen können, uns in der Welt besser zurechtzufinden, gute Entscheidungen zu treffen und glücklichere Menschen zu werden. Und wenn ich in diesem Buch von Menschen spreche, dann spreche ich weder von Konsumenten, noch von Zielgruppen oder von personellen Ressourcen, sondern meine echte Menschen aus Fleisch und Blut und wende mich dabei insbesondere an Menschen, die mitten im Berufsleben stehen.

An wen wendet sich dieses Buch?
Gedanken für die Teeküche

Lieber Leser, sollten Sie sich beruflich mit Marken oder Marketing beschäftigen oder gar in einer Agentur arbeiten, so muss ich Sie warnen. Falls Sie gerade in einer Buchhandlung stehen, was bei Ihrem Beruf eher unwahrscheinlich sein dürfte, möchte ich Sie vor einem Fehlkauf bewahren. Und falls Sie dieses Buch über das Internet erworben haben, so bedanke ich mich und kann Ihnen den besten Dienst erweisen, indem ich es Ihnen erspare, Ihrem guten Geld auch noch kostbare Zeit hinterherzuwerfen. Denn dies ist kein Buch über Markenführung. Überhaupt ist es kein Fachbuch, das Ihnen Wissen vermitteln möchte, sondern höchstens ein Sachbuch, das sich um ein wenig Weisheit bemüht. Ein Buch, das aus der Überzeugung entstanden ist, dass wir Marken nutzen können, um in unserer säkularen Welt zu verhandeln, was gut ist und was uns voranbringt auf dem Weg zu einem besseren Leben. Und das wiederum hat sehr viel mit Führung zu tun und sehr wenig mit Markenführung.

Ehrlich gesagt habe ich nie verstanden, was das eigentlich sein soll, »Markenführung«. Wie führt man denn eine Marke? Wie eine Armee? Wie die Einkaufsabteilung eines mittelständischen Unternehmens? Wie ein Orchester oder ein Restaurant? Führung hat immer etwas mit Menschen zu tun, und bis Sie mich davon überzeugen, dass Ihre Marke ein Kollege ist, der sein Büro irgendwo im Nachbargebäude hat, werde ich bezweifeln, dass Marken sich führen lassen. Aber vielleicht ist das ja auch nur ein dummer Übersetzungsfehler. Als deutschsprachige Werber und Verkäufer gehen wir ja häufig sehr lässig mit der englischen Sprache um. Hat da vielleicht irgendwann mal jemand einfach »Brand Management« mit »Markenführung« übersetzt? Klingt ja irgendwie auch besser als »Marken-Management«, und wenn es für Management schon kein deutsches Wort gibt, dann nimmt man halt »Führung«, ist doch egal, oder? Es mag Ihnen spitzfindig vorkommen, aber ich bin davon überzeugt, dass dieser kleine, aber feine Unterschied alles andere als egal ist. Offenbar ist unseren englischsprachigen Kollegen sehr bewusst, dass man eine Marke zwar managen, aber eben nicht führen kann. Managen lassen sich dabei das äußere Erscheinungsbild, der Auftritt der Marke und die dem zugrunde liegenden Abläufe. Wir können planen, organisieren und kontrollieren, wer wann wo und wie für unsere Marke spricht, wie sie aussehen und in welchem Umfeld sie sich bewegen soll. Dank digitaler Medien können wir sogar messen, was und wie oft andere über unsere Marke sprechen, und können versuchen, Einfluss darauf zu nehmen. Erfolgreiches Marken-Management verhilft der Marke zum perfekten Auftritt. Management beschäftigt sich mit Prozessen und Zahlen und ist in der Welt der Effizienz und Rationalität zu Hause. Führung hingegen kümmert sich um Menschen und bemüht sich um Effektivität durch Inspiration, Verantwortung und Vorbild. Manager tun die Dinge richtig, Anführer tun die richtigen Dinge.

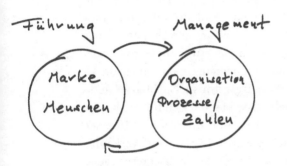

Auf unserer Medaille ist das Management auf der Seite des Körpers und die Führung auf der Seite der Seele, also der Marke, zu Hause. Beide sind unverzichtbar, beeinflussen sich gegenseitig und beide können im Idealfall sogar in einer Person vereint sein – nur verwechseln sollten wir sie nicht. Es hätte uns daher stutzig machen sollen, dass es die Rückübersetzung »Brand-Leadership« im englischen Sprachgebrauch gar nicht gibt. Wir führen nicht die Marke, sondern die Marke ist das Ergebnis und das Spiegelbild unserer Führung. Wir sollten also nicht den Fehler machen, das Management der vielfältigen Berührungspunkte und Erscheinungsformen unserer Marke mit der Marke selbst zu verwechseln. Während es für das reine Marken-Management Fachleute und Fachabteilungen gibt, geht die Marke selbst uns alle an. Das eine ist eine formale Aufgabe, das andere geht an den Kern unserer Unternehmens- und Lebensführung. Und deshalb soll es in diesem Buch weder um Marken-Management noch um »Markenführung«, sondern um Marken und Führung gehen. Genauer gesagt darum, wie wir Marken nutzen können, um bessere Entscheidungen zu treffen, besser zu führen und uns besser führen zu lassen.

Die Verantwortung für jede Marke liegt dabei zunächst in den Händen derer, die Unternehmen und Organisationen anführen. Als betroffene Bürger und Verbraucher, vor allem aber als Mitarbeiter haben wir jedoch das gute Recht, die Chance und vielleicht sogar die Pflicht, uns mit den Marken, die uns umgeben, ernsthaft auseinanderzusetzen. Deshalb ist dieses Buch allen gewidmet, die mit Marken in Berührung kommen, vor allem aber denjenigen, die in Unternehmen, Institutionen und Organisationen arbeiten, dort Mitarbeiter führen oder sich als Angestellte führen lassen. Wo wir uns führen lassen, egal ob von unseren Vorgesetzten in der Firma, von Politikern oder von Persönlichkeiten des öffentlichen Lebens, die wir als Vorbilder empfinden, haben wir es meist mit ganz und gar menschlichen Führungspersönlichkeiten zu tun, mit all ihren Stärken und Schwächen, ihren Eitelkeiten und faulen Kompromissen. Dabei sind es im Grunde sehr anständige Menschen, für die wir arbeiten oder von denen wir uns haben begeistern lassen. Aber Führung ist schwer und will gelernt und geübt sein. Und häufig sind wir mit der Führung, die uns widerfährt, sehr unzufrieden oder werden bitter enttäuscht, wenn sich herausstellt, dass unsere Vorbilder es mit den Steuern oder dem Zitieren nicht so genau genommen haben. Trotzdem sehnen wir uns nach herausragenden Führungspersönlichkeiten, die uns an die Hand nehmen und uns den Weg weisen.

In der Geschäftswelt kennen und lieben wir die Geschichten von den großen Marken und den Menschen, die sie erfunden und darauf erfolgreiche Unternehmen aufgebaut haben. Wir verehren Steve Jobs und bewundern die Gründer von Amazon und Google, Tesla oder Virgin. Dabei haben deren Biografien, zumindest in der Form, in der sie uns vermittelt werden, immer etwas sehr Amerikanisches. Die Bewunderung für den geborenen Anführer und die Sehnsucht nach den großen Persönlichkeiten in Politik, Sport und Wirtschaft sind tief in der amerikanischen Kultur verwurzelt. Hinter jeder erfolgreichen Marke steckt für Amerikaner die Geschichte eines herausragenden Anführers, und die Geschichte des Landes erzählt man sich als Aneinanderreihung von mehr oder weniger erfolgreichen Präsidentschaften. Als Europäer, besonders als Deutsche, tun wir uns mit dieser Vorstellung von individueller Führung schwerer. Wir lassen uns zwar bereitwillig managen, neigen aber dazu, unsere Führungspersönlichkeiten vom Sockel zu stoßen. Wir sind Weltmeister darin, unsere Chefs zu kritisieren. Wir loben unsere Kanzlerin für ihre Sachlichkeit und haben mit der Europäischen Union eine beeindruckende Organisation ohne prominente Führungspersönlichkeiten geschaffen. Entsprechend sind Unternehmertypen alten Schlages bei uns selten geworden, und unsere Gründergeneration zeichnet sich eher durch perfekte Kopien existierender Geschäftsmodelle aus als durch ideelle Führung. Dem neuen Chef oder Kanzler wird eben nicht zugestanden, alles anders zu machen. Wir würden das nicht als Stärke, sondern als Willkür verstehen. Und so sind in unseren Betrieben und Organisationen der Entscheidungsfreiheit der Anführer enge gesetzliche und kulturelle Grenzen gesetzt. Dieses eher kollektive Modell von Führung hat zweifellos seine Stärken und sorgt insbesondere für Stabilität. Wenn jedoch aus Stabilität Starrheit und aus Kompromissbereitschaft Entscheidungsunfähigkeit wird, dann erleben wir die Schattenseiten unserer Führungskultur. Dann vermissen wir auf einmal klare Ansagen, echte Überzeugungen und die Konsequenz und Geradlinigkeit einer Führungspersönlichkeit, die uns mit einer Vision begeistert und mit auf eine Mission nimmt, für die sich unser Einsatz lohnt. Uns fehlen die Richtung, der Zweck und der Sinn.

Und damit komme ich zurück zu Ihnen, lieber Leser. Egal ob Sie in einem großen Unternehmen, in einer coolen Agentur oder in einer gemeinnützigen Organisation arbeiten, ich möchte Ihnen etwas unterstellen: Sie sind dabei nicht recht glücklich. Vielleicht und hoffentlich gibt es andere Dinge in Ihrem Leben, die Sie umso glücklicher machen, aber Ihr Berufsalltag macht Ihnen regelmäßig zu schaffen und ist oft eher eine Belastung als ein Quell der Freude. Angesichts der Tatsache, dass ich Sie überhaupt nicht kenne, ist das natürlich eine steile These. Aber nachdem ich 15 Jahre in Agenturen für Unternehmen ganz unterschiedlicher Größe und aus allen möglichen Branchen gearbeitet habe, nachdem ich selbst Agenturen und andere kleinere Firmen gegründet und aufgebaut habe und dabei mal mehr, mal weniger erfolgreich war, kann ich zu keinem anderen Schluss kommen, als dass wir alle miteinander leiden. Insbesondere leiden wir darunter, dass das, was wir sagen, und das, was wir tun, selten zusammenpassen. Wir wissen, was man alles tun müsste, fühlen uns aber machtlos, nehmen uns selbst nicht mehr ernst, alles wird beliebig. Es fehlt uns an Führung und Orientierung. Wir reden zwar den ganzen Tag von Teamgeist und Kundenorientierung, Nachhaltigkeit und Verantwortung, doch tief in unserem Inneren spüren wir, dass wir uns damit in die Tasche lügen. Die Inkonsequenz unseres Handelns ist uns schmerzlich bewusst. Im Alltag erleben wir bei anderen und uns selbst, dass die hehren Ideale, die wir uns auf die Fahne schreiben, kaum eine Chance haben gegen unsere persönlichen Befindlichkeiten und Interessen, gegen unsere kurzfristigen Ziele und langfristigen Karrierepläne. Wir klagen über die Prinzipienlosigkeit unserer Politiker und sind doch selbst längst Politiker in eigener Sache geworden: Fehler vermeiden, bloß keine Risiken eingehen und keine Verantwortung übernehmen. So schlagen wir uns durch unser Berufsleben, verbunden weniger durch Leidenschaft als durch die Mitgliedschaft in einer Leidensgemeinschaft.

Manche von uns leiden so sehr, dass sie versuchen, ihre Arbeit gleich ganz aus dem richtigen Leben zu verbannen. Das nennt man dann Work-Life-Balance und es kommt einer Kapitulation gleich: Wir distanzieren uns bewusst von einem großen Teil unseres Lebens (der Arbeit), weil dieser uns unglücklich macht, und hoffen, dass wir nur genug in die andere Waagschale (das Privatleben) werfen müssen, um irgendwie wieder ins Gleichgewicht zu kommen. Die negative Berufswelt soll durch das durchweg positive Privatleben ausbalanciert werden. Mit diesem (zum Glück kann ich hier zitieren) »Bullshit«[2] geben wir nicht nur jeden Anspruch auf, unseren Arbeitsalltag zu verbessern – dieser ist ja per Definition schon negativ, es lohnt sich also gar nicht, daran etwas zu ändern –, sondern wir überfrachten auch noch unser Privatleben mit unseren Ansprüchen an einmalige Erlebnisse, umwerfende Partner und in letzter Instanz unsere ach so Sinn stiftenden Kinder. Statt uns um die Qualität unserer Arbeit zu bemühen, scheinen wir einfach nur die Quantität reduzieren zu müssen, um zu einem besseren Leben zu gelangen oder zumindest nicht auszubrennen. Und kurzfristig geht es uns damit tatsächlich besser. Vier Tage Leiden lassen sich besser aushalten als fünf, und wer nur noch 30 Stunden in der Woche arbeitet, ist schneller wieder bei der Familie und den Hobbys oder vielleicht sogar bei der »Guten Sache«, für die er sich in seiner neu gewonnenen Freizeit engagiert. Mit dem Ergebnis, dass es sich endgültig nicht mehr lohnt, am Arbeitsplatz für etwas einzutreten. »Lass die mal machen, mir doch egal, solange mein Gehalt pünktlich kommt. Nach Feierabend kann ich immer noch etwas Sinnvolles tun.« Hier die Arbeit, dort das Leben. Früher hätte man so etwas Entfremdung genannt. Falls Sie sich damit nicht zufriedengeben wollen, lade ich Sie herzlich ein, sich im doppelten Sinne an die Arbeit zu machen. Mit diesem Buch möchte ich Ihnen Gedanken an die Hand geben, die Ihnen hoffentlich dabei helfen, sich in Ihrem Alltag, in Ihrem Unternehmen, Ihrer Institution oder Organisation für eine bessere Zusammenarbeit einzusetzen. Und ich kann Ihnen versprechen, dass das viel Arbeit sein wird. Wenn wir wieder mehr Freude an unserer Arbeit haben wollen, etwas bewegen und erreichen wollen und am Ende das Gefühl haben wollen, etwas Gutes und Sinnvolles zu tun, dann müssen wir darum kämpfen und daran arbeiten. Jammern hilft nicht, einfach weniger arbeiten auch nicht. Es muss uns gelingen, unsere Unzufriedenheit in Kraft zur Veränderung zu verwandeln, und manchmal müssen wir vielleicht auch konsequent Nein sagen und einen Schritt zurücktreten, bevor wir wissen, in welche Richtung wir eigentlich gehen wollen. Nehmen wir uns die Zeit, wieder über das Warum und das Wie zu reden, bevor wir über das Was reden.

Der Nobelpreisträger Daniel Kahnemann erhofft sich, dass seine Bücher Gesprächsstoff für die Begegnungen am sprichwörtlichen amerikanischen »watercooler« liefern.[3] In aller Bescheidenheit kann ich mich ihm nur anschließen und hoffen, mit diesem Buch einige Denkanstöße für die Gespräche in deutschen Teeküchen zu liefern. In Anlehnung an Frank Berzbachs *Anregung zur Achtsamkeit*[4] werde ich Ihnen dabei ans Herz legen, eine Tasse Tee der Marke *Marke* zu trinken. Wann immer Führung und Orientierung das Problem sind, kann *Marke* die Antwort liefern. Das ist der einfache Grundgedanke, das ist die Hoffnung, und das ist das Versprechen dieses Buches.

Fortschritt dank Marken

Bevor ich Sie tiefer in meine Gedanken verstricke, möchte ich so weit wie möglich offenlegen, woran ich glaube und mit welchen Prämissen ich arbeite. Überlegen Sie sich bitte gut, ob Sie mir darin folgen mögen, denn andernfalls müssten Sie sich im weiteren Verlauf des Buches nur unnötig ärgern.

Die folgenden Wahrheiten halte ich für ausgemacht:

I. Fortschritt ist denkbar und möglich.

Was für ein altmodisches Wort: Fortschritt. Ein fantastisches, optimistisches Wort, drückt es doch den Glauben daran aus, dass die Dinge besser werden können, als sie sind: schöner, menschlicher, gerechter, harmonischer, gesünder, in jeder Hinsicht besser. Der Glaube an Fortschritt setzt natürlich voraus, dass wir uns darüber verständigen können, was denn besser ist. Aber ist das nicht Ansichtssache; ist das nicht relativ? Steht es uns denn zu, darüber zu urteilen, was für andere besser ist? In Erziehung, Politik und besonders in der Wirtschaft haben Moral und Tugenden heute fast keinen Platz mehr. Der

Gutmensch ist zum Feindbild geworden. Statt darüber zu verhandeln, was gut und besser ist, halten wir uns daran fest, nach immer mehr zu streben. Mehr Absatz, mehr Umsatz, mehr Bruttosozialprodukt, mehr Wissen. Fortschritt wurde durch Wachstum ersetzt. Dabei ist »mehr« eigentlich nur besser, wenn es auch gut ist, sonst ist es nur mehr. Fortschritt kann Wachstum mit sich bringen, aber Wachstum ohne Fortschritt bringt nichts. Krebs ist auch Wachstum.

Die gute Nachricht: Wir können wissen, was besser ist. Wenn wir uns die Mühe machen, uns die Zeit nehmen und uns bewusst machen, was wir eigentlich wollen und was uns wichtig ist. Dann können wir daraus auch ableiten, was gut, was besser und was damit Fortschritt ist. Das muss zunächst einmal jeder für sich selbst tun, und das ist schon schwer genug. Für unsere Gesellschaft als Ganzes wäre es die Aufgabe der politischen Willensbildung. Und in unseren Organisationen und Unternehmen ist es die zentrale Aufgabe unserer Anführer, herauszuarbeiten, was für die ihnen anvertraute Marke Fortschritt bedeutet. Mit Wachstum können wir Manager beauftragen. Sie haben gelernt, immer mehr aus immer weniger herauszuholen. Fortschritt geht anders, Fortschritt braucht Führung.

II. Die Freie Soziale Marktwirtschaft ist das beste Prinzip, das der Mensch bisher hervorgebracht hat, um den Fortschritt zu befördern.

Bei aller berechtigten Kritik an dem, was ein aus den Fugen geratener Kapitalismus in den letzten Jahren angerichtet hat, bin ich nach wie vor davon überzeugt, dass eine freie und soziale Marktwirtschaft unsere beste

Chance ist, möglichst vielen Menschen ein gutes Leben zu ermöglichen. Freiheit bedeutet dabei für mich sicherlich nicht das Recht des Stärkeren, sondern Freiheit bei der Auswahl und Ausübung des Berufs und des Ortes sowie Freiheit von willkürlicher Macht, sei es durch Gewalt, Kontrolle oder Zugang zu Kapital. Mit anderen Worten: Freiheit im Sinne von Chancengleichheit. Sozial heißt für mich auch nicht automatisch Sozialstaat, sondern ganz allgemein, dass die Marktwirtschaft der Gesellschaft dient. Sie ist ein gutes Mittel zum Zweck. Umso wichtiger, dass wir den Zweck nicht aus den Augen verlieren. Nicht die Gesellschaft dient der Wirtschaft, sondern die Marktwirtschaft dient der Gesellschaft zum Zweck eines guten Lebens. Wo auch immer sich Marktteilnehmer dieser Verantwortung zu entziehen versuchen, ist es an uns, sie zur Rechenschaft zu ziehen. Und wo wir feststellen, dass der Markt überhaupt gar nicht das beste Mittel zum Zweck ist,[5] sollten wir andere Mittel finden – aber auch dazu können wir Marken nutzen.

III. In der Freien Sozialen Marktwirtschaft sind Organisationen, die einen klaren Zweck verfolgen und sich unabänderlichen Werten verpflichtet fühlen, auf Dauer am erfolgreichsten.

Die Beschäftigung mit Marken, ihrer Philosophie und ihren Werten muss in der Wirtschaft häufig mit dem Vorurteil kämpfen, eher ein Wohlfühlfaktor zu sein, ein Luxus, den man sich leisten können muss. Werte für einen Luxus zu halten ist mir persönlich nie sonderlich sympathisch gewesen, mit Sicherheit ist es aber sehr kurzsichtig. Wer nur auf die Zahlen für das nächste Quartal schaut und seine Abteilung oder sein Unternehmen mit einer Nach-mir-die-Sintflut-Mentalität führt, mag mit so einer Einstellung kurzfristig ganz gut fahren. Langfristiger, oder um es mit einem furchtbar überstrapazierten Begriff zu formulieren, nachhaltiger Erfolg hingegen braucht eine klare Unternehmensphilosophie, auf die sich Mitarbeiter, Geschäftspartner und Kunden einlassen und verlassen können.

Glücklicherweise haben sich in den letzten Jahren einige renommierte Autoren darum verdient gemacht, auch die letzten Skeptiker von diesem Zusammenhang zu überzeugen.[6] Einig sind sich dabei alle Autoren, dass das finanzielle Ergebnis allein, egal ob kurz- oder langfristig, kein angemessener Gradmesser für den Erfolg eines Unternehmens sein kann. Damit eine Organisation überhaupt erfolgreich sein kann, muss sie wirtschaftlich gesund sein. Geld ist das Blut, das durch die Adern jeder Organisation fließt, und es muss genug davon da sein, um den Kreislauf in Schwung zu halten, die angestrebte Leistung zu erbringen und der Verantwortung gegenüber Mitarbeitern, Investoren und Gesellschaft gerecht zu werden. Geld allein macht uns nicht glücklich und sollte Unternehmen in unseren Augen noch lange nicht erfolgreich erscheinen lassen.

IV. Marken sind ein unverzichtbares Mittel, um den Zweck und die Philosophie von Organisationen zu formulieren und zu transportieren.

Bis zu einer gewissen Größe und Komplexität kommen Organisationen sehr gut zurecht, ohne sich je Gedanken über ihre Marke zu machen. Solange die Gründer und die Führungspersönlichkeiten ihre Wertvorstellungen und den Zweck der Unternehmung noch direkt vermitteln können, mit gutem Beispiel vorangehen und ihre

Mitarbeiter auf Kurs halten, bedarf es keiner bewussten Auseinandersetzung mit der Marke. Der Unternehmer prägt die Marke, indem er von Fall zu Fall entscheidet, wie er es für richtig hält. Und das ist auch gut so. Doch sobald die Organisation älter wird oder wächst, beginnen die Schwierigkeiten – in einem dynamischen Start-up kann das sehr schnell gehen. Neue Mitarbeiter lernen meist den Begründer der Marke gar nicht mehr kennen. In allen größeren Unternehmen müssen Kultur und Werte der Marke über mehrere Hierarchieebenen vermittelt werden. Und selbst kleine Firmen werden durch einen Generationenübergang oft vor eine existenzielle Herausforderung gestellt.

In diesen Situationen geht es darum, Orientierung zu schaffen und festzuhalten, wie die Dinge sein sollen. Keine Organisation, egal ob es sich um einen Handwerksbetrieb, einen Buchverlag, eine Partei oder einen Versicherungskonzern handelt, kann es sich auf Dauer erlauben, Mitarbeiter, Kunden und Partner im Unklaren darüber zu lassen, wofür die Marke steht, wie sie sich verhält und welchen Werten sie sich verpflichtet fühlt. Weder kann es dem Einzelnen überlassen sein noch darf eine endlose Grundsatzdiskussion geführt werden. Die Reibungsverluste wären immens und gingen zu Lasten der Sache selbst. Eine Organisation, die sich über ihren Zweck nicht im Klaren ist, hat keinen Zweck. Deshalb sollte jede Organisation sich die Zeit nehmen, herauszuarbeiten, wofür die eigene Marke stehen soll, und dies auch zu vermitteln. Die daraus resultierende Klärung und Orientierung wird den nötigen Aufwand in jedem Fall mehr als rechtfertigen.

V. Menschen, die für Marken handeln, haben in der Regel gute Absichten, benötigen aber ständige Rückmeldung und Unterstützung.

Auch wenn wir umgangssprachlich Marken regelmäßig personifizieren und ihnen bestimmte Handlungen zuschreiben, bleiben Marken in Wirklichkeit immer nur das Spiegelbild menschlicher Handlungen. Die Entscheidung für oder gegen eine Fertigung in Bangladesch, die Zusammensetzung von Lebensmitteln oder die Entlassung Tausender Mitarbeiter treffen keine Marken, sondern Menschen aus Fleisch und Blut. Diese Manager setzen um, was sie für richtig halten, weil es für sie im Einklang mit der Kultur und den Zielen ihres Unternehmens steht und ihnen gleichzeitig persönlichen Erfolg verspricht. Sie können gar nicht anders.

Wollen wir den Verantwortlichen in unseren Organisationen helfen, im Alltag gute Entscheidungen zu treffen, müssen wir den Zweck und die Philosophie der Marke deutlich machen. Doch damit ist es nicht getan. Zum einen dürfen wir nicht müde werden, die Menschen, die für unsere Marke handeln, durch Rituale und ständige Rückmeldung an die Werte der Marke zu erinnern. Zum anderen müssen wir ihnen den Handlungsspielraum, das Vertrauen und die Sicherheit geben, um eigenverantwortlich handeln zu können. So funktioniert Erziehung, und nur so kann Erziehung zur Tugend im Sinne einer Marke funktionieren.

Wie Sie gemerkt haben, beginnt und endet mein kleines »Glaubensbekenntnis« mit dem Menschen. In jedem Unternehmen, in jeder Organisation, egal ob es sich um einen mittelständischen Betrieb, eine gemeinnützige Stiftung oder einen multinationalen Konzern handelt, sind es am Ende einzelne Menschen, die Entscheidungen treffen und handeln. Die Komplexität der Beziehungen und Strukturen, in denen wir uns bewegen, macht es uns mit Sicherheit nicht leichter, entbindet uns jedoch nicht von unserer individuellen Verantwortung. Wenn wir über »die Banken«, »die Werbung« oder »die Tabakindustrie« reden, sprechen wir über die Summe vieler kleiner und großer Entscheidungen, die einzelne Menschen für ihre Unternehmen und damit in der Konsequenz auch für ihre Marken getroffen haben.

Im Verhältnis zum einzelnen Mitarbeiter in einer Organisation ist die Marke dabei Diener und Herrscher zugleich. Einerseits dient sie der Orientierung. Wir können formulieren, wofür eine Marke stehen soll, und sie wie einen Kompass verwenden, um zu schauen, ob wir noch auf dem richtigen Weg sind. Oder wie eine Waage, die uns buchstäblich hilft, unsere Entscheidungen abzuwägen. Ist diese Waage gut gebaut, präzise ablesbar und korrekt geeicht, kann sie zu einem ungemein praktischen und alltagstauglichen Werkzeug werden. Dabei entzieht sie sich unserer individuellen Kontrolle. Wir lesen zwar immer noch ab und lassen gerne auch mal einen Finger auf der Waage, aber geeicht ist geeicht, und erst nachdem die Waage neu justiert wurde, kommen wir zu grundsätzlich anderen Ergebnissen. Um dieses Wechselspiel zwischen der Etablierung und Justierung einer Marke und ihrer Verwendung als alltägliches Werkzeug wird es im Folgenden gehen. Das eine ist Führungsaufgabe, das andere erfordert die Bereitschaft, sich führen zu lassen. Und genauso wie der Apotheker darauf vertrauen muss, dass seine Waage korrekt geeicht wurde, müssen wir davon überzeugt sein, dass die Marke, von der wir uns führen lassen, uns die richtigen Entscheidungen treffen lässt. Andernfalls haben wir das gute Recht und nach meiner Überzeugung durchaus die Pflicht, nach einer Waage zu verlangen, die uns bessere Dienste leistet.

Ein kleiner Ausblick: Im ersten Teil des Buches werde ich beleuchten, was eine Marke eigentlich ausmacht und was sie für uns leisten kann. Wie entstehen Marken und was macht gelungene Marken aus? Brauchen wir überhaupt Marken und brauchen die Marken uns? Das sind die Fragen, die wir leider ein wenig theoretisch abarbeiten müssen, um mit einem gemeinsamen Verständnis von »Marke« weitermachen zu können. Dabei will ich versuchen, mich einer Sprache zu bedienen, die frei von den unsäglichen und überflüssigen Begriffen der Marketing-Welt bleibt. Marken gehen uns alle an, und wo immer sich Marketing- und Werbeverantwortliche hinter pseudo-englischen Fachausdrücken verstecken, sollten wir auf der Hut sein.

Im zweiten Teil geht es dann zur Sache und um echte Menschen in echten Organisationen. Ganz konkret darum, welche Verantwortung die Anführer eines Unternehmens oder einer Organisation haben und welche Rolle dabei die Marke spielen kann. Zunächst wird es um die Formulierung eines klaren Zwecks gehen sowie um die Philosophie und die Werte, denen die Marke sich verpflichtet. Danach darum, wie die Marke und ihre Philosophie in der Organisation so vermittelt werden können, dass sie jedem Mitarbeiter in Fleisch und Blut übergehen. Dabei werden sowohl Fragen der Kommunikation als auch der Führung durch Vorbilder und Zielvorgaben eine Rolle spielen. Neben diesen Fragen der direkten Führung durch den Chef oder Vorgesetzten hat – besonders in größeren Organisationen – die indirekte Führung enorme Auswirkungen auf den Alltag und die Entscheidungen des Einzelnen. Hier geht es darum, inwieweit die Prozesse und Strukturen der Organisation sich im

Einklang mit der Marke und ihrem Zweck befinden. Einfach gefragt: Ist die Art und Weise, wie wir arbeiten, überhaupt dazu geeignet, unserer Marke gerecht zu werden? Doch damit nicht genug. Die Zeit, in der wir leben, mit ihren Beschleunigungen, der Digitalisierung und Globalisierung stellt uns vor eine ganze Reihe an Herausforderungen. Unsere Führungskräfte tun sich heutzutage schon schwer genug damit, sich selbst zu führen, wie können wir da von Ihnen erwarten, dass sie unserer Marke treu bleiben und auch noch uns führen?

Vielleicht können wir ihnen dabei helfen. Deshalb gibt es im dritten Teil des Buches praktische Anregungen zur Führung mit Marken. Von unten wie von oben, von innen wie von außen. Wie können wir als Führungskräfte, Mitarbeiter oder Außenstehende Marken als Referenz nutzen, um Einfluss auf die Führung unserer Unternehmen, unserer Institutionen und Organisationen zu nehmen? Was tun, wenn wir schon mit der grundsätzlichen Ausrichtung der Marke Schwierigkeiten haben? Sollen wir uns einfach abwenden oder können wir versuchen, Einfluss auf die Marke zu nehmen? Wie sollen wir uns verhalten, wenn das Handeln unserer Führungskräfte oder Mitarbeiter nicht im Einklang mit der Marke steht? Was machen wir als Verbraucher oder Journalisten mit einer Marke, die zwar Gutes sagt, aber leider nicht tut? Vor diesen schwierigen Fragen stehen wir als Arbeitnehmer wie als Bürger tagtäglich und ich möchte Ihnen im dritten Teil einige Fragen an die Hand geben, mit denen Sie in Zukunft Marken dazu nutzen können, die Organisationen, die Sie betreffen, ein wenig mit zu führen. Um es mit den doppelt geliehenen Worten eines ehemaligen Kollegen zu sagen: Frage nicht, was deine Marke für dich tun kann, frage, was du für deine Marke tun kannst![7]

Marken

In Einklang mit unserer Definition ist auch die Meinung,
dass der Glückliche gut lebt und gut handelt.
Denn das Glück wurde praktisch als ein Gut-Leben
und Gut-Handeln bestimmt.

ARISTOTELES,

NIKOMACHISCHE ETHIK I.8.3

Wer, wie, was macht Marken?

Wie entsteht eigentlich eine Marke? Wie kommt eine Marke zur Welt? Fragt man einen Anwalt für Markenrecht, beginnt das Leben einer Marke in Deutschland mit der Anmeldung beim Deutschen Patent- und Markenamt. Nach der Eintragung ins Markenregister erhält man eine ordentliche Urkunde und die Marke ist geboren. Darauf gibt es Brief und Siegel. Doch sollte das Markenamt tatsächlich für Marken sein, was das Standesamt für Neugeborene ist, so hätten wir es mit einem besonders erfolglosen Amt zu tun, das niemand besonders ernst zu nehmen scheint. Denn zum einen finden sich im Markenregister zahllose Marken, die zwar angemeldet wurden, aber noch gar nicht zur Welt gekommen sind. Und andererseits laufen bei uns viele Millionen Marken herum, deren Geburt niemals ordentlich gemeldet wurde. Wie kann das sein? So geht es doch nicht.

Bis 1995 gab es in Deutschland überhaupt kein Markengesetz oder, wie es vollständig heißt, *Gesetz über den Schutz von Marken und sonstigen Kennzeichen.* Seine zwei Vorgänger, das *Warenbezeichnungsgesetz* von 1894 und das *Warenzeichengesetz* von 1936, hatten selbsterklärende Namen, doch als man sich Ende der 80er-Jahre an deren Reform machte, hatten sich die englischsprachigen Marketing-Begriffe längst in den deutschen Sprachgebrauch eingeschlichen. Als also der Begriff *Warenzeichen* ersetzt werden sollte, um der Tatsache Rechnung zu tragen, dass immer häufiger auch Dienstleistungen eingetragen wurden, orientierte man sich am weiter gefassten englischen *Trademark*. Doch dabei nahm man es mit der Übersetzung mal wieder nicht so genau. Wörtlich übersetzt bedeutet *Trademark* eigentlich »Handelszeichen«, aber irgendwie klingt es ja auch nach »Marke«, und das empfand man damals wohl als moderner. Und so nahm eine sprachliche Verwirrung ihren Anfang, die uns das Leben schwer macht, wenn wir im Deutschen über Marken sprechen: Das Wort *Marke*, eigentlich die deutsche Übersetzung für das englische Wort »brand«, wurde fälschlicherweise als Übersetzung für »trademark« etabliert. Dabei hätte man mit einem einfachen Bindestrich für Klarheit sorgen können. Richtig hätte es heißen müssen: »Gesetz über den Schutz von Marken- und sonstigen Kennzeichen«. Denn das Markenregister beim Deutschen Patent- und Markenamt erfasst in Wirklichkeit keine Marken, sondern Markenzeichen.

Als »Zentralbehörde auf dem Gebiet des Gewerblichen Rechtsschutzes in Deutschland« hat das Amt die Aufgabe, Unternehmen davor zu schützen, dass ein anderer mit ihren Markenzeichen unrechtmäßig Geld verdient. Es geht also um Rechte an Markenzeichen und um Schutz vor Missbrauch derselben und damit höchstens indirekt um den Schutz einer Marke. Ich kann Ihnen nur empfehlen, einmal selbst ein wenig im Markenregister[8] zu stöbern, um ein Gefühl für den Unterschied zu bekommen. Geben Sie dort beispielsweise einmal »Coca-Cola« ein und schauen Sie sich die zig verschiedenen Markenzeichen an, die wir alle mehr oder weniger der Marke Coca-Cola zuordnen. Eine Suche nach »FIFA« oder noch besser »WM« zeigt Ihnen, wie systematisch sich unser allseits geschätzter Fußballweltverband und seine Partner davor schützen können, dass irgendein dahergelaufener Bäcker »WM-Brötchen« anbietet. Oder probieren Sie es einmal mit »Bild«. Unter den Ergebnissen werden Sie eine Menge Markenzeichen entdecken, die Sie auf den ersten Blick der Marke »Bild-Zeitung« zuordnen können. Diese Markenzeichen sind geschützt, doch die Marke selbst dürfen Sie immer noch finden, wie Sie wollen, genauso wie wir uns zum Glück immer noch über die WM freuen und über die FIFA ärgern können, ohne vorher einen Anwalt zu konsultieren.

Der Unterschied zwischen Markenzeichen und Marken ist mir so wichtig, weil nur die wenigsten Marken, denen wir tagtäglich begegnen, überhaupt von der Möglichkeit Gebrauch machen, eines oder mehrere Markenzeichen eintragen und damit schützen zu lassen. Die Markenzeichen des Schuhmachers Ihres Vertrauens oder Ihres Lieblingsweins werden Sie im Markenregister wahrscheinlich vergeblich suchen. Viele Ihnen besonders vertraute Marken werden sich noch nicht einmal die Mühe gemacht haben, überhaupt ein Markenzeichen zu entwickeln. Der Name des Betriebes oder die Firma, also der Name, unter dem Kaufleute ein Gewerbe betreiben, reicht völlig aus, um die Marke zu identifizieren und von anderen Marken zu unterscheiden. Doch damit nicht genug. Wir können sogar von und über Marken sprechen, die noch nicht einmal einen eindeutigen Namen tragen oder deren Name uns zumindest nicht geläufig ist. Ein Beispiel: Nehmen wir an, Sie leben seit zehn Jahren in demselben Stadtteil und kaufen Ihren Wein in einem kleinen Weinladen um die Ecke. Sie wurden dort immer gut beraten, die Empfehlungen waren immer toll und die Preise stimmen auch. Nun zieht ein Bekannter zu Ihnen in den Stadtteil und fragt Sie nach einer Empfehlung für ein gutes

Weingeschäft. Kennen Sie den korrekten Namen Ihres Lieblingsladens? Irgendwas mit »Vino« vielleicht? Oder erinnern Sie sich an den Namen des Eigentümers oder die Firma, unter der das kleine Unternehmen im Handelsregister eingetragen ist? Wohl kaum. Und trotzdem können Sie von dem Laden schwärmen und ihn als den »kleinen Laden am Marktplatz« oder »ein Stück die Straße runter« weiterempfehlen. In Ihrem Kopf hat sich aus der Summe der Eigenschaften und Erfahrungen, die Sie mit dem Laden gemacht haben, das Bild einer Marke entwickelt, die Sie begeistert und die Sie weiterempfehlen können. Ganz unabhängig von Markenzeichen und Namen existieren Marken als Ideen und Vorstellungen in unseren Köpfen.

Und so brauchen wir auch kein Amt und keine Anwälte, um eine neue Marke zur Welt zu bringen, es genügt eine Idee, ganz egal ob diese in der Marketingabteilung eines riesigen Konzerns, im Freundeskreis oder privat im stillen Kämmerlein entsteht. Jemand möchte etwas tun, vielleicht ein Unternehmen gründen oder ein neues Produkt auf den Markt bringen, vielleicht aber auch eine Bürgerinitiative anstoßen, einen Verein gründen oder einfach einen Stammtisch ins Leben rufen, in jedem Fall aber etwas unternehmen. Kaum ist so eine Idee entstanden, und lange bevor sie einen Namen trägt, beginnen wir auch schon, sie einzeln oder in einem kleinen Kreis von Gleichgesinnten weiter auszumalen und sie mit ganz bestimmten Eigenschaften zu versehen. Wie soll sich »mein Laden« anfühlen? Wofür soll sich »unsere Initiative« einsetzen? Was kann »unser Produkt« besser als alle anderen? Wie wird »unsere Partei« das Land verändern? Schritt für Schritt und Facette um Facette entwickelt sich das Bild einer Marke, und nachdem wir ein paar Runden gedreht und unsere Vorstellung hinterfragt und verfeinert haben, ist diese Marke für uns vollkommen.

Wir haben klare Vorstellungen davon, wie die Marke auftreten wird, was sie tun wird und welchen Werten sie verpflichtet ist. Ihre Bedeutung und ihr Zweck werden für jedermann klar erkennbar sein. Dem Erfolg der Marke steht nichts im Weg. So wachsen in unseren Köpfen die reinsten und schönsten Marken heran. Sie gehören uns ganz allein und wir können mit ihnen machen, was wir wollen – bis wir den entscheidenden Schritt machen und sie zur Welt bringen.

Plötzlich ist es mit der Kontrolle und der Reinheit unserer Idee vorbei. Kaum haben wir unseren Laden eröffnet, unser Produkt auf den Markt gebracht oder zur ersten Versammlung unserer Bürgerinitiative eingeladen, bleiben wir zwar Eigentümer unserer Marke, setzen sie aber auch anderen Einflüssen aus. Aus der Geborgenheit unseres kleinen Kreises von Gleichgesinnten haben wir sie hinausgeschickt in die Welt, und gelandet ist sie in einem fürchterlichen Bermuda-Dreieck, aus dem sie nie wieder herausfinden wird. An der Spitze des Dreiecks sitzen wir als Erfinder der Marke oder als diejenigen, die inzwischen als Eigentümer die Verantwortung für die Marke übernommen haben. Wir sind gleichzeitig die Anführer der Organisation, für die die Marke steht, und wir werden alles in unserer Macht Stehende tun, damit die Marke sich treu bleibt und unserem Ideal entspricht.

Leider bleiben wir nicht die Einzigen, die innerhalb und außerhalb unserer Organisation für unsere Marke sprechen und arbeiten. Erste Mitarbeiter oder Mitstreiter kommen hinzu, vielleicht beauftragen wir Vertreter oder einen Pressesprecher, oder unser Produkt kommt in den Einzelhandel und wird dort von einzelnen Mitarbeitern, aber auch von einer ganzen Organisation an den letztendlichen Käufer und Nutzer vermittelt. Auf einmal sprechen Menschen für unsere Marke, die an der Entwicklung unserer Idee gar nicht beteiligt waren. Schlimmer noch: Sie vertreten unsere Marke gegenüber Dritten, ohne dass wir überhaupt etwas davon mitbekommen. Ich möchte die Personen und Organisationen, die auf diese Weise für unsere Marke handeln, als – verzeihen Sie bitte den etwas technischen Begriff – »Agenten« unserer Marke bezeichnen.

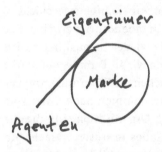

Wir können diese Agenten ausbilden, sie informieren und schulen, wir können sie kontrollieren und maßregeln, wir müssen jedoch damit leben, dass sie selbst im günstigsten Fall nur nach bestem Wissen und Gewissen handeln und dabei auch immer ihre eigenen Interessen verfolgen. Unsere Agenten dürfen und sollen eigenständig für unsere Marke handeln und prägen damit die Wahrnehmung der Marke in den Augen derer, die wir eigentlich ansprechen wollen. Zum einen sind dies unsere Käufer und Kunden beziehungsweise

unsere Anhänger, Investoren oder Unterstützer, zum anderen sind es neutrale Dritte, die sich beruflich mit unserer
Marke beschäftigen, also in erster Linie Journalisten, aber
beispielsweise auch Produkttester oder Mitarbeiter von
Behörden. Diese Dritten, die ich unter dem Begriff »Außenstehende« zusammenfassen möchte, handeln und sprechen
nicht für die Marke, sondern sprechen bestenfalls mit der
Marke, in erster Linie aber über die Marke.

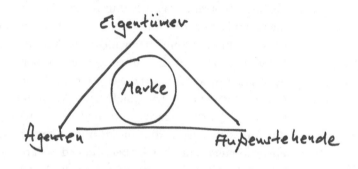

Zwischen den Außenstehenden findet ein ständiger Austausch statt, auf den die Eigentümer der Marke und ihre
Agenten nur mittelbar Einfluss nehmen können. Die Kunden eines Ladens tauschen sich über ihre Erlebnisse mit der
Marke aus, die Nutzer eines Produktes diskutieren im
Freundeskreis die Vor- und Nachteile verschiedener Marken und das Image, das die Marke im sozialen Umfeld
genießt. Die Presse berichtet über das Verhalten einer Marke
und vergleicht dieses mit dem Verhalten anderer Marken. Je
nach Größe und Bekanntheit der Marke entwickelt sich um
die Marke eine öffentliche Diskussion – auf dem Wochen-
markt vielleicht um die Vorzüge der einzelnen Stände, in
den Medien eher um die verallgemeinerten Stärken und
Schwächen einzelner Marken als Hersteller von Produkten
oder als Arbeitgeber. Und in der politischen Auseinander-

setzung geht es eher um die Wahrnehmung von Parteien oder ganzen Nationen, die wir ebenfalls als Marken diskutieren können.

Auf diese Art und Weise ergibt sich zwischen den Eigentümern einer Marke, ihren Agenten und Außenstehenden ein ständiges Ringen um die Deutungshoheit, das niemals aufhört. Zu jedem beliebigen Zeitpunkt wirken verschiedene Kräfte auf die Marke und keine Seite des Dreiecks hat die alleinige Kontrolle. Das Führungspersonal hat die Aufgabe, die Organisation, die hinter der Marke steht, so zu führen, dass sie ihrem formulierten Ideal der Marke entspricht. Außerdem versucht die Führung kommunikativ auf die Agenten, insbesondere auf die eigenen Mitarbeiter und die Außenstehenden (zum Beispiel durch Werbung) einzuwirken. Je größer die Organisation wird, desto mehr nehmen die Außenstehenden die Marke über Agenten wahr. In einem kleinen Laden hat der Begründer der Marke noch fast täglich die Möglichkeit, direkt mit jedem Kunden zu sprechen, bei einer riesigen Organisation, wie beispielsweise der Deutschen Bahn, gibt es auch nur einen Chef, gleichzeitig aber zigtausend Agenten, die unser Bild der Marke prägen. Will der Bahnchef die Wahrnehmung seiner Marke verändern, muss er zunächst das Verhalten seiner Mitarbeiter verändern, andernfalls würden wir Außenstehenden, und insbesondere die Journalisten unter uns, einen Widerspruch ausmachen zwischen dem Versprechen, das uns die Führung des Unternehmens gegeben hat, und unserem tatsächlichen Erlebnis der Marke. Die Berichterstattung über diesen Widerspruch wiederum würde unser Bild der Marke, das Verhalten der Agenten und auch der Führung des Unternehmens beeinflussen. So lebt jede Marke in einem Spannungsfeld und im ständigen Ziehen und Zerren der Kräfte, die von drei Seiten auf sie einwirken. Das Bild, das wir uns

•

von einer Marke machen, ist immer nur eine Momentaufnahme und es bedarf unermüdlicher Arbeit der Eigentümer,
engagierter Mitarbeit aller Agenten und wohlwollender Be-
gleitung durch die Außenstehenden, damit die Marke der
Idee, aus der sie einmal hervorgegangen ist, möglichst treu
bleibt.

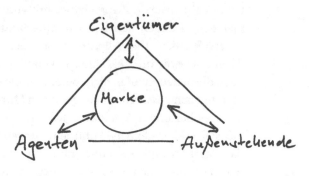

Lassen Sie mich dieses Spannungsfeld noch einmal an drei
typischen Beispielen veranschaulichen. Nehmen wir einmal an, Sie wollen unter Ihrem Namen eine neue Marke für
ein kleines Unternehmen etablieren, das Büros reinigt. Aus
eigener Erfahrung wissen Sie, dass sich die meisten Firmen
schwer damit tun, für diese Dienstleistung einen zuverlässigen Partner zu finden, und so entsteht in Ihrem Kopf eine
Marke, die für Gründlichkeit, Transparenz und Zuverlässigkeit stehen soll. Außerdem soll bei Ihrer Marke alles mit
rechten Dingen zugehen. Keine Schwarzarbeit, keine Hun-
gerlöhne, faire Arbeitsbedingungen für alle Mitarbeiter.
Dafür stehen Sie mit Ihrem guten Namen, also Ihrer Marke.
So etwas spricht sich herum, und wie erwartet kommt Ihre
neue Marke gut an. Die ersten Kunden sind schnell überzeugt und sogar bereit, ein wenig mehr für Ihre Dienstleistung zu bezahlen, als Ihre Wettbewerber verlangen. Das
kleine Unternehmen wächst und gedeiht, und nach kurzer
Zeit sind Sie in der glücklichen Lage, einen Außendienst-

Mitarbeiter einstellen zu können. Sie haben jetzt also einen ersten Agenten, der für Ihre Marke handelt. Der Außendienst-Mitarbeiter soll mit potenziellen neuen Kunden sprechen, während Sie sich weiterhin um das Reinigungsteam kümmern und dafür sorgen, dass es zuverlässig hervorragende Arbeit abliefert. Schon nach wenigen Tagen kommt Ihr neuer Außendienstler mit guten Nachrichten: Vier neue Kunden haben bei ihm verbindliche Aufträge unterschrieben. Toll. Allerdings habe er den Neukunden dafür ein wenig im Preis entgegenkommen müssen. Waren denn die neuen Kunden nicht bereit, für die besondere Qualität und den besseren Umgang mit den Mitarbeitern etwas mehr zu bezahlen? Ach, davon habe er gar nicht erzählen müssen, erklärt der neue Mitarbeiter ungeniert, er kenne ja das Geschäft und es sei doch ohnehin klar gewesen, dass man sich am Ende nur für das günstigste Angebot interessiere. Und schon ist aus Ihrer schönen Marke, die etwas ganz Besonderes sein sollte, ein Preisbrecher geworden. Auch das wird sich bei den Außenstehenden im Markt, also Ihren Kunden und Ihren Wettbewerbern, schnell herumsprechen und das Bild Ihrer Marke nachhaltig verändern, wenn Sie nicht sofort gegensteuern. Wenn Ihnen Ihre Marke lieb ist, sprechen Sie umgehend mit den neuen Kunden und erklären, dass Sie das Angebot, das Ihr Mitarbeiter unterbreitet hat, so nicht aufrechterhalten können – auch auf die Gefahr hin, die neuen Kunden gleich wieder zu verlieren. Sie suchen also als Eigentümer der Marke das direkte Gespräch mit den Außenstehenden, um einen Eindruck zu korrigieren, den Ihr Agent hervorgerufen hat. Und dann werden Sie als Führungskraft noch einmal intensiv auf Ihren Außendienstler einwirken, um ihm die Marke so zu erklären, wie er sie weitervermitteln soll. Selbst bei einem Eigentümer, einem Agenten und nur wenigen Außenstehenden kann es also schon jede Menge Klärungsbedarf geben.

Unser zweites Beispiel wird da schon deutlich komplexer. Wir gründen eine Partei. Natürlich eine Partei, die alles ganz anders und besser machen will. Am Anfang sind wir drei Gründer, wir haben klare Vorstellungen davon, wofür unsere neue Marke in der politischen Landschaft stehen soll, und haben auch schon ein starkes Markenzeichen entwickelt. Und da wir uns auf anderem Gebiet bereits einen Namen gemacht haben, folgen viele Journalisten unserer Einladung zu einer Pressekonferenz, bei der wir unsere Marke, diese neue politische Kraft, vorstellen und zu unserem Gründungsparteitag einladen. Am nächsten Tag sind die Zeitungen voller Beiträge und Kommentare zu unserer neuen Marke. In einigen Beiträgen finden wir uns durchaus wieder. Hier wurden die Werte und Ziele, für die unsere Marke stehen soll, ganz gut getroffen. Bei anderen Beiträgen fragen wir uns allerdings, ob die Autoren überhaupt anwesend waren oder zugehört haben. So haben wir das doch gar nicht gesagt oder zumindest nicht gemeint. Was sollen jetzt diejenigen denken, die von unserer neuen Marke nur aus der Zeitung erfahren? Kaum haben wir unsere Marke in die Welt getragen, haben die ersten Außenstehenden sie dadurch beeinflusst, wie sie sie wahrgenommen und ihre Wahrnehmung an Dritte vermittelt haben. In der Folge erscheinen zu unserem sehr gut besuchten Gründungsparteitag viele Politik-Interessierte, die sich ein Bild von unserer Marke gemacht haben, das mit unserem eigenen nur bedingt übereinstimmt. Aber da unsere Partei durchaus offen für andere Meinungen und Positionen sein soll, haben wir alle Interessierten gerne aufgenommen und aus dem Kreis unserer neuen Mitglieder den neuen, jetzt fünfköpfigen Parteivorstand gewählt. Neben den drei Gründern haben wir jetzt also zwei neue Mit-Eigentümer, die unmittelbar nach ihrer Wahl schon erste Interviews geben und offiziell für die Marke sprechen. Und auch unsere normalen

Mitglieder werden ab sofort bei jeder Gelegenheit von der Marke erzählen und das Bild davon in ihrem Bekanntenkreis so prägen, wie sie es für richtig halten. Eine Partei – davon können alle real existierenden Parteien ein Lied singen – ist sicherlich ein extremes Beispiel für das Zusammenspiel von Eigentümern der Marke, Agenten und außenstehender Öffentlichkeit. Doch letztendlich verhält es sich in einem großen Unternehmen auch nicht viel anders. Die Führung des Unternehmens versucht nach innen wie nach außen ihrer Rolle als Eigentümer der Marke gerecht zu werden und zu vermitteln, wofür die Marke stehen soll und welche Zwecke sie verfolgt. Der einzelne Mitarbeiter handelt und spricht für die Marke und hinterlässt damit ebenfalls einen bleibenden Eindruck in seinem beruflichen und privaten Umfeld. Und die Öffentlichkeit bildet sich ihre Meinung aus einer Mischung aus persönlichen Eindrücken und Erfahrungen und dem, was die Medien über die Marke zu berichten haben.

Ein drittes Beispiel: Nehmen wir an, wir haben uns ein neues Produkt ausgedacht, mit dem wir den Markt erobern wollen. Stellen wir uns vor, wir hätten in unserem Unternehmen eine neue Haarpflege-Serie entwickelt, die sich dadurch auszeichnet, dass die Verpackung, in der wir sie verkaufen, vollständig biologisch abbaubar ist. Dafür brauchen wir natürlich eine neue Marke, und die wird jetzt mit allen Mitteln eines großen Konzerns bekannt gemacht. Es beginnt damit, dass wir unsere Vertriebsmitarbeiter zu unseren wichtigsten Kunden schicken, damit unsere neue Marke so schnell wie möglich den Platz in den Regalen der Drogeriemärkte und Lebensmittelhändler bekommt, den sie verdient. Wir versorgen die Mitarbeiter im Handel groß-zügig mit Proben, und pünktlich zur Markteinführung läuft unsere nationale Werbekampagne an. Unsere Marke wird schlagartig bekannt und die Verkaufszahlen der ersten Wochen stimmen uns zuversichtlich. Alles deutet darauf hin, dass unsere neue Marke von unseren wichtigsten Agenten, nämlich den Mitarbeitern im Einzelhandel, und den entscheidenden Außenstehenden, nämlich den Käufern, gut angenommen wird. Und dann geht plötzlich alles schief. Unsere Vertreter berichten, dass ihnen die Kunden unsere Produkte nicht mehr abnehmen wollen. Die Zahlen gehen in den Keller. Zunächst haben wir keine Ahnung, was vor sich geht, also machen wir uns selbst auf den Weg in einige Drogeriemärkte, um herauszufinden, wie unsere Agenten an der Front über unsere Marke sprechen. Dort hören wir von einer erfahrenen Verkäuferin, sie könne die Marke nicht mehr empfehlen, nachdem sich wiederholt Käufer bei ihr darüber beschwert hätten, unsere biologisch abbaubare Verpackung würde sich tatsächlich ganz wunderbar abbauen – nur leider bereits unter der Dusche. Darüber spreche man auch unter den Kollegen und im Moment rate man den Kunden eher von der Marke ab. Ob es sich nun tatsächlich um einen Fehler im Produkt handelt oder eher um Einbildung auf Seiten einzelner Verwender, spielt in diesem Moment für unsere Marke keine Rolle. Sobald Außenstehende ihre negativen Erfahrungen an Agenten herantragen, die selbst einen Ruf als unabhängige Berater zu verlieren haben, werden diese Agenten nicht mehr das Risiko eingehen, die Marke zu empfehlen. Hier zeigt sich die besondere Schwierigkeit, mit der Marken zu kämpfen haben, die von unabhängigen Agenten vertreten werden. Die Agenten sind nicht bei uns angestellt, und als Eigentümer unserer Marke haben wir nur die Möglichkeit, sie zu überzeugen, wir können sie nicht anweisen oder zwingen, unsere Marke zu empfehlen. Und so kann es dann passieren, dass aufgrund einzelner Rückmeldungen von Außenstehenden, lange bevor es etwa zu einer öffentlichen Diskussion oder einer Rückmeldung direkt an uns gekommen wäre, die wichtigsten Agenten unserer Marke ihre Unterstützung verweigern. Unsere Marke wird es sehr schwer haben, sich davon wieder zu erholen.

Sollte in unserem letzten Beispiel tatsächlich ein Fehler im Produkt vorgelegen haben, so wäre dies eine wichtige Erinnerung daran, dass die Wahrnehmung unserer Marke noch von einem ganz zentralen anderen Faktor abhängt, nämlich von der anderen Seite der Medaille, mit der ich das Verhältnis der Marke (als Seele) zu ihrem Körper zu erklären versucht habe. Die reinste Marken-Seele wird auf Dauer nicht überleben können, wenn der Körper nicht mitspielt. Wenn das Produkt das Versprechen der Marke nicht erfüllen kann, hat die Marke entweder zu viel versprochen oder der Organismus, der das Produkt hervorbringen soll, kränkelt. Dafür kann es sowohl bei physischen Produkten als auch bei Dienstleistungen natürlich verschiedenste Gründe geben. Vielleicht ist der Kreislauf des Organismus nicht genug durchblutet (es fehlt an Geld) oder der Körper stößt an die Grenzen seiner Belastbarkeit (es fehlt an Mitarbeitern). Vielleicht hat der Körper auch gar nicht die Fähigkeiten (es fehlt an der Ausbildung und Qualifikation), um Produkte in der markengerechten Qualität hervorzubringen. Letztendlich hat jeder Prozess in der Organisation und damit jede Entscheidung des Managements Auswirkungen auf die Marke, die früher oder später bei den Agenten oder den Außenstehenden ankommen. Nichts verändert das Bild, das wir uns von einer Marke machen, schneller, als wenn die Brötchen nicht schmecken, die Karosserie rostet oder die Versicherung nicht zahlt. Wir können uns die tollsten Marken ausdenken, am Ende muss jede Marke ihr Versprechen mit handfesten Leistungen oder Produkten jeden Tag aufs Neue erfüllen. Gut gemeint ist eben noch lange nicht gut gemacht, und dafür haben wir alle ein gutes Gespür, auch wenn wir gerne bereit sind, den Marken, denen wir schon lange vertrauen, auch mal einen Fehler zuzugestehen.

In der Einleitung zu diesem Buch habe ich darauf bestanden, dass sich Marken nicht führen lassen. Nachdem ich Ihnen nun das Spannungsverhältnis vorgestellt habe, in dem jede Marke nach meinem Verständnis jeden Tag neu entsteht, möchte ich den Unterschied zwischen der Führung einer Organisation und der Führung einer Marke noch einmal verdeutlichen. Besonders wichtig ist mir dabei, die Verantwortung der Eigentümer jeder Marke zu unterstreichen. Konzepte, die besagen, dass Marken ohnehin nur in den Köpfen Außenstehender existieren, halte ich für fatal. Marken brauchen ein Selbstbewusstsein. Ihre Eigentümer müssen sagen: »Egal was die Leute gerade über unsere Marke denken, wir wissen, wie wir sein wollen, und wir machen uns an die Arbeit, damit wir auch entsprechend wahrgenommen werden.« Das mag ein langer Weg sein, aber jeder Eigentümer trägt dafür die Verantwortung und hat es in der Hand, die Wahrnehmung seiner Marke zu verändern. Nur kann er eben nicht direkt auf die Marke einwirken und diese »führen«, indem er an der Oberfläche ein paar Schönheitskorrekturen, wie ein neues Erscheinungsbild oder eine teure Werbekampagne, veranlasst. Um die ihm anvertraute Marke zu bewahren oder nachhaltig zu verändern, muss der Eigentümer der Marke seiner Rolle als Anführer der Organisation, die hinter der Marke steht, gerecht werden. Die Führung eines Unternehmens, einer Abteilung innerhalb eines Unternehmens, die Führung einer Schule, einer Stiftung oder was für einer Organisation auch immer, muss die Verantwortung als Eigentümer ihrer Marke annehmen und unermüdlich daran arbeiten, dass sich ihre Agenten (Mitarbeiter, Mitglieder, Vertreter) im Sinne der Marke verhalten, damit Außenstehende den gewünschten Eindruck von der Marke erhalten und erkennen, wofür die Marke steht.

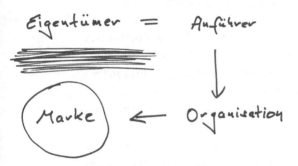

Diesen Zustand des Gleichgewichts für eine Marke dauerhaft zu erreichen ist schwer. Und je größer die Organisation wird, desto mehr ziehen und zerren die vielen Agenten die Marke in unterschiedliche Richtungen und vermitteln damit Außenstehenden immer auch widersprüchliche Eindrücke der Marke. Umso wichtiger wird es dann, dass die Führung ihrer Verantwortung als Eigentümer der Marke gerecht wird. Wenn dies gelingt, wenn also Führung, Agenten und Außenstehende das gleiche Bild einer Marke haben, können wir von einer gelungenen Marke sprechen.

Wir brauchen Marken

Wozu brauchen wir eigentlich Marken? Können wir nicht genauso gut über die Sache selbst, also das hinter den Marken stehende Unternehmen, das Produkt oder die Organisation sprechen? Theoretisch wäre das denkbar, würde unsere Gedanken und unsere Kommunikation allerdings stark verlangsamen. Statt etwa unseren Nachbarn als »Porsche-Fahrer« zu charakterisieren, könnten wir natürlich auch ausformulieren, man halte ihn für ein typisches Exemplar der Fahrer eines Fahrzeugs aus der Produktion der Dr. Ing. h.c. F. Porsche AG. Anschließend müsste man erklären, was die Produkte dieses Unternehmens ausmacht, welche Erlebnisse und Erfahrungen man mit diesen Produkten verbindet und worin man Ähnlichkeiten zwischen den Käufern dieser Produkte zu erkennen glaubt. All dies und noch viel mehr können wir ausdrücken, indem wir die Marke »Porsche« nennen, und wir können erwarten, dass unser Gesprächspartner versteht, was wir meinen, und zumindest eine ähnliche Vorstellung der Marke hat. Genauso wie wir sagen könnten, unser Nachbar sei »verliebt«, und davon ausgehen könnten, dass unser Gesprächspartner versteht, wovon wir reden. Marken dienen uns also als Abkürzungen und stehen als Begriffe für ein ganzes Bündel an Bedeutungen. Wie bei jedem anderen Begriff in einer natürlichen Sprache steht das Wort dabei in keinem festen Verhältnis zu der Sache, die es bezeichnet, sondern seine Bedeutung ist kulturell vereinbart und wird unter den Sprechern der Sprache immer wieder neu verhandelt. So funktioniert Sprache. Und innerhalb einer Kultur und zwischen den Sprechern einer Sprache sind Marken einfach besonders mit Bedeutung aufgeladene Begriffe, die wir brauchen, um in unserer komplexen Welt einigermaßen effektiv miteinander kommunizieren zu können.

Dass dabei eine Menge schiefgehen kann, zeigt sich immer besonders schön, wenn zwei Gesprächspartner ein völlig unterschiedliches Verständnis der Bedeutung eines Begriffes haben. Um bei meinem Beispiel zu bleiben: Wenn ich meinen Nachbarn als »Porsche-Fahrer« bezeichne, weil ich damit zum Ausdruck bringen will, er sei ein in die Jahre gekommener Herr, der sich zur Aufbesserung seines Egos einen teuren Sportwagen zugelegt habe, Sie mit der Marke »Porsche« aber etwas völlig anderes verbinden, so werden wir so lange aneinander vorbeireden, bis einer von uns das Missverständnis bemerkt und genauer erklärt, was er denn mit dem Begriff verbindet. Besonders aufmerksam sollten wir sein, wenn unser Gegenüber aus einem anderen Sprachraum oder einer anderen Kultur kommt. Denn obwohl viele Marken heutzutage international bekannt sind, dürfen wir nicht einfach davon ausgehen, dass die Menschen in einer anderen Kultur das gleiche Bild einer Marke haben. Um in der Auto-Welt zu bleiben: Ein »Jetta-Fahrer« wäre in Deutschland ein älterer Herr, dem wir durchaus eine umhäkelte Rolle Klopapier auf der Hutablage zutrauen würden. In den USA verbindet man mit der Marke »Jetta« eher aktive junge Fahrer, die ein erschwingliches, sportliches Auto der deutschen Qualitätsmarke »Volkswagen« schätzen. Derartige Unterschiede in der Wahrnehmung derselben Marke werfen nicht nur Fragen auf, wenn der amerikanische Kumpel seinem deutschen Freund stolz von seinem neuen Auto erzählt. Nur zu gerne würde man bei Volkswagen die Marke »Jetta« auch für den deutschen Markt wiederbeleben und verjüngen. Bislang ohne Erfolg. Für uns bleibt »Jetta« die Marke unseres Großonkels, und im Gegensatz zu den Amerikanern ist es uns auch nicht egal, dass die Fahrzeuge inzwischen in Mexiko produziert werden.

Indem Marken uns eine ganze Kette an Assoziationen, Bedeutungen und Eigenschaften liefern, helfen sie uns bei der Orientierung, in einer Welt, in der wir sonst allzu häufig in einer Flut von Angeboten und Möglichkeiten ertrinken würden. Am besten kann man sich die Bedeutung dieser Orientierung vor Augen führen, wenn man sich einmal vorstellt, man käme in einen unbekannten Supermarkt und hätte auch von keinem der angebotenen Produkte jemals zuvor etwas gehört – in etwa so, wie es einem geht, wenn man als Europäer zum ersten Mal einen Laden auf einem anderen Kontinent betritt. Es ginge schon damit los, dass man ja gar nicht wüsste, ob man dem Händler überhaupt vertrauen kann. In Deutschland verlassen wir uns blind darauf, dass ein Supermarkt, der zu den Marken »REWE«, »Edeka« oder »Lidl« gehört, grundsätzlich einwandfreie Ware anbietet. Dieses Vertrauen haben sich die uns bekannten Marken über Jahrzehnte erarbeitet und bei unseren täglichen Einkäufen in aller Regel bestätigt. Bei einer neuen Marke würden wir schon etwas genauer hinschauen. Indem Marken uns Vertrauen vermitteln, ermöglichen sie es uns, Entscheidungen viel schneller zu treffen, als wenn wir jede einzelne unserer Alltagsentscheidungen erst kritisch hinterfragen müssten.

Auch in den Regalen des Supermarktes orientieren wir uns an Marken, denen wir vertrauen. Welche Marken das sind, ist ganz individuell und hängt einzig und allein davon ab, welche Marken uns persönlich vertraut sind und welche Eigenschaften und Werte wir mit diesen Marken verbinden. Der eine orientiert sich an den bekannten Marken aus den großen Lebensmittelkonzernen, die er seit seiner Kindheit kennt. Die nächste schätzt besonders die preiswerten, einfach daherkommenden Eigenmarken des Handels. Und der übernächste schwört auf die Marken, die in seinem Bio-Supermarkt verkauft werden, achtet aber mindestens darauf, dass alle Produkte, die er kauft, irgendwie mit der Marke »Bio« gekennzeichnet sind. Die Einstellungen und Geschmäcker sind verschieden, doch die Orientierung in dem Überangebot an Produkten funktioniert für alle gleich: dank und durch Marken. Selbst bei den Grundnahrungsmitteln haben Marken längst Einzug gehalten, und auch bei Obst und Gemüse wollen uns ständig neue Marken in der Form von Gütesiegeln und Herkunftsbezeichnungen bei der Orientierung helfen. Diese Vielfalt an Marken kann und sollte man durchaus kritisch betrachten und sich fragen, ob zu viele Orientierungsangebote uns nicht eher verwirren.

Doch machen wir uns nichts vor: Ohne die Abkürzung über Marken, denen wir vertrauen, würde unser täglicher Einkauf Stunden dauern. Als stünden wir in einem Supermarkt in einem fremden Land, müssten wir jedes einzelne Produkt in die Hand nehmen, seinen Inhalt studieren, uns eine Meinung bilden und eine Entscheidung treffen. Im Urlaub mag es besonderen Spaß machen, auf diese Weise die Welt zu entdecken, im Alltag würde es uns um den Verstand bringen. Nicht nur im Supermarkt und nicht nur beim Konsum helfen Marken uns dabei, zwischen verschiedenen Angeboten auszuwählen. Egal ob es um eine Tütensuppe geht, das nächste Auto, unseren Wohnort oder die Wahl der richtigen Partei bei der nächsten Bundestagswahl: Wir nutzen Marken zur Orientierung, um uns in der Welt zurechtzufinden, und das ist auch erst einmal gut so.

Auch bei der Einschätzung von Menschen orientieren wir uns an den Marken, mit denen diese sich umgeben und zu denen sie sich zugehörig fühlen. Wir Menschen sind Herdentiere und über Marken signalisieren wir, zu welchen Herden wir gehören oder gehören wollen. Die Anhänger eines Fußballvereins, einer Glaubensgemeinschaft oder einer Partei bekennen sich öffentlich zu ihrer Marke, und die Rituale und Wertvorstellungen der Marke werden ein wichtiger Teil ihres Lebens. Aber auch mit dem Bekenntnis zu viel banaleren Marken, die für Mode, Sportartikel oder Unterhaltungselektronik stehen, sagen wir etwas darüber aus, zu welchen Gruppen wir uns zugehörig fühlen und wie wir von anderen wahrgenommen werden wollen. Umgeben wir uns mit Marken, die offensiv für Genuss und Luxus stehen, oder eher mit Marken, die bescheidener daherkommen? Bevorzugen wir Marken, die einen gesundheitsbewussten, sportlichen Lebensstil propagieren, oder signalisieren wir, dass wir es gerne bequem haben? Oder entscheiden wir uns vielleicht bewusst für Marken, die überhaupt nur einem kleinen, eingeweihten Kreis bekannt sind? Schon wenige Marken genügen, damit wir uns von einem Menschen ein erstes, hoffentlich nur vorläufiges Bild machen. Die Kombination aus »BMW«, »CSU« und »Katholische Kirche« ruft bei Ihnen ein ganz anderes Bild hervor als die Verbindungen von »Holland-Rad«, »ADFC« und »Kreuzberg« oder »Borussia Dortmund«, »Opel Zafira« und »DGB«. Dabei haben diese Marken nicht nur eine Signalfunktion, sondern leisten einen entscheidenden Beitrag zur Entwicklung unserer Identität. Sie können uns als Kompass dienen und wir nutzen sie und die Geschichten, die wir mit ihnen verbinden, um uns abzugrenzen und uns unserer Zugehörigkeit zu unserer Herde zu vergewissern. Damit geben Marken uns im Alltag ein Stück Sicherheit. Wir sind nicht allein, denn wir sind Teil einer Marke und die Marke ist Teil von uns. Wir nutzen Marken, um uns unserer selbst zu vergewissern, und auch das ist erst einmal gut so.

Ob jedoch die Marken, für die wir uns entscheiden und an denen wir uns orientieren, immer gut sind und wir überhaupt ein klares Bild von ihnen haben, ist eine ganz andere und sogar die entscheidende Frage, um die es im Laufe dieses Buches noch intensiv gehen wird. Doch dass wir nicht immer so genau hinschauen und Marken mit allen Mitteln versuchen, uns zu verführen und uns etwas vorzumachen, sollte uns nicht dazu verleiten, Marken grundsätzlich zu verteufeln.

Vor 15 Jahren erschien ein sehr intelligentes Buch mit einem sehr populistischen und leider irreführenden Titel: *No Logo*. Naomi Kleins globaler Bestseller wurde leider häufig als Total-Opposition gegen Marken missverstanden. Diese so berechtigte wie wichtige Kritik an bestimmten Marken, insbesondere den Marken globaler Konzerne, führte zu dem Missverständnis, dass Marken grundsätzlich zu verdammen seien. Dazu ist zunächst einmal zu wiederholen, dass es niemals eine Welt ohne Marken gegeben hat und dass es auch keine Nicht-Marken gibt. Bezeichnenderweise haben die größten Marken-Kritiker selbst starke Marken wie »Adbusters« oder später »Occupy« hervorgebracht. Der Unterschied zwischen »Nestlé« und »FoodWatch« ist ja nicht, dass es sich bei dem einen um eine Marke handelt und bei dem anderen nicht, sondern dass die beiden für völlig unterschiedliche Werte stehen und gegensätzliche Ziele verfolgen.

Gerade wenn wir uns mit bestimmten Unternehmen oder Organisationen kritisch auseinandersetzen wollen, sind deren Marken der entscheidende Hebel, um eine öffentliche Diskussion über deren Praktiken oder Produkte führen zu können. Die Marken gewaltiger Konzerne wie »Monsanto« oder »Mondelez« können gar nicht bekannt genug sein, denn sobald eine Marke erst einmal große Bekanntheit und Aufmerksamkeit genießt, können wir sie kritisch hinterfragen und sie läuft Gefahr, in Verruf zu geraten, was ernsthafte Konsequenzen für den unternehmerischen Erfolg nach sich zöge. Viel bedrohlicher als bekannte Marken sind gesichtslose Organisationen, die nur wenigen Eingeweihten bekannt sind. Bis zum Ende des letzten Irak-Krieges hatte wohl kaum jemand von den Söldnern gehört, die unter der Marke »Blackwater« im Einsatz waren. Kaum war es mit der Anonymität vorbei und die Marke bekannt geworden, änderte das Unternehmen seinen Namen, zunächst in »Xe Services«, zuletzt in »Academi«. Kannten Sie die »NSA«, bevor Edward Snowden daraus eine bekannte Marke gemacht hat? Wir brauchen Marken, um uns ein Bild davon zu machen, was Unternehmen und Organisationen in unserer Welt so treiben und was wir davon halten. Und umgekehrt brauchen die Marken uns, um sie immer wieder daran zu erinnern, was wir von ihnen erwarten und was sie uns versprochen haben.

Marken brauchen uns

Marken sind auch nur Menschen. Genauer gesagt sind Marken immer nur das Produkt menschlichen Handelns. Und da Menschen nun mal fehlbar und allen möglichen Verlockungen und Versuchungen ausgesetzt sind, kommen auch Marken immer wieder vom Kurs ab – vorausgesetzt sie hatten überhaupt einen klaren Kurs. Womit wir wieder bei der Führung durch die Eigentümer der Marke wären. Deren wichtigste Aufgabe ist es, den Kern ihrer Marke, einen unumstößlichen Zweck und eine klare Philosophie festzulegen und diese auch zu vermitteln. Geschieht dies nicht, fällt also in unserem Dreieck eine der drei Kräfte weg, so wird die Marke zum Spielball der Agenten und der Außenstehenden. Jeder interpretiert die Marke gerade so, wie es ihm in den Kram passt, und die Marke wird langsam, aber sicher bis zur Unkenntlichkeit aufgerieben. Eine Marke, die für alles stehen soll, kann für nichts stehen.

Agenten <=> (Marke ?) <=> Außenstehende

Im einfachsten Fall gibt es genau einen Eigentümer, der den Kurs einer Marke bestimmt. Doch das muss nicht so sein und entspricht auch nicht meiner Vorstellung von zeitgemäßer Führung. In jedem Fall müssen aber die Kultur und die Prozesse innerhalb einer Organisation dazu geeignet sein, dass sich ihre Anführer, also die Eigentümer der Marke, auf genau eine Vorstellung ihrer Marke einigen können und diese auch durchsetzen. Dabei sind sie gut beraten, wenn sie die Erfahrungen und Wünsche ihrer Agenten, in erster Linie ihrer Mitarbeiter, kennen und berücksichtigen. Auch die Erwartungshaltung Außenstehender sollte nicht unbeachtet bleiben, wünscht man sich doch, dass die Marke gut angenommen wird. Und dennoch: Am Ende sind es die Eigentümer der Marke, die die Verantwortung tragen und die Marke nach ihren Überzeugungen gestalten müssen. Eine Organisation ohne klare Führung wird letztendlich eine Marke ohne klaren Zweck hervorbringen.

Bestes Beispiel hierfür sind neue Marken, die in den letzten Jahren die politische Landschaft bereichert haben. Angefangen mit Barack Obamas »Change« über »Occupy« bis zu den »Piraten« sind Marken entstanden, die sich von Anfang an als offene Plattformen verstanden haben und die bewusst auf eine traditionelle Organisationsform verzichten. Zunächst mit großem Erfolg: Dank ihrer Versiertheit im Umgang mit den Möglichkeiten der digitalen Kommunikation, insbesondere über soziale Netzwerke, ist es den genannten Marken gelungen, in kürzester Zeit sehr viele Bekenner und Unterstützer zu gewinnen. Erleichtert wurde dies dadurch, dass das Programm der Marken, ihr Versprechen und ihre Werte sehr vage blieben. Während Barack Obama durchaus mit einem konkreten politischen Programm in den Wahlkampf zog, gelang es mit der Marke »Change« Millionen junger Leute zu begeistern, die lediglich das Gefühl verband, irgendetwas müsse sich ändern. Die Hürde, sich für »Occupy« zu begeistern oder sich den »Piraten« anzuschließen, war so niedrig, weil jeder die Marken ein wenig so sehen konnte, wie er wollte. Damit Marken aber erfolgreich sein können, brauchen sie eine Aufgabe und eine klare Philosophie, und keiner der Organisationen hinter den oben genannten Marken ist es gelungen, einen Prozess zu etablieren, an dessen Ende eine klare Vorstellung der Marke gestanden hätte. Als Obama im Weißen Haus, »Occupy« in Frankfurt und die »Piraten« im Berliner Abgeordnetenhaus angekommen waren, fragten sich alle: »Was nun?«, und es gab keinen Eigentümer der Marke, der eine konsequente Antwort hätte geben können.

Auch Marken, die auf diese Weise, also gewissermaßen von unten, entstanden sind, können die Welt verändern, denken wir nur an »Flower Power«, die »68er« oder »Punk«. Allerdings hat es in vordigitalen Zeiten deutlich mehr Kraft gekostet und man musste bereit sein, einen höheren Preis zu bezahlen, um sich zu diesen Marken zu bekennen. Folglich entstand auch eine viel stärkere Bindung zu den Marken und die Marken konnten ihre Wirkung über einen längeren Zeitraum entfalten. Der schnelle Klick, mit dem wir uns heute zu Marken bekennen und unsere Unterstützung zum Ausdruck bringen, ist genauso anspruchslos wie flüchtig. Wenn wir einfach nur den digitalen Daumen heben oder uns mit einem kurzen Kommentar zu allen möglichen Marken von A wie »Amerika« bis Z wie »Zalando« äußern, dann haben wir diese Marken zwar benutzt, um an unserer Selbstdarstellung zu arbeiten, verändert haben wir sie damit aber noch lange nicht. Damit Marken, die wir kritisieren oder schätzen, wirklich besser oder erfolgreicher werden, müssen wir schon ein wenig mehr Kraft investieren. Egal ob digital oder im persönlichen Gespräch, die Eigentümer der Marken brauchen unsere Mitarbeit und unsere Rückmeldung. Als Mitarbeiter, Kunden oder Journalisten haben wir es in der Hand, die Marken, an denen uns etwas liegt, mitzugestalten.

Als Mitarbeiter einer Organisation können wir unterschiedliche Verhältnisse zu deren Marke haben. Im Idealfall sind wir mit uns und der Marke im Reinen. Das heißt, wir kennen, schätzen und unterstützen die Werte und die Ziele der Marke und wir haben auch das Gefühl, dass wir und unsere Kollegen sich der Marke entsprechend verhalten. Damit ist noch lange nicht gesagt, dass diese Marke aus Sicht der Außenstehenden nur Gutes im Schilde führt, aber für uns ist sie authentisch. Wir tun, was wir sagen, und wir tun es gern, weil wir davon überzeugt sind und Freude daran haben. Organisationen, denen es gelingt, auf diese Weise zwei Seiten des Markendreiecks, nämlich die der Eigentümer und der Agenten, in Einklang zu bringen, dürfen sich glücklich schätzen. Sie können sich auch und gerade dann auf loyale Mitarbeiter verlassen, wenn Außenstehende die Marke angreifen. Selbst wenn innerhalb der Organisation etwas schiefgeht, wenn das Management versagt oder der Erfolg ausbleibt, werden sich die Mitarbeiter und andere Agenten um die Marke versammeln und sich für sie einsetzen. Und so romantisch es auch klingen mag, tatsächlich teilen glücklicherweise in sehr vielen Unternehmen und Organisationen die Mitarbeiter und die Führung die gleiche Vorstellung von ihrer Marke. Gerade im viel gelobten deutschen Mittelstand gelingt es den Eigentümern von Marken, die ja häufig auch noch die Eigentümer des Unternehmens sind, immer wieder, ihren Mitarbeitern das Gefühl zu vermitteln, dass es auch deren Marke ist, dass man am selben Strang zieht und die gleichen Werte teilt. Gefährlich wird es nur, wenn Eigentümer und Agenten eine Wagenburg um eine Marke errichten, innerhalb derer keine kritische Auseinandersetzung mehr möglich ist und auf die Außenstehende keinen Einfluss mehr haben.

Was macht aber nun ein Mitarbeiter, der die Werte und Ziele der Marke, für die er sich einsetzen soll, zwar kennt, aber diese nicht immer teilt oder sogar rundheraus ablehnt? Vorausgesetzt dieser Mitarbeiter muss keine Sanktionen befürchten und ist nicht von existenziellen Ängsten geplagt – wir bleiben also gedanklich in der Freien Sozialen Marktwirtschaft –, dürfen die Eigentümer der Marke zunächst einmal erwarten, dass der Mitarbeiter sein Missfallen zum Ausdruck bringt. Für so etwas gibt es in der Regel mehr oder weniger formelle Personalgespräche, in denen überprüft werden kann, ob die Vorstellungen, die die Eigentümer von der Marke und dem Verhalten ihrer Agenten haben, noch mit den Vorstellungen des Mitarbeiters zusammenpassen. (Dass dies in der Praxis selten gelingt, steht auf einem anderen Blatt. Aber lassen Sie uns für den Moment voraussetzen, dass die Eigentümer ganz klare Vorstellungen von ihrer Marke haben und diese auch vermitteln können.) Nach einem solchen Gespräch kann der Mitarbeiter abwägen, ob er mit den Aspekten der Marke, mit denen er nicht einverstanden ist, leben kann oder ob er sich von der Marke trennen, sprich kündigen muss. Die Marke ist sogar dringend darauf angewiesen, dass ein Agent, der sich gar nicht zu den Werten und Zielen der Marke bekennt, auch die Konsequenzen zieht. Bleibt es stattdessen bei einer inneren Kündigung oder arbeitet der Mitarbeiter gar offen gegen die Marke, so hat die Führung der Organisation die wichtige Aufgabe, die nötigen Konsequenzen zu ziehen und sich von dem Mitarbeiter zu trennen, um die Marke zu schützen.

Damit hätten wir die beiden einfachsten möglichen Verhältnisse eines Mitarbeiters zu einer Marke abgearbeitet. Entweder es passt oder es passt eben nicht. Rein oder raus. Top oder Flop. Wäre es damit getan, bräuchte man kein ganzes Buch, um sich mit dem Verhältnis von Marken und

Menschen zu beschäftigen. Jetzt wird es komplexer: Was passiert, wenn ein Mitarbeiter die Ideen und Ideale, die hinter der Marke stehen, kennt und eigentlich überaus schätzt, er sie in der täglichen Praxis jedoch allzu oft vermisst? Wenn also die Eigentümer der Marke ihrer Verantwortung gerecht geworden sind und ein klares Soll-Bild der Marke gezeichnet haben, die Realität aber ganz anders aussieht? Um es von vornherein klar zu sagen: Ich bin davon überzeugt, dass es das gute Recht, aber auch die Pflicht eines jeden Mitarbeiters gegenüber seinem Arbeitgeber ist, darauf hinzuweisen, wenn das tatsächliche Handeln der Agenten (Kollegen, Management) im Widerspruch zum selbst erklärten Versprechen der Marke steht, und das schließt ausdrücklich das Handeln der Führung der Organisation mit ein. Nicht bei jedem werden die sich daraus entwickelnden Konflikte so dramatische Konsequenzen haben wie bei Edward Snowden als Agent der Marken »Amerika« und »NSA«.[9] Aber auch uns kosten derartige Konflikte im Alltag viel Kraft und es gehört immer eine Portion Mut dazu, sie einzugehen. Doch wenn wir wirklich etwas für unsere Marke tun und dazu beitragen wollen, dass sie wieder ins Gleichgewicht kommt, können wir nicht tatenlos zusehen. Die Marke braucht unsere Mitarbeit und manchmal vielleicht auch unsere Nicht-Mitarbeit. Bevor wir allzu häufig den erklärten Absichten unserer Marke zuwiderhandeln, sollten wir es lieber mit Bartleby halten und sagen: »Ich möchte lieber nicht.« Genauso wie unser Staat gelegentlich darauf angewiesen ist, dass wir uns im zivilen Ungehorsam üben, um ihn daran zu erinnern, für welche Grundwerte er eigentlich steht, so können und sollten wir uns in den Organisationen, für die wir arbeiten, gelegentlich im Ungehorsam gegenüber Kollegen und Vorgesetzten üben, um sie daran zu erinnern, welche Werte und Ziele sich unsere Marke eigentlich auf die Fahne geschrieben hat.

Voraussetzung dafür ist natürlich, dass wir überhaupt klar ausmachen können, wofür die Marke, für die wir uns engagieren, eigentlich stehen soll. Leider ist dies in der Realität häufig nicht der Fall. Entweder ist das Bild der Marke zwar klar beschrieben, wird aber innerhalb der Organisation nicht effektiv vermittelt, oder die Formulierung der Marke ist so nichtssagend und interpretationsfähig ausgefallen, dass sie keinerlei Orientierung bietet. Letzterer Fall macht es leider vollends unmöglich, sich als Mitarbeiter kritisch mit der Marke auseinanderzusetzen und das eigene und das Handeln der anderen Agenten am Maßstab der Marke zu messen. Wo jeder mit seinem eigenen Verständnis einer Marke unterwegs ist, fehlt die gemeinsame Grundlage und die Organisation droht auf Dauer auseinanderzufallen. Damit das nicht passiert, braucht Ihre Marke Ihre ganz konkrete Unterstützung: Fordern Sie in Ihrer Organisation ein, dass die Eigentümer der Marke, in der Regel also die Führung des Unternehmens oder Ihrer Abteilung, eindeutig und für jedermann verständlich formulieren, wofür die Marke stehen soll, was für Absichten sie verfolgt und an welche Werte sie sich gebunden fühlt. Verlangen Sie, dass diese Grundsätze der Marke so festgehalten werden, dass sich jeder Mitarbeiter jederzeit darauf beziehen kann, um sein Handeln daran auszurichten. Damit erweisen Sie nicht nur Ihrer Marke, sondern auch den Anführern Ihrer Organisation den größtmöglichen Dienst.

Marken brauchen Kunden:
Nicht-mehr-kaufen ist auch keine Lösung

Marken brauchen Vertrauen. Unser Vertrauen ist ihr wichtigstes Kapital. Was aus unserer Sicht als Käufer oder Kunde Orientierung schafft, liefert der Organisation Planungssicherheit und Selbstvertrauen. Ohne eine starke Marke und das damit verbundene Vertrauen müssten die Hersteller von Waren, die Anbieter von Dienstleistungen oder die Vertreter von Gruppen oder Parteien jedes Mal aufs Neue um die Gunst ihrer Anhänger kämpfen. Uns von einer Marke zu überzeugen, die wir noch nicht kennen, erfordert von Organisationen einen vielfach höheren Aufwand, als wenn sie darauf bauen können, dass wir ihnen aufgrund der Eigenschaften und Erfahrungen, die wir mit ihrer Marke verbinden, einen Vertrauensvorschuss geben. Deswegen träumen alle Unternehmen von loyalen Kunden und alle Parteien von treuen Wählern. Geschickte Berater versprechen Organisationen sogar, dass sie deren Marken mit den Mitteln der Kommunikation, insbesondere der Werbung, zu »Lovemarks«, also Marken, die von ihren Anhängern geliebt werden, machen können. Die Liebe soll ja bekanntlich blind machen, und das ist dann auch das erklärte Ziel, nämlich Loyalität jenseits der Vernunft.[10]

Wir sollten die Liebe den Liebenden überlassen. Nicht nur weil wir an der Vorstellung eines mündigen, vernunftbegabten Bürgers hängen, sondern auch im Interesse der Marken selbst. In Wirklichkeit ist es nämlich mit der Loyalität der Kunden nicht so weit her. Viel häufiger halten wir Marken aus reiner Bequemlichkeit oder Gewohnheit die Treue. Der Supermarkt um die Ecke ist eben um die Ecke. Und wenn an gleicher Stelle morgen der Supermarkt einer anderen Marke eröffnet, so werden wir höchstwahrscheinlich ebendieser treu werden. Alle teuren Versuche, uns mit Bonus- und »Loyalitäts«-Programmen zu bestechen, können nichts daran ändern, dass jede Marke das Versprechen, das sie uns gibt, jeden Tag aufs Neue erfüllen muss.[11] Wir mögen Marken schätzen, aber am Ende kaufen wir Produkte, erleben Dienstleistungen oder erwarten politische Entscheidungen. Wir sind zwar nicht so rational, wie wir manchmal gerne wären (oder traditionelle Ökonomen es sich wünschen würden), aber dennoch drehen wir die Medaille zwischen der Marke und ihrem Produkt ständig hin und her und fragen uns, ob wir noch zufrieden sind. Im besten Fall kann die Marke darauf hoffen, dass wir in der Vergangenheit so viel Vertrauen aufgebaut haben, dass wir bereit sind, ihr den einen oder anderen Fehler zu verzeihen. Darauf verlassen sollte sich jedoch keine Marke, schon gar nicht, weil wir unsere »Freundschaft« auf Facebook erklärt haben.

Dass viele Unternehmen die Loyalität ihrer Kunden maßlos überschätzen, erleben wir immer wieder, wenn es in der Beziehung mal kracht. Besonders dort wo »Treue« bedeutet, dass Kunden in langfristige Verträge gelockt oder gezwungen werden, kann aus anfänglicher Zuneigung zur Marke schnell blanke Verachtung werden. Wo nach dem Kauf eines Produkts jeglicher Dialog verweigert und der Käufer vollkommen alleingelassen wird, zeigt eine Marke ihr wahres Gesicht. Und wo neue Kunden immer das beste und günstigste Angebot bekommen, während die treudoofen Alt-Kunden systematisch ausgebeutet werden, zeigt sich der wahre Charakter einer Marke. Geht man so mit Freunden oder Geliebten um? Eine Marke, die uns betrügt und hintergeht, hat unser Vertrauen schnell verspielt. Die Beziehung zu so einer Marke zu beenden kann mühsam und schmerzhaft sein, doch mit der Liebe ist es auf der Stelle aus und zur Treue fühlen wir uns schon lange nicht mehr verpflichtet. Während die eine Marke noch glaubt, wir seien ihr treu, weil wir pünktlich unsere Raten bezahlen, haben wir unsere Augen längst auf eine andere Marke geworfen und waren vielleicht sogar schon mal mit ihr im Bett.

Was aber tun, wenn wir die Marke, die uns schlecht behandelt, eigentlich schätzen? Oder was tun, wenn wir auf eine Marke mangels Alternativen gar nicht verzichten können?

61

Damit Marken besser werden können, brauchen sie die Rückmeldung und den Widerspruch der Außenstehenden in unserem Markendreieck. Solange es um Produkte und Dienstleistungen geht, können wir in unserer Marktwirtschaft ein deutliches Signal senden, indem wir auf den Kauf verzichten oder uns für die Marke eines Wettbewerbers entscheiden. In vielen Kategorien – denken wir nur an die Lebensmittelindustrie oder die Telekommunikation und insbesondere digitale Medien – sind die Probleme einer Marke die Probleme fast aller Marken. Mangels Alternativen bliebe nur der totale Verzicht, und der wäre mit erheblichen sozialen oder wirtschaftlichen Kosten verbunden. Noch schwieriger wird es, wenn Sie auf die Marke, mit der Sie unzufrieden sind, angewiesen sind und es schon rein praktisch keine Alternative geben kann. Sie brauchen die Verwaltung und die Infrastruktur Ihrer Stadt und Sie müssen nun mal mit der »BVG« zur Arbeit fahren und können sich nicht einfach für den »HVV« entscheiden. (Genauso wie man nun mal »HSV«-Fan ist und nicht einfach zum »FCB« wechseln kann.)

Und dann sind da noch die ganz großen Marken, auf die wir in unserem Leben weder verzichten können noch verzichten wollen oder sollten: »Demokratie«, »Gerechtigkeit«, »Journalismus« oder »Deutschland« und »Europa«. Was sollen wir tun und wie können wir uns wehren, wenn diese Marken unsere Erwartungen nicht erfüllen? Der viel diskutierte Begriff der *Politikverdrossenheit* spricht hier Bände, deutet er doch darauf hin, dass wir uns keineswegs von der Marke »Demokratie« abwenden, sondern von ihren Agenten und deren Verhalten. Allerdings liegt es allein an uns, ob wir uns im Markendreieck auf der Seite der Außenstehenden sehen oder als Bürger unsere Rolle als eigentliche Eigentümer dieser Marken annehmen.

.

Damit Marken, die uns am Herzen liegen, sich verändern können, sind sie darauf angewiesen, dass wir ihnen nicht einfach als Konsumenten unser Geld oder unsere Aufmerksamkeit entziehen, sondern dass wir uns beschweren, sie kritisieren und uns wehren. Allerdings hat es wenig Aussicht auf Erfolg, wenn wir dies nur am Stammtisch oder als anonym pöbelnde Trolle im Internet tun. Wir müssen uns schon die Mühe machen, uns direkt und persönlich Gehör zu verschaffen. Dabei ist jedoch wichtig, dass unsere Kritik fundiert ist. Wenn wir eine Marke verändern wollen, müssen wir uns zunächst mit ihren selbst erklärten Werten und Zielen auseinandersetzen und dürfen uns darüber hinaus auf die Versprechen beziehen, die die Marke uns über ihre Agenten oder beispielsweise über die Werbung gemacht hat. Es nützt dagegen nichts, wenn wir uns Marken ganz anders wünschen, als diese selbst sein wollen. Wir können sie nur an ihrem eigenen Anspruch messen und diesen entweder ablehnen oder einen Widerspruch zwischen Anspruch und Wirklichkeit aufdecken. Diese Art konstruktiver, mitarbeitender Kritik erfordert ein großes Engagement, kostet Zeit, erfordert ein gewisses Handwerkszeug und würde uns deshalb als einzelnen Bürger oder Verbraucher überfordern. Doch zum Glück gibt es ja einen ganzen Berufsstand, der genau dafür ausgebildet wurde und der über die nötigen Mittel und Wege verfügt, um dieser Aufgabe gerecht zu werden – wenn er denn will.

Marken brauchen Medien: Anhaltspunkte für Journalisten
Kleinere Marken haben den großen Vorteil, dass die Rückmeldung, die sie brauchen, meist unmittelbar von Außenstehenden oder über wenige Agenten an den Eigentümer der Marke herangetragen wird. Doch je größer die Marke und die dahinterstehende Organisation werden, desto seltener dringen Kritik oder Verbesserungsvorschläge in die

höchste Führungsebene und damit zu den eigentlichen Eigentümern der Marke durch. Und selbst wenn sich die Eigentümer aktiv um Rückmeldungen Außenstehender oder ihrer Agenten bemühen, müssen sie immer damit rechnen, dass diese Rückmeldungen von Eigeninteresse geprägt sind. Deswegen sind große Organisationen und Unternehmen darauf angewiesen, dass in der Öffentlichkeit eine unabhängige Diskussion über ihre Marke geführt wird und dass unabhängige Medien diese Diskussion aufnehmen, ermöglichen, begleiten und mit allen journalistischen Mitteln dazu beitragen. Nicht umsonst bezeichnen wir unsere Medien als Vierte Gewalt im Staat. Wir erwarten von ihnen, dass sie die Kräfte, die unser gesellschaftliches Zusammenleben bestimmen, kritisch begleiten, für Transparenz sorgen und sich der Wahrheit verpflichten. Wollen unsere Medien diesem Anspruch gerecht werden, müssen sie sich heutzutage neben Parlament, Regierung und Justiz auch für andere gesellschaftliche und wirtschaftliche Organisationen interessieren. Schließlich haben große Unternehmen oder mächtige Verbände einen mindestens ebenso großen Einfluss auf unser Leben wie die Politik im engeren Sinne.

Dass Medien sich dazu Marken bedienen, ist weder neu noch überhaupt anders denkbar. Kein politischer Beitrag kommt ohne Marken wie »die CDU«, »die Opposition«, »das Bundesverfassungsgericht« oder »Europa« aus. Als Auslandskorrespondent kommt man nicht umhin, von den »Palästinensern«, aus der »Ukraine« oder über die »Front National« zu berichten. Und spätestens im Wirtschaftsteil geht es dann ganz direkt um die Marken, die auch unseren Alltag als Arbeitnehmer und Verbraucher bestimmen. Würden sich die Autoren in den Tageszeitungen, im Fernsehen und im Netz nicht Marken bedienen und könnten sie sich nicht darauf verlassen, dass wir als Leser und Zuschauer zumindest ein ähnliches Bild dieser Marken haben, so müsste jeder Beitrag bei Adam und Eva beginnen. Unsere Zeitungen würde alle aussehen wie die Kinderseite der *Zeit*. Marken verdichten und vermitteln ein ganzes Bündel an Informationen. Dadurch verallgemeinern und vereinfachen sie gleichzeitig, und der manchmal etwas ausweichend wirkende Hinweis, man müsse die Dinge doch bitte differenzierter betrachten, hat oft durchaus seine Berechtigung. In einem größeren Zusammenhang ist es legitim und unumgänglich, Marken als Verallgemeinerungen zu verwenden und damit die ganze Vielfalt und Zerrissenheit, die sich vielleicht hinter einer Marke verbirgt, zusammenzufassen. Doch wenn es um eine Marke selbst geht, wenn also ein ausgebildeter Journalist sich mit den Versprechen und dem Verhalten einer einzelnen Marke auseinandersetzt, dürfen wir erwarten, dass er die Dinge tatsächlich differenzierter betrachtet.

Als Außenstehender kann der Journalist sich mit den Werten und Zielen der Marke oder mit deren Verhältnis zum tatsächlichen Verhalten auseinandersetzen. Letzteres lässt sich sehr schön beobachten, wenn amerikanische Journalisten nach gewalttätigen Übergriffen einzelner Polizisten immer wieder an das explizite Markenversprechen der Polizei von Los Angeles erinnern, das auch uns aus zahllosen Filmen und Fernsehserien ein Begriff ist: »to protect and to serve« (»zu beschützen und zu dienen«). Ein Beispiel für die Auseinandersetzung mit den Werten einer Marke an sich: Seit Jahren wird in Deutschland intensiv über »die NPD« diskutiert und erörtert, ob die Wertvorstellungen und die Ziele, die man dieser Marke zuschreibt, mit dem Grundgesetz vereinbar sind. Interessant daran ist, dass die Eigentümer und Agenten der Marke darauf bestehen, ganz andere Ziele zu verfolgen, als ihnen die Außenstehenden aus Politik und Presse unterstellen. Ähnlich verhält es sich mit den »Salafisten«. Und in beiden Fällen tragen Journalisten dazu bei, herauszuarbeiten, ob die Eigentümer der Marken ihren Anhängern in Wirklichkeit andere Werte vermitteln als die, die sie öffentlich vertreten. Ein typisches Mittel des investigativen Journalismus ist es in solchen Fällen, in die Organisation einzudringen oder einen Informanten innerhalb der Organisation zu gewinnen. Um es mit den Begriffen aus unserem Markendreieck zu formulieren: Außenstehende bedienen sich der Agenten der Marke, um herauszubekommen, was die Eigentümer der Marke eigentlich im Schilde führen. Interessant daran erscheint mir, dass manche Journalisten bestimmten Marken sofort unterstellen, dass das Bild, das sie in der Öffentlichkeit präsentieren, nicht der Wahrheit entspricht, während andere Marken in dieser Hinsicht nur selten hinterfragt werden.

Dabei erwarte ich sicher von einem Modemagazin keine kritische Berichterstattung über Modemarken und von einer Autozeitschrift keine Enthüllungen über die eigentlichen Ziele unserer Automobilmarken. Hier liegen die Interessen der berichtenden und der zu hinterfragenden Marken viel zu nah beieinander, und das sollten wir auch als Leser erkennen, ansonsten wäre das eher eine Frage der Medienerziehung. Doch zum Glück gibt es ja immer noch Medienmarken, die sich zu einem unabhängigen Journalismus bekennen, deren Marken von der Glaubwürdigkeit dieses Versprechens sogar ganz unmittelbar abhängen. Von den Journalisten, die für diese Medienmarken tätig sind, dürfen wir durchaus hoffen und erwarten, dass sie die Versprechen, die Marken uns öffentlich machen, im Gespräch mit den Eigentümern dieser Marken immer wieder kritisch hinterfragen. Darüber hinaus wünsche ich mir, dass sich Journalisten noch häufiger investigativ mit dem tatsächlichen Handeln der Agenten einer Marke beschäftigen und ihre Erkenntnisse direkt den von den Eigentümern erklärten Werten und Zielen der Marke gegenüberstellen. Gerade wenn Marken besonders große Versprechen zur Nachhaltigkeit, zur Gemeinnützigkeit, zum Umweltschutz oder zur sozialen Verantwortung abgeben, kann es nicht schaden, einmal einen Blick in die Praxis zu werfen und sich mit so profanen Dingen wie Bonussystemen, Dienstanweisungen, Einkaufsrichtlinien oder Software zu beschäftigen. Auf dieser Ebene zeigt sich dann nämlich, inwieweit das Versprechen einer Marke tatsächlich gelebt wird oder warum wir als Außenstehende oft ganz andere Erfahrungen mit einer Marke machen, als uns deren Eigentümer versprechen. Ein derartiger Abgleich der Realität mit gegebenen Versprechen ist in der politischen Berichterstattung verhältnismäßig einfach, weil Parteien für ihre Marken in der Regel Programme veröffentlichen. Im dritten Teil dieses Buches werde ich einige Fragen aufführen, mit denen Journalisten auch andere Marken an ihren eigenen Ansprüchen messen können.

Mit einem solchen Herangehen können unsere Medien nicht nur einer kritischen Öffentlichkeit dienen, sondern auch den Agenten der Marken, also den Mitarbeitern der Organisationen, dabei helfen, dem Anspruch der eigenen Marke besser gerecht zu werden. Normalerweise ist es ja keine böse Absicht, wenn wir als Angestellte eines Unternehmens, Mitglieder eines Vereins oder Mitarbeiter einer Schule oder Hochschule die Werte und Ziele unserer Marke aus den Augen verlieren. Der gute Wille ist ja da, aber mit den Jahren haben sich gewisse Gewohnheiten eingeschlichen. Wir sind nachlässig geworden oder die organisatorischen und wirtschaftlichen Rahmenbedingungen, unter denen wir arbeiten müssen, machen uns das Leben schwer.

Häufig tragen wir eine ganze Liste von Gedanken und Ideen mit uns rum, wie wir die Dinge anders machen könnten, um unserer Marke besser gerecht zu werden. In dieser Situation könnten die Medien uns einen großen Dienst erweisen, indem sie nicht nur die Botschaft der Eigentümer einer Marke übermitteln, sondern etwas genauer hinschauen. Der Bezug auf den selbst erklärten Anspruch der Marke ermöglicht es ihnen dabei, das Format des Kommentars zu verlassen und Anspruch und Wirklichkeit einer Marke objektiv gegenüberzustellen.

Auf der Suche nach Sinn und Zweck

Lassen Sie uns über den Sinn des Lebens sprechen. Keine Angst, wir bleiben beim Thema. Aber da ich Ihnen ja in der Einleitung versprochen habe, dass die Beschäftigung mit Marken Ihnen helfen kann, ein glücklicheres Leben zu führen, müssen wir uns schon an die ganz großen Fragen heranwagen. Und zu diesen großen Fragen gehört, dass wir uns alle danach sehnen, etwas Sinnvolles zu tun und nach Möglichkeit auch einer Arbeit nachzugehen, in der wir einen Sinn sehen. Diese Sehnsucht wurde in letzter Zeit besonders der jüngsten Generation zugeschrieben, die jetzt den Arbeitsmarkt betritt und damit in unseren Organisationen Einzug hält: der sogenannten Generation Y, manchmal auch als »Millennials« tituliert. Es gäbe in unseren Unternehmen und Organisationen geradezu einen Generationenkonflikt, weil die jungen Leute ständig die Sinn-Frage stellten und nicht gelernt hätten, einfach mal zu arbeiten und der Erfahrung ihrer Vorgesetzten zu vertrauen. Um es deutlich zu formulieren: Ich halte derartige Darstellungen, mit denen sich eine Generation von Führungskräften aus der Verantwortung stiehlt, für ziemlichen Unsinn und bin mir sicher, dass sie auf einem Missverständnis beruhen. Und wie Sie es inzwischen von mir kennen, vermute ich hinter diesem Missverständnis eine Ungenauigkeit im Umgang mit Begriffen, die es verdient haben, sie genauer zu betrachten. Unser aller Duden erklärt das Wort »Sinn«, in der Bedeutung, um die es hier geht, mit »Ziel und Zweck, Wert, der einer Sache innewohnt«. Nun gibt der Duden ja lediglich wieder, wie die Wörter in der deutschen Sprache verwendet werden, und im Alltag sprechen wir tatsächlich genauso davon, eine Sache habe »keinen Sinn«, wie wir sagen würden, sie habe »keinen Zweck« oder »keinen Wert« – die Begriffe sind austauschbar. Für den Rest dieses Buches möchte ich Sie jedoch bitten, mir zu folgen, wenn ich zwischen diesen Begriffen ganz bewusst einen Unterschied mache.

Beginnen wir mit dem »Sinn«. Wer religiös ist, der hat auf die Sinn-Frage eine eindeutige Antwort: Ein sinnvolles Leben ist ein gottgefälliges Leben. Nicht zuletzt hierin liegt ja der Reiz jeder Religion, dass man auf alle Fragen des Lebens eine Antwort bekommt. Ein fester Glaube beantwortet nicht nur die Frage nach dem Sinn des Lebens, sondern liefert dazu auch gleich noch eine Bedienungsanleitung, feste Rituale und Übungen und eine Organisation, die einen das ganze Leben hindurch begleitet. Wie diese konkret aussehen, mag sich von Religion zu Religion oder sogar von einer Kirche zur anderen stark unterscheiden. Alle Religionen verbindet jedoch, dass sie dem Leben einen Sinn geben, der außerhalb unseres eigenen Lebens selbst liegt. Und genauso verweisen auch andere Vorstellungen vom »Sinn« auf etwas, das über unser gelebtes Leben hinausreicht, etwa wenn wir davon überzeugt sind, dass der Sinn des Lebens schlicht im biologischen Weiterreichen des Lebens besteht, wenn wir uns dem Geld, der Macht oder der Liebe verschreiben, oder wenn wir den Sinn unseres Lebens darin sehen, »dass unsere Kinder es einmal besser haben sollen«. Falls Sie einer dieser

Glaubensrichtungen anhängen, brauchen Sie weder dieses Buch noch ein Konzept von Marken.

Ähnlich verhält es sich, wenn wir mit der Frage nach dem Sinn unseres Lebens und Handelns eigentlich nach seinem »Wert« fragen. Es gibt Aufgaben, die wir über fast alle kulturellen Grenzen hinweg als besonders wertvoll erachten. Dazu gehören insbesondere das Heilen und die Pflege von Kranken oder Alten, aber auch der Einsatz für Arme oder sozial Benachteiligte. Wir schätzen den Einsatz in der Feuerwehr, als Lehrer, meistens auch den in der Polizei und in einigen Ländern besonders den beim Militär. Aber auch ein Engagement in der Entwicklungshilfe, für den Umweltschutz oder im Kampf für Freiheit und Gerechtigkeit wird gesellschaftlich als besonders wertvoll erachtet. Im Umkehrschluss gibt es auch Aufgaben, bei denen weitgehend Einigkeit darüber besteht, dass sie eben nicht wertvoll oder geradezu zerstörerisch sind. Derartige Tätigkeiten sind in aller Regel verboten oder zumindest gesellschaftlich geächtet. Da wir aber nicht alle Ärzte und Feuerwehrleute werden können und nicht jeder von uns die Kraft und den Mut aufbringt, um in die Welt hinauszuziehen und für eine gute Sache zu kämpfen, bleiben wir neidisch zurück. Und wenn wir dann sehnsuchtsvoll davon träumen, dass wir gerne etwas Sinnvolles tun würden, meinen wir eigentlich, dass wir gern etwas Wertvolles tun würden, nämlich etwas, das allgemeine Anerkennung genießt und auch unseren eigenen Zweifeln standhält. Wenn wir schon nicht für einen Gott oder unsere Kinder leben wollen, dann doch zumindest für etwas anderes, für das es sich zu leben lohnt.

Ganz anders verhält es sich, wenn wir den Sinn des Lebens in unserem Leben selbst, genauer gesagt darin sehen, dass wir ein glückliches Leben führen. Nun ist *Glück* schon wieder so ein Begriff, der in unserem Alltagsgebrauch stark unter dem Einfluss des Englischen steht. »Na, bist du happy?« fragt dabei lediglich nach einer Momentaufnahme, und die Aneinanderreihung von Glücksmomenten, egal ob in der Musik samt einem fantastischen 24-Stunden-Video oder bis in alle Ewigkeit, ergibt noch lange kein glückliches Leben – ansonsten wären Pillen tatsächlich der kürzeste Weg zum Glück. Deshalb ist im Alltag die Bedeutung von *happy* in den allermeisten Fällen nicht »glücklich«, sondern »fröhlich«. Der »Pursuit of happiness«, wie ihn die amerikanische Unabhängigkeitserklärung verspricht, ist aber nicht das Streben nach Fröhlichkeit, sondern nach Glückseligkeit, also Glück im Sinne eines glücklichen Lebens. Was nun aber ein glückliches Leben ausmacht, ist eine philosophische Frage, und da halte ich es mit Aristoteles, dessen Gedanken es mir überhaupt erst erlauben, Ihnen zu versprechen, dass die Beschäftigung mit Marken Ihnen zu einem glücklicheren Leben verhelfen kann. Aristoteles hat Glück so definiert, »dass der Glückliche gut lebt und gut handelt«.[12] Der erste Teil dieser Bestimmung ist heutzutage leider immer noch größtenteils Glückssache (im Sinne von »lucky«): Wo sind wir auf die Welt gekommen? Haben wir genug zu essen und die Chance auf Bildung und Arbeit? Bleiben uns übermäßig schwere oder viele Schicksalsschläge erspart? Während die einen in ein gutes Leben hineingeboren werden, müssen andere ihr Leben lang darum kämpfen oder es bleibt ihnen bis zum Schluss verwehrt. Da ich Sie jedoch zu denjenigen zählen darf, denen grundsätzlich die Möglichkeit für ein gutes Leben geschenkt wurde, können wir uns auf den zweiten Teil konzentrieren und uns fragen, was es bedeutet, gut zu handeln.

Zunächst ist mit »handeln« tatsächlich *handeln* gemeint. »Es gibt nichts Gutes, außer man tut es«, um es mit den Worten eines anderen Philosophen zu sagen. Zu wissen, was man eigentlich tun *müsste*, genügt dem Anspruch an gutes Handeln genauso wenig wie reiner Aktionismus. Es geht nicht darum, einfach irgendetwas zu machen, zu sagen oder zu wissen, sondern darum, ganz bewusst und unter Einsatz aller Fähigkeiten und allen Wissens im Sinne einer Sache zu handeln. Gutes Handeln dient einem Zweck. Wenn wir diesem Zweck allgemein einen Wert zuschreiben (siehe oben), dann sprechen wir umgangssprachlich von einem guten Zweck. Aber auch jeder andere Zweck erlaubt gutes Handeln, solange der Zweck keinen Schaden anrichtet und das Handeln dem Zweck entspricht. Wir können als Tischler genauso gut handeln wie als Sachbearbeiter, als Mitarbeiter einer Behörde oder als Unterstützer einer Partei oder sonstigen Organisation. Solange unser Handeln einem klar umrissenen Zweck dient und wir uns diesem Zweck gerne und bewusst widmen, ist es gut. Es erfüllt uns. Wenn wir also die Sinn-Frage stellen, wenn wir uns danach sehnen, etwas Sinnvolles zu tun, so wünschen wir uns, dass unsere Arbeit einen Zweck hat, der uns erfüllt.

Lassen Sie mich mein Denkmodell hier noch einmal verdeutlichen, weil es vielleicht noch ein wenig abstrakt klingt, für alle weiteren Überlegungen aber von zentraler Bedeutung ist: Der Sinn des Lebens ist ein glückliches Leben. Für ein glückliches Leben brauchen wir ein gutes Leben und gutes Handeln. Die Möglichkeit zu einem guten Leben ist uns zu einem großen Teil geschenkt (oder eben nicht). Für das gute Handeln, das die Möglichkeit eines guten Lebens aufrechterhält, sind wir selbst verantwortlich. Gutes Handeln setzt einen erkennbaren Zweck voraus. Noch einmal vom Ende her: Wir brauchen einen Zweck, damit unser Handeln gut sein kann und wir ein glückliches Leben führen können.

$$Glück$$
$$=$$
$$Gutes\ Leben\ +\ Gutes\ Handeln$$
(Frieden, Freiheit, Gesundheit etc.) (Zweck)

Aber muss denn wirklich immer alles einen Zweck haben? Ist es nicht schrecklich, wenn wir unser ganzes Leben nur an Zwecken ausrichten? Damit kommen wir zur letzten Bedeutung, mit der das Wort *Sinn* häufig verwendet wird, nämlich dem »Ziel«. Wir dürfen den Zweck unseres Handelns nicht mit den Zielen unseres Handelns verwechseln. Wenn wir spielen, faulenzen oder Gedichte schreiben, dienen diese Handlungen keinem unmittelbaren Ziel, vor allem keinem wirtschaftlichen Ziel. Trotzdem dienen diese Handlungen einem Zweck, sei es der Erholung, der Freude oder dem Gemeinschaftsgefühl. Und tatsächlich möchte ich auch hier den Maßstab anlegen, dass wir uns der Sache widmen und ihr unsere ganze Aufmerksamkeit schenken. Nur wenn wir uns beim Spielen anstrengen, mit Muße faulenzen oder uns bemühen, bessere Gedichte zu schreiben, werden wir dem Zweck gerecht, handeln gut und dürfen also auf ein glückliches Leben hoffen. Unmotiviertes und zweckloses Herummachen hat noch niemanden glücklich gemacht – auch wenn diese Erfahrung in seiner Jugend vielleicht jeder für sich selbst gemacht haben muss.

Die Generation, die jetzt in unsere Organisationen einzieht, hat diese Erfahrung jedenfalls hinter sich, hat sie möglicherweise sogar ausgerechnet in der Schule gemacht. Und anders als vorhergehende Generationen muss sie sich zurzeit in Deutschland auch keine Sorgen um das Gute Leben machen. Sie sind wenige, sie sind gut ausgebildet, ihre Aussichten auf dem Arbeitsmarkt sind hervorragend. Das Gute Leben setzen sie voraus, jetzt wollen sie auch gut handeln. Wenn diese jungen Leute also die Sinn-Frage stellen, dann erwarten sie von ihren Vorgesetzten schlicht und ergreifend, dass diese in der Lage sind, ihnen den Zweck ihrer Aufgaben zu vermitteln und ihnen beizubringen, wie sie diesem Zweck gerecht werden können. Dabei treffen sie dann leider nur allzu häufig auf Führungskräfte, deren Handeln schon lange nicht mehr von Zwecken, sondern nur noch von wirtschaftlichen und persönlichen Zielen geleitet ist. Wer sich als Manager an Kennzahlen, Spar- oder Wachstumszielen, seinem Bonus oder dem Vergleich mit anderen Managern orientiert, wird auf dem falschen Fuß erwischt, wenn der junge Mitarbeiter plötzlich »Warum«-Fragen stellt. Warum machen wir das und warum so und nicht anders? Welchem Zweck dient das? Würde es nicht dem gegebenen Zweck unserer Abteilung viel besser dienen, wenn wir das ganz anders machen? Wer den Anspruch hat, Menschen zu führen, ganz unabhängig von deren Alter und ganz unabhängig davon, ob sie in unserem Markendreieck zu den Agenten oder den Außenstehenden gehören, der sollte derartige Fragen nicht nur beantworten können, sondern er sollte den Zweck in den Mittelpunkt seiner Marke stellen.

Alter Gedanke, gute Idee, neuer Begriff: der Markenzweck
Ausgerechnet ein ehemaliger Mitarbeiter des größten Werbekonzerns der Welt hat 2009 der Frage nach dem Warum zu neuer Popularität verholfen. Der Mann heißt Simon Sinek und die Aufnahme seines Vortrags gehört bis heute zu den 20 meistgesehenen Videos auf TED.com.[13] Die Idee, die Sinek präsentiert und in seinem Buch mit dem programmatischen Titel »Start with Why« (»Beginne mit dem Warum«) ausführt, nennt er den Goldenen Kreis und sie ist ebenso

einfach wie einleuchtend. Sein Kreis besteht in Wirklichkeit aus drei Kreisen:

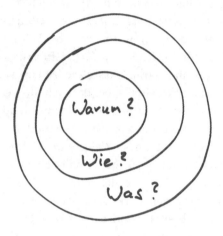

Sinek erklärt, dass die meisten Unternehmen recht gut wüssten, *was* sie produzierten, und auch einigermaßen überzeugend erklären könnten, *wie* sie es täten und worin sie sich dadurch von ihren Mitbewerbern unterscheiden – mit schwankendem Erfolg. Dagegen würden die besonders erfolgreichen Organisationen – sein Lieblingsbeispiel ist erwartungsgemäß Apple – von innen nach außen durch den Goldenen Kreis geführt. Steve Jobs und andere charismatische Führungspersönlichkeiten hätten nämlich erkannt, dass wir uns als Verbraucher, Wähler oder Unterstützer einer Bewegung nicht daran orientieren, *was* die Organisation hervorbringt oder *wie* sie dies tut, sondern daran, *woran sie glaubt*. Wer andere durch Inspiration führen will, so lautet seine zentrale These, der muss ihnen zunächst sein *Warum* vermitteln.

Nun bin ich mir nicht sicher, ob die meisten Organisationen wirklich wissen, was sie tun und wie sie es tun, aber der einfache Grundgedanke des Goldenen Kreises hat mich zunächst genauso fasziniert wie Millionen andere, die den Vortrag gesehen haben, und hat vielleicht den Gedankenprozess zu diesem Buch angestoßen. Dafür und für den einen oder anderen Kreis, den ich in der Folge von ihm übernehmen werde, bin ich Simon Sinek sehr dankbar. Vielleicht liegt es dann aber daran, dass ich selbst lange genug in Werbeagenturen gearbeitet habe, dass ich aus seiner brillant einfachen Geschichte eher eine inspirierende Werbebotschaft heraushöre, mit der sich gut verkaufen lässt. Tatsächlich kann man auf Sineks Website inzwischen einen Kurs herunterladen, der einem helfen soll, sein eigenes *Warum* zu entdecken. Der Gedanke, den Sinek, wie viele andere Autoren auf dem riesigen Markt der amerikanischen Selbsthilfe-Literatur, verbreitet, ist also, dass in jedem von uns eine Berufung steckt, unser angeborenes *Warum*. Und dass es nur darum geht, dieses zu entdecken, damit wir es angemessen ausleben können. Immer wieder liest man, wir müssten nur herausfinden, was uns inspiriert, und sollten nur noch tun, was wir wirklich gerne tun, und schon wären wir auf dem besten Weg zu einem besseren und glücklichen Leben. Derart einfache Heilsversprechen sollten uns immer misstrauisch machen, mich stört darüber hinaus jedoch der elitäre Gestus. Sollte denn wirklich jeder alles stehen und liegen lassen, weil er sich dazu berufen fühlt, Blumen zu züchten, Bücher zu schreiben oder ein Unternehmen zu gründen? Vielleicht. So einen Schritt muss man sich natürlich auch leisten können. Aber ich wünsche jedem viel Glück und Erfolg, der sich mit oder ohne Sineks Hilfe auf die Suche nach seiner wahren Berufung machen möchte. Enttäuschungen werden dabei nicht ausbleiben, aber dann kann man sich ja erneut auf die Suche nach dem richtigen *Warum* machen. Genug andere Bücher und Rezepte dazu sind jedenfalls auf dem Markt.

Wie Sie merken, hat mich der Gedanke, dass der Weg zu einem glücklichen Leben darin liegt, dass wir unser wahres Ich, unsere eigentliche Berufung finden, nicht überzeugt. Ich finde es geradezu beängstigend und unnötig schicksalsergeben, davon auszugehen, dass in jedem Menschen genau ein *Warum* steckt, zu dem wir geschaffen sind. Können wir nicht frei sein und selbstverantwortlich entscheiden, womit wir unser Leben verbringen oder welcher Aufgabe wir uns widmen wollen? Außerdem wäre es doch sehr schade, wenn wir gar nicht mehr darum kämpfen würden, unsere aktuelle Situation zu verbessern und unsere Arbeit gut zu machen, sondern uns allzu schnell damit entschuldigen oder darunter leiden, dass wir ja eigentlich ohnehin zu etwas ganz anderem berufen seien. Träume sind ja eine schöne Sache, aber wenn es irgendwann keine guten Kellner mehr gibt, weil die Menschen, die uns bedienen, alle »eigentlich Schauspieler« sind, dann werden unsere Filme nicht besser, aber unsere Restaurants schlechter. Umgekehrt haben Sie sich vielleicht auch schon mal mit einem Taxifahrer unterhalten, dem nicht immer ein gutes Leben geschenkt war und der nach einer Flucht um die halbe Welt nicht mehr in seinem gelernten Beruf arbeiten kann. Sein Glück liegt jetzt in einem guten Handeln als Taxifahrer und darin, dass er endlich gut leben kann. Verstehen Sie mich bitte nicht falsch, ich will auf keinen Fall anzweifeln, dass es Menschen gibt, die sich berufen fühlen, etwas ganz Bestimmtes aus ihrem Leben zu machen – allerdings brauchen diese Menschen in der Regel weder ein Buch und Modelle. Der Rest von uns droht auf der Suche nach seinem großen und wahren *Warum* die vielen kleinen *warums* aus den Augen zu verlieren, die uns tagtäglich und ganz konkret helfen können, gut zu handeln. Viele Wege können zum glücklichen Leben führen, Hauptsache wir lassen uns wirklich auf sie ein und handeln gut im Sinne der Sache.

Viel interessanter als eine weitere Anleitung zur Selbstfindung hätte ich es gefunden, wenn Simon Sinek weiterverfolgt hätte, was der von ihm erdachte Goldene Kreis für Unternehmen und Organisationen bedeutet. Wie muss das *Warum* einer Marke aussehen, damit es Agenten und Außenstehende inspiriert und nachhaltig an die Marke bindet? Und wie verhält es sich eigentlich mit dem *Wie* und dem *Was*? Sind die in den meisten Unternehmen wirklich klar? Auch ich habe mich bisher immer sehr schwammig ausgedrückt, wenn ich von dem Versprechen oder den Werten und Zielen einer Marke gesprochen habe. Viele Organisationen haben für ihre Marken eine Mission oder eine Vision formuliert, und in den letzten Jahren sind häufig noch Werte hinzugekommen, die das Handeln der Agenten leiten sollen. An anderer Stelle werde ich noch darauf eingehen, warum ich glaube, dass diese Modelle oft wenig mit der gelebten Realität zu tun haben. Jetzt ist aber erst einmal der Moment gekommen, um auf Basis der bisherigen Überlegungen den eigenen Ansatz vorzustellen. Und in dessen Mittelpunkt steht natürlich die Marke.

Unternehmen und andere Organisationen sind Zweckgemeinschaften, manche dienen sogar einem guten Zweck. Und damit deren Marke ihre ganze Kraft entfalten kann, wir uns an ihr orientieren und eine Bindung zu ihr eingehen können, braucht sie eine entsprechend klar formulierte Aufgabe, ein *Warum* oder eben einen Zweck. Im Englischen hat sich hierfür der Begriff »Brand Purpose« etabliert, der auch in deutschsprachigen Diskussionen rund um Marken häufig zu finden ist. Damit wir weder auf eine Fremdsprache angewiesen bleiben noch mit unterschiedlichen möglichen Übersetzungen kämpfen müssen, spreche ich ab sofort vom *Markenzweck* und rücke diesen, wenn auch nicht in den Mittelpunkt, so doch direkt an das Herz der Marke.

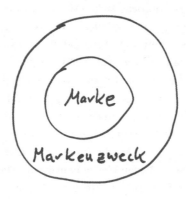

Der Markenzweck kann sich im Laufe des Lebens einer Marke verschieben und die Eigentümer können sich sogar bewusst dazu entschließen, den Markenzweck radikal zu verändern. (Vielleicht erinnern Sie sich noch an den Wandel der Marke »Mannesmann« vom Stahlkonzern zum Telekommunikations-Anbieter.) Allerdings sollte zu jedem Zeitpunkt für alle Agenten und Außenstehenden klar sein, welchem Zweck die Marke sich verpflichtet fühlt. Der Markenzweck kann dabei ganz eng und konkret formuliert sein, so wie ich es einmal von Philip Orsino, dem ehemaligen Vorstand der Firma Masonite gehört habe, der sein ganzes Berufsleben der Herstellung von Türen gewidmet hatte[14] und ernsthaft damit haderte, dass er sich in seinem aktuellen Unternehmen nun auch mit Fenstern beschäftigen musste. Gerade in letzter Zeit haben sich viele Marken mit ihren Beratern jedoch auf die Suche nach einem viel weiter gefassten, höheren Zweck gemacht. So verspricht beispielsweise die Marke »Sprite« den Durst sowohl physisch zu löschen als auch in Hinsicht auf neue Erfahrungen und Erlebnisse. Darunter kann es dann natürlich auch die Muttermarke nicht machen und so erklärt sich »Coca-Cola« ganz allgemein für unsere Lebensfreude zuständig und gründet ein »Happiness-Institut«. So ein Markenzweck klingt natürlich erst einmal viel edler. Wer wollte sich nicht dafür einsetzen, den Menschen Lebensfreude zu bringen? Andererseits kann das Versprechen eines höheren Zwecks auch schnell abgehoben klingen oder nach hinten losgehen. Einmal schnell zur Tankstelle und schon hat man wieder mehr Lebensfreude vor dem Fernseher? So mancher Marke stünde es vielleicht besser zu Gesicht, wenn sie sich einfach zu ihrem grundsoliden Markenzweck bekennen würde und stolz darauf wäre. Diesen Weg geht etwa die Marke »Malvit« aus dem Hause Bitburger mit ihrem Versprechen natürlich gebrauter Erfrischung, »ohne Unsinn«.[15] Doch egal ob ein konkreter oder ein höherer Markenzweck formuliert wird, es kommt darauf an, den Markenzweck so einfach, klar und konkret zu beschreiben, dass jeder Agent und Außenstehende der Marke sich etwas darunter vorstellen kann. Dazu gehört unbedingt, dass der Markenzweck handlungsorientiert formuliert wird: Es geht also nicht darum, wer, wie oder was die Marke sein soll, sondern darum, was sie ganz konkret tut, und vielleicht auch noch, für wen. Eine bloße Haltung oder das Bekenntnis zu bestimmten Werten ergibt noch keinen Markenzweck. So lautet der Markenzweck der Marke »Coca-Cola« eben nicht »wir stehen für Lebensfreude«, sondern »wir bringen den Menschen Lebensfreude«, und zwar gleich allen Menschen, weil unsere Marke in globalen Dimensionen denkt und handelt.

Im zweiten Teil des Buches wird es um bekannte Marken gehen. Damit Sie aber schon mal ein besseres Gefühl dafür bekommen, was ich mir unter der Formulierung eines Markenzwecks konkret vorstelle, lassen Sie mich noch einige handfeste Beispiele geben: Eine traditionelle Bäckerei könnte für ihre Marke »Bäckerei Blau« formulieren: »Wir backen für die Menschen in unserer Gemeinde täglich frisches Brot und frische Brötchen.« Für eine regionale Kette »Bäckerei Rot« sähe der Markenzweck schon ganz anders aus: »Wir versorgen die Menschen in unserer Region mit Backwaren zu einem guten Preis.« Die »Bäckerei Grün« verspricht dagegen: »Wir backen gesundes Brot aus natürlichen Zutaten.« Eine Weinhandlung könnte ihren Markenzweck konkret wie folgt formulieren: »Wir bringen Weine aus Italien direkt vom Winzer zum Verbraucher.« Sollte dem Eigentümer an einem höheren Markenzweck gelegen sein, so würde daraus: »Wir bringen italienische Lebensfreude nach Deutschland.« Ein »Gymnasium Eins« könnte seinen Markenzweck darin sehen, »die Schüler zur allgemeinen Hochschulreife zu führen«, während »Gymnasium Zwei« seinen Markenzweck damit beschreibt, »den Charakter junger Menschen zu formen und sie zu einem glücklichen Leben zu befähigen«. Eine Kirchengemeinde kann ihren Markenzweck darin sehen, »unseren Glauben zu verbreiten« oder »die Mitglieder unserer Gemeinde bei einem gottgefälligen Leben zu unterstützen«. Eine lokale Tageszeitung kann »den Bürgern unserer Stadt als Vierte Gewalt dienen« oder »die Bewohner unserer Stadt informieren und unterhalten«. Ein Buchverlag »Jung« kann seinen Markenzweck darin sehen, »deutschsprachige Literatur zu fördern und zu verbreiten«, ein Buchverlag »Schön« hingegen könnte seinen Markenzweck damit beschreiben, »Kunst in Buchform anfassbar zu machen«. Wie Sie schon gemerkt haben, können kleine Unterschiede in der Formulierung des Markenzwecks ein ganz anderes Bild der Marke und damit eine ganz andere Aufgabe an die Agenten der Marke und eine ganz andere Erwartungshaltung bei den Außenstehenden entstehen lassen. Je größer, älter und komplexer die Organisation hinter der Marke wird, desto größer wird dabei die Wahrscheinlichkeit, dass sie immer mehr Dinge tut, die gar nicht mehr ihrem eigentlichen Markenzweck entsprechen. Der Bäcker eröffnet ein kleines Café, der Weinhändler verkauft auf einmal Käse, die Kirchengemeinde übernimmt immer mehr soziale Aufgaben oder der Kunstbuchverlag bringt auch einmal einen Roman heraus. All das muss kein Problem sein, solange sich die Marke ihres eigentlichen Zwecks immer noch bewusst ist und immer noch weiß, wozu es sie gibt. Denn damit wir uns an einer Marke orientieren können, braucht jede Marke genau einen Markenzweck. Kleinere Organisationen werden dabei mit einem enger gefassten Markenzweck auskommen, größere Organisationen müssen sich hinter einem entsprechend großen, weiter gefassten Markenzweck versammeln. Aber die Frage »Was ist der Zweck unserer Marke und was würde der Welt fehlen, wenn es uns morgen nicht mehr gäbe?« sollte jeder Eigentümer einer Marke beantworten können, und er sollte auch in der Lage sein, zwischen Aktivitäten, die dem Markenzweck unmittelbar dienen, und allen anderen zu unterscheiden.

Mit meinem Wunsch nach einem klar und konkret formulierten Markenzweck stehe ich nicht alleine. Wer je in Deutschland ein Unternehmen gegründet und ins Handelsregister hat eintragen lassen, musste sich gefallen lassen, dass er nach dem Unternehmenszweck gefragt wurde. Der Gesetzgeber bringt damit ganz unmittelbar zum Ausdruck, dass alle Wirtschaftsunternehmen im Dienste der Gesellschaft stehen und dass es Unternehmen nur ermöglicht wird, ihren Geschäftsbetrieb aufzunehmen, wenn ihr

Zweck im Einklang mit den Gesetzen und Zielen dieser Gesellschaft steht. Die ersten Aktiengesellschaften wurden überhaupt nur zugelassen, weil sie darstellen konnten, dass sie einem Zweck dienten (der Seefahrt, später zum Beispiel dem Bau von Eisenbahnen), der ohne den Anreiz einer Dividende nicht zu finanzieren wäre. Bis heute besteht im Unternehmensrecht der meisten Länder die Möglichkeit, einem Unternehmen die Zulassung zu entziehen, wenn es seinem erklärten Zweck nicht gerecht wird. Einige Bundesstaaten der USA haben dies zu ihrem Vorteil genutzt und erlauben es, bei der Gründung einer Aktiengesellschaft den Zweck des Unternehmens schlicht mit »all legal business« (»jegliches rechtmäßige Geschäft«) anzugeben. Zur Transparenz und Orientierung haben sie mit diesem Schlupfloch sicher nicht beigetragen.

Doch zurück zu den Marken. Ein klarer Markenzweck ermöglicht es, zu entscheiden, ob wir uns mit einer Marke verbinden wollen. Ist uns die Marke unbekannt, müssen wir uns dabei zunächst auf den uns vom Eigentümer oder den Agenten der Marke vermittelten Markenzweck verlassen. Indem sie uns ihren Markenzweck vorstellt, sei es über die Werbung, einen Medienbericht oder im persönlichen Gespräch mit einem ihrer Agenten, macht die Marke uns ein Angebot. Sie wirbt zunächst um unsere Aufmerksamkeit und schließlich um unser Geld und unsere Zeit. Letztendlich geht es dabei darum, dass wir uns den Markenzweck zu eigen machen. Ganz egal ob wir uns einer Organisation als Mitarbeiter oder Mitglied anschließen, ob wir ein Produkt nur kaufen, es sogar weiterempfehlen oder in ein Unternehmen investieren, wir werden zum Unterstützer des Markenzwecks. Umso wichtiger ist es, dass wir den Markenzweck, der uns von den Agenten der Marke genannt wird, hinterfragen und mit unseren eigenen Erfahrungen und Erkenntnissen abgleichen. Organisationen und insbesondere Wirtschaftsunternehmen haben dabei selbstverständlich starke Anreize, ihren Markenzweck so zu formulieren, dass sie den gewünschten Werbeeffekt erreichen. So werden im Kampf um Kunden, Investoren und Mitarbeiter aus Energiekonzernen schnell Vorreiter einer grünen Energiewende, aus Werbemittelproduktionen kreative Werbeagenturen oder aus Pharmakonzernen Forscher im Dienste der Menschheit. Doch darauf, wie weit Anspruch und Wirklichkeit tatsächlich auseinanderliegen, kommt es am Ende gar nicht an. Keine Marke ist perfekt und kann ihrem eigenen Anspruch immer vollständig gerecht werden. Viel wichtiger ist, ob für die Marke ein authentischer Markenzweck definiert wurde und die Eigentümer der Marke und die ganze Organisation nach bestem Wissen und Gewissen daran arbeiten, diesem gerecht zu werden.

Zwischenruf: Warum es wichtiger ist, einen Zweck zu haben, als etwas Besonderes zu sein
Wer Betriebswirtschaftslehre studiert hat, auf anderem Wege in den Genuss einer Einführung ins Marketing gekommen ist oder auch nur einmal aus Versehen in einem Termin mit den Kollegen aus der Marketingabteilung gelandet ist, der wird an drei Buchstaben nicht vorbeigekommen sein: USP (im Englischen die Abkürzung für »unique selling point« oder »unique selling proposition«). Statt USP könnte man auch das schöne deutsche Wort *Alleinstellungsmerkmal* verwenden, aber da man in der Marketingabteilung ja ohnehin eine Art Englisch spricht, reden eben alle vom »Juu-Ess-Pii«. Dahinter verbirgt sich, wie uns der deutsche Begriff sofort erkennen lassen würde, der Wunsch nach einer einzigartigen Eigenschaft, die das Produkt oder die Marke vom Wettbewerb unterscheidet und aus diesem herausragen lässt.

Diese Eigenschaft gelte es zu finden, herauszuarbeiten und den Menschen zu vermitteln, die eben das Produkt kaufen oder die Marke annehmen oder unterstützen sollen. Bei Produkten oder Marken, die beim besten Willen keine einzigartigen Leistungen versprechen können, bemüht man sich zumindest um Differenzierung, also um die Frage, was das eigene Angebot von den Angeboten der Wettbewerber unterscheidet. Und je größer und komplexer die Organisation wird, desto mehr Menschen beschäftigen sich (und zahlreiche zuarbeitende Dienstleister) immer systematischer mit den Aktivitäten und Angeboten aller möglichen Wettbewerber. Schließlich muss man ja ständig wissen, was alle anderen tun, um ja nicht das Gleiche zu tun und seine Einzigartigkeit nicht zu verlieren.

Natürlich gehört es für ein Wirtschaftsunternehmen dazu, sich den Markt anzuschauen, um die Aussichten für das eigene Angebot richtig einschätzen zu können und vielleicht sogar von den Wettbewerbern zu lernen. Auf einer strategischen Ebene, auf der es um den Zweck und die langfristige Ausrichtung einer Marke geht, kann man sich schon mal sinnvoll damit beschäftigen, ob es im Markt eine Lücke gibt oder worin die eigenen Stärken bestehen. Aber die ununterbrochene, fast schon zwanghafte Beschäftigung mit der eigenen Andersartigkeit, eine derartige Sehnsucht nach Individualität kennen wir eigentlich nur von Heranwachsenden. Als wären sie selbst noch Teenager, die nach ihrer Identität suchen, indem sie sich abgrenzen gegen die Angebote der Eltern, anderer Gruppen in der Schule, einen anderen Musikgeschmack oder andere Mode, kämpfen unsere Marketer um ihre Individualität und die Originalität ihrer Ideen. Die von ihnen beauftragten Werber sind folglich dafür verantwortlich, dass nicht nur der Inhalt der Botschaft differenzierend bis einzigartig ist, sondern auch noch die Form. Ansonsten ist jede noch so gute Idee mit einem eiskalten »Gab's schon« zum Tode verurteilt. Hier ist nicht das Bessere, sondern das Neue oder das Andere der Feind des Guten. Was für eine Zeitverschwendung.

Glauben wir denn wirklich, dass sich die Menschen, denen wir unsere Marken und Produkte anbieten, dafür interessieren, was sie von anderen unterscheidet? Ich vermute, dass sie sich viel mehr dafür interessieren, ob sie gut sind und das erfüllen und leisten, was sie sich von ihnen versprechen. Und selbst wenn sie in die seltene Situation kommen, sich zwischen Alternativen entscheiden zu müssen, so unterscheiden sie mit ihren ganz eigenen Kriterien zwischen den Angeboten, die überhaupt dazu geeignet sind, ihren Zwecken zu dienen. Fußballtrainer erklären gerne, man wolle »nicht auf den Gegner schauen«, sondern »das eigene Spiel durchbringen«. Daraus spricht nicht nur ein gesundes Selbstbewusstsein, sondern auch die weise Einsicht, dass man auf das Handeln seiner Gegner ohnehin keinen Einfluss hat. Als Eigentümer oder Agent einer Marke sollten wir uns ein Beispiel daran nehmen und uns auf das konzentrieren, was wir selbst in der Hand haben, nämlich darauf, gute Marken zu schaffen, die einem nützlichen Zweck dienen. In einem gewissen Alter mag man ja noch daran glauben, dass etwas schon gut ist, weil es anders ist. Und Werbung mag uns noch so oft davon zu überzeugen versuchen, dass etwas schon besser ist, weil es neu ist. Aber spätestens wenn wir Verantwortung für eine Marke tragen, sollten wir doch erwachsen genug sein, um zu wissen, dass Individualität kein Wert an sich ist, und unsere ganze Kraft darauf verwenden, das Gute immer noch etwas besser zu machen.

Über den Zweck zum Glück

Wenn gutes Handeln Voraussetzung für ein glückliches Leben ist und gutes Handeln wiederum einen Zweck voraussetzt, dann gilt dies nicht nur, wenn wir für uns selbst handeln, sondern genauso, wenn wir als Agenten für Marken handeln. Und da wir einen beachtlichen Teil unseres Lebens dem Handeln für Marken widmen – der Firma, dem Verein, der Familie, der Partei –, hängt unser Glück auch ganz erheblich von unserem guten Handeln für diese Marken ab. Wir wissen, dass wir gut handeln, wenn unsere Handlung den Zweck der Marke befördert. Doch damit unserem Glück nichts im Wege steht, müssen wir zunächst zweierlei wissen: Zum einen muss klar sein, welcher Marke unsere Handlung überhaupt dienen soll, und zum anderen muss uns der Markenzweck dieser Marke bewusst sein.

Stellen wir uns für einen Moment vor, wir würden in einer Welt leben, in der der Markenzweck jeder Marke unmissverständlich geklärt und jederzeit abrufbar wäre. Selbst in so einer Welt bestünde immer noch die Gefahr der Orientierungslosigkeit, solange wir uns nicht sicher sein könnten, für welche Marke wir überhaupt handeln sollten. Und genau das ist die Welt, in der die meisten von uns arbeiten. Verschiedene Marken ziehen und zerren an uns, buhlen um unsere Loyalität und stürzen uns mit ihren unterschiedlichen Markenzwecken in Konflikte, die wir allein nicht lösen können. Ein Beispiel: Frau K. arbeitet im »Vertrieb« einer »Volksbank«, genauer gesagt, der »Hamburger Volksbank«, und zwar in der »Filiale Eppendorf«. Jede der Marken, für die Frau K. handelt, wenn sie mit einem Kunden spricht, verfolgt einen eigenen Markenzweck, der sich teilweise mit dem der anderen Marken deckt, diesem aber teilweise vielleicht sogar entgegensteht. Natürlich hat auch jede der Marken einen anderen Eigentümer (Vertriebsleiter, Vorstände,

Filialleiter), und jeder dieser Eigentümer erwartet die Loyalität und den vollen Einsatz von Frau K. für den von ihm vorgegebenen Markenzweck. Kommt Ihnen das bekannt vor? Noch ein Beispiel: Herr K. arbeitet in der »Konzern-IT« des »Volkswagen«-Konzerns. Genauer gesagt ist er in der »Abteilung Datenschutz« eingestellt, lebt und arbeitet zurzeit im »Team Nordamerika« und ist dort bei »Porsche« in Atlanta eingesetzt. Auch wenn ich mir diesen Fall jetzt ausgedacht habe, können Sie sich sicher vorstellen, welchen Interessenkonflikten Herr K. tagtäglich ausgesetzt ist. »Porsche« ist eben nicht »Volkswagen«, und amerikanische Autoverkäufer haben vermutlich wenig Verständnis für den Markenzweck einer deutschen Abteilung für Datenschutz. Nur wer in einer sehr kleinen Organisation arbeitet oder der Eigentümer einer unabhängigen Marke ist, kann sich ganz darauf konzentrieren, im Sinne eines einzigen Markenzwecks zu handeln. Der Rest von uns bewegt sich immer in einem Geflecht von Marken, deren Markenzwecke mehr oder weniger klar sind, mehr oder weniger offen vermittelt werden und sich mehr oder weniger miteinander vereinbaren lassen. So ist das Leben, zumindest unser modernes Arbeitsleben.

Sehr viel Unglück und Unzufriedenheit in unserem Arbeitsleben entsteht daraus, dass wir zwischen den Anforderungen verschiedener Marken aufgerieben werden. »Die wissen auch nicht, was sie wollen«, oder »der eine sagt hü, der andere hott«, klagen wir dann über unsere Vorgesetzten, also die Eigentümer der Marken, für die wir arbeiten. Und diesen Vorgesetzten geht es meist genau wie uns. Auch sie versuchen, insbesondere in großen Unternehmen, die unterschiedlichen an sie herangetragenen Markenzwecke unter einen Hut zu bekommen, und behalten dabei auch noch ihre eigenen Interessen im Auge. Umso wichtiger ist es, dass wir uns bewusst machen, mit welchen Konflikten und Widrigkeiten wir es möglicherweise zu tun haben. Mitarbeiter in einer Organisation mit verschiedenen Rollen, Ansprechpartnern und Aufgaben zu versehen ist schnell gemacht, ganz egal ob es sich um eine strikt hierarchische Organisation oder um eine ungleich komplexere Matrix handelt. Auf dem Papier geht alles, aber in Wirklichkeit ist unsere Loyalität nicht teilbar. Wir können nur so lange gut handeln, wie die Markenzwecke der Marken, für die wir handeln, einander nicht widersprechen. Andernfalls können wir niemals allen Marken gerecht werden, also niemals vollständig gut handeln und folglich mit unserer Arbeit auch niemals glücklich werden.

Die meisten von uns haben es nicht in der Hand, die Komplexität der Organisationen, in denen wir arbeiten, zu reduzieren. Wenn wir aber das Gefühl haben, zwischen verschiedenen Markenzwecken aufgerieben zu werden oder aber dass der Zweck der Marke, für die wir arbeiten, gar nicht ausreichend geklärt ist, können wir uns in einem wichtigen ersten Schritt bewusst machen, für welche verschiedenen Marken wir arbeiten, in welchem Verhältnis diese zueinander stehen und was deren jeweiliger Zweck ist.

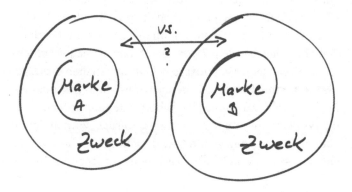

Damit wäre der Anfang gemacht. Wenn wir uns jedoch an den Goldenen Kreis erinnern, so war zu erwarten, dass auf das *Warum*, also den Markenzweck, noch ein *Wie* und letztendlich ein *Was* folgen müssen. Für das gute Handeln, das uns ein glückliches Leben verspricht, ist die Klarheit des Zwecks die Grundvoraussetzung. Aber der Zweck heiligt eben nicht die Mittel. Auch nicht bei Apple.

Philosophie und Praxis der Marke

Zu Aristoteles' Zeiten war es noch einfach, sich darüber zu verständigen, wie man handeln musste, um einem Zweck zu dienen und damit gut zu handeln. Ein Flötenspieler war ein guter Flötenspieler, wenn er gut Flöte spielte. Ein Zimmermann war ein guter Zimmermann, wenn er ein solides Gebälk zustande brachte. Ein Hirte war ein guter Hirte, wenn er seine Herde beisammen hielt. Leider ist die Welt in den letzten zweitausend Jahren komplexer geworden, und selbst da, wo sie sich eigentlich kaum verändert hat, haben wir das Vertrauen in unsere Fähigkeit verloren, das Gute zu erkennen und beim Namen zu nennen. Ist nicht ein guter Bäcker immer noch der, der gutes Brot backt? Ist nicht ein guter Journalist immer noch der, der guten Journalismus abliefert? Ist nicht ein guter Politiker immer noch der, der gute Politik macht? Es würde uns in den meisten Fällen schon helfen, wenn wir einen Schritt zurückträten und uns an diesen einfachen Zusammenhang erinnerten: Gut handelt derjenige, der dem Zweck dient, dem er sich verpflichtet hat. Doch leider hat unsere Arbeitswelt, haben die Organisationen und Prozesse, in denen wir uns bewegen, uns den Blick verstellt. Zum einen weil eben viele ganz unterschiedliche Zwecke an uns herangetragen werden, zum anderen aber auch weil ganz grundlegend nicht mehr klar ist, welches Denken und welche Praxis überhaupt als gut im Sinne eines Zwecks anzusehen sind. Um mal gleich mit der dringendsten Frage anzufangen: Was bedeutet es, ein guter Banker zu sein? Oder was bedeutet es, ein guter Redakteur bei einer Tageszeitung zu sein? Was bedeutet es, ein guter Lehrer oder Professor zu sein? Wie handelt ein guter Einkäufer in einem Einzelhandelsunternehmen? Ich kann es Ihnen nicht sagen. Und ich befürchte, in den meisten Organisationen, in denen die Genannten arbeiten, kann es Ihnen auch niemand so ganz genau sagen. Was ich versuchen kann, ist Ihnen einen Weg zu zeigen, wie wir mit Hilfe unserer Marke bestimmen und festhalten können, was es bedeutet, gut zu handeln. Dazu wird es uns helfen, wenn wir – auch darin können wir heute noch von Aristoteles lernen – das gute Handeln noch einmal unterteilen: in gutes Denken und einen guten Charakter.

Dazu gleich mehr, doch zunächst noch eine Warnung vorab: Wenn im Folgenden von »gutem Handeln«, »gutem Denken« oder »gutem Charakter« gesprochen wird, so ist damit immer *gut* in Bezug auf den Zweck der Marke gemeint. Es geht also nicht um ein moralisches Urteil von außen, sondern darum, ob das Handeln dem eigenen Anspruch der Marke gerecht wird. Als Außenstehende mögen wir das Handeln der Agenten einer Marke für verwerflich halten, im Sinne der Marke und ihres Zwecks kann es dennoch gut sein. Nennen wir Ross und Reiter: Wenn sich eine Marke dem Zweck verschrieben hat, um jeden Preis immer höhere Gewinne für einzelne Agenten (leitende Angestellte) und einzelne Außenstehende (Aktionäre) zu erwirtschaften, es zum Denken der Marke gehört, dabei die Interessen der Kunden systematisch zu verletzen und die Risiken hemmungslos auf die Gesellschaft auszulagern, so handelt derjenige gut im Sinne dieser Marke, dessen Handeln diesem Denken besonders gut entspricht und dessen Charakter durch langjährige Praxis entsprechend geprägt wurde. Und egal ob Sie jetzt an eine Bank gedacht haben oder an einen Energiekonzern, wenn wir uns als Außenstehende wünschen, dass sich das Handeln der Agenten einer Marke verändert, dann ist das ein langer Weg. Er beginnt ganz unbedingt damit, dass die Eigentümer der Marke klare Zeichen setzen und einen neuen, veränderten Markenzweck formulieren. Doch damit ist noch lange nichts erreicht, egal wie oft man in der Werbung »wir haben verstanden« sagt. Veränderung beginnt erst, wenn sich das Denken verändert und wenn sich durch jahrelange Praxis der Charakter der Agenten verändert. Und darauf können wir lange warten.

Oder wir können uns die Sorge um das Image der Marken und die Eitelkeit ihrer Eigentümer zunutze machen. Denn Marken wollen gut sein! Kein Eigentümer einer Marke möchte über sich oder seine Marke lesen, dass diese sich einem zweifelhaften oder eindeutig schädlichen Zweck verschrieben habe. Selbst die skrupellosesten Marken versuchen, sich hinter einem Markenzweck zu verstecken, der ihnen einen Anstrich von Rechtschaffenheit und Gemeinwohl verleiht. In ihrer Selbstdarstellung präsentieren alle Marken einen edlen Markenzweck und bekennen sich zu ihrer gesellschaftlichen Verantwortung. Nehmen wir sie doch beim Wort. Nutzen wir die Transparenz, die durch guten Journalismus und soziale Medien entsteht und erinnern wir die Marken, mit deren Handeln wir nicht einverstanden sind, an ihre eigenen Versprechen. Für Organisationen, die gegen Gesetze verstoßen, sind unsere Gerichte zuständig, und wo uns das nicht ausreicht, müssen wir darauf hinwirken, dass Gesetze verbessert werden. Doch wenn Marken ihre eigenen Versprechen nicht einhalten, dem selbst erklärten Markenzweck nicht dienen und ihr Handeln dem erklärten Denken nicht entspricht, dann haben wir alle Mittel in der Hand, um als Außenstehende und Agenten dieser Marken selbst die Initiative zu ergreifen. Wir müssen es nur tun. Und das beginnt damit, dass wir, neben einem klar formulierten Markenzweck, insbesondere als Mitarbeiter einer Organisation auch eine nachvollziehbare Philosophie der Marke einfordern.

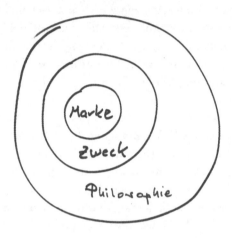

Die Philosophie einer Marke soll festlegen, was in den Augen ihrer Eigentümer gutes Denken im Sinne des Markenzwecks ausmacht. Sie beschreibt das *Wie* auf dem Weg zum Markenzweck und signalisiert damit für jeden Agenten der Marke, dass eben nicht jedes Mittel recht ist, um diesem zu dienen. Als Mitarbeiter einer Organisation haben wir einen Anspruch darauf, dass die Eigentümer der Marke uns erklären, wie wir denken und handeln und an welchen Werten wir uns orientieren sollen. Indirekt geschieht dies in jedem Fall. Doch dadurch, dass es ausgesprochen und aufgeschrieben wird, können wir uns als Agenten der Marke auf etwas beziehen und bekommen einen Maßstab, an dem wir unser Handeln messen können. Und wo die Philosophie einer Marke auch nach außen getragen wird, um für die Marke zu werben, gewinnen wir als Außenstehende, egal ob als Kunden, Journalisten oder Investoren, einen weiteren Hebel, um die Marke zu beurteilen. Wie schon auf der Ebene des Markenzwecks können wir auch die Philosophie entweder grundlegend kritisieren oder wir können bemängeln, dass das tatsächliche Handeln nicht mit ihr im Einklang steht. Welche Konsequenzen wir daraus ziehen, steht auf einem anderen Blatt. Aber erst eine nachvollziehbar formulierte und kommunizierte Philosophie ermöglicht es uns, mit einer Marke und ihren Eigentümern in einen konstruktiven Dialog einzutreten.

Marken, die der gleichen Branche angehören oder die in unterschiedlichen Branchen die gleiche Rolle erfüllen, werden sich in der Formulierung ihres Markenzwecks häufig ähneln. Das macht auch nichts, denn spätestens in Philosophie und Praxis werden sich die Marken dann doch mehr oder weniger voneinander unterscheiden. Selbst wenn alle Bäcker, alle Einwohnermeldeämter und alle Kindertagesstätten ihren Markenzweck mit dem exakt gleichen Wortlaut beschreiben würden, sähen ihre Wege, um diesem Markenzweck zu dienen, also ihr *Wie* oder ihre Philosophie und ihr *Was* oder ihre Praxis, mit Sicherheit unterschiedlich aus. Umso mehr kommt es darauf an, dass die Eigentümer jeder Marke deutlich machen, *wie* der Zweck der Marke verfolgt werden soll und an welchem Denken wir uns als Mitarbeiter und sonstige Agenten der Marke orientieren können und sollen. Wie muss nun eine solche Philosophie ausgestaltet sein, damit sie tatsächlich wirkt und keine bloße Absichtserklärung bleibt? Haben nicht die meisten Unternehmen heute schon irgendwo so ein Dokument, über dem »Unsere Werte« oder »Leitbild unserer Marke« steht? Zumindest gibt es doch irgendwo eine »Mission« oder sogar eine »Vision«. Doch leider werden derartige Erklärungen in den meisten

Organisationen eher abschätzig als »für die Ablage« angesehen und bieten den Mitarbeitern wenig Orientierung für ihren Alltag und ihr tatsächliches Handeln. Derartige Leitbilder mögen sogar gut gemeint sein, zum einen sind sie jedoch oft sehr abstrakt formuliert und werden dadurch interpretationsfähig, zum anderen beziehen sie sich meist auf statische Werte und sind nicht handlungsorientiert. Auf die Schwächen derartiger Modelle werde ich noch einmal mit konkreten Beispielen zurückkommen. Für den Moment lassen Sie mich nur festhalten, dass eine Philosophie, die wirken soll, sich nicht damit beschäftigen darf, wie die Agenten der Marke *sein* sollen, sondern damit, was sie *tun* oder eben auch nicht *tun* sollen. Die Zehn Gebote sind nicht zufällig konkrete Handlungsgebote und keine zehn Werte. Und genauso brauchen wir für unsere Marken eine praktische Philosophie, die uns konkret und verständlich aufzeigt, welche Handlungen dem Denken der Marke entsprechen und welche nicht.

Praktische Philosophie

Wenn es in unserem Modell letztendlich um das gute Handeln im Sinne eines Markenzwecks geht und das gute Handeln sich aus gutem Denken und gutem Charakter zusammensetzt, welche Rolle spielt dann das gute Denken? Zunächst einmal kann man gar nicht genug betonen, dass gutes Denken allein noch kein gutes Handeln ausmacht. Nur wenige Marken im Bereich der Forschung und Wissenschaft dürften ihren Markenzweck mit »gutes Denken« beschreiben. Für alle anderen Marken ist gutes Denken zwar Voraussetzung für gutes Handeln, getan ist damit aber noch lange nichts. Wenn man an politische Marken denkt oder auch an die blumigen Worte, mit denen viele Unternehmen die Werte und Visionen ihrer Marken beschreiben, dann möchte man den Eigentümern dieser Marken zurufen:

»Machen! Nicht denken oder reden, handeln!« Wenn eine Versicherung uns erklärt, versichern heiße verstehen, dann können wir eigentlich nur mit dem Kopf schütteln und antworten: »Versichern heißt am Ende immer noch, dass ihr (uns) im Schadensfall ordentlich (be-)handelt.« Was wir also brauchen, ist gutes Denken, nicht um seiner selbst willen, sondern so angelegt und vermittelt, dass es fehlbaren Menschen Orientierung bietet und hilft, uns im Alltag für die bessere Handlung zu entscheiden. Wir brauchen keine Theorie, sondern eine anwendbare, handlungsorientierte Philosophie.

Damit die Philosophie einer Marke in diesem Sinne praktisch sein kann, sollte sie sich nicht auf die Marke als Ganzes beziehen. Eine Philosophie, die versucht, für sämtliches Handeln in einer komplexen Organisation allgemeine Grundsätze zu formulieren, bleibt wenig konkret. Ein Maßstab, der sowohl für das Handeln des Finanzvorstands als auch für das Handeln eines Fertigungsleiters oder eines Mitarbeiters in der Kantine gelten soll, muss zwangsläufig so abgehoben formuliert werden, dass er für das konkrete Handeln des Einzelnen keinen Nutzen mehr hat. Da ist dann häufig die Rede vom »partnerschaftlichen Umgang«, von »Respekt«, von »Bewusstsein für Verantwortung«, doch was darunter konkret zu verstehen ist, was der einzelne Mitarbeiter nun also zu tun oder zu lassen hat, das bleibt vielleicht ganz bewusst im Unklaren. Wenn wir aber wollen, dass die Philosophie unserer Marke eine Wirkung entfaltet und das Handeln der Agenten verändert oder im Sinne der Marke bewahrt, dann sollten wir uns auf konkrete, für die jeweilige Organisation relevante Handlungsfelder beziehen. Statt einer abgehobenen Philosophie der Marke brauchen wir eine jeweils konkrete Philosophie der Marke *in Bezug auf ein konkretes Handlungsfeld.*

.

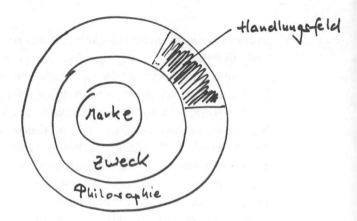

Das erste Handlungsfeld, für das jede Marke unbedingt eine Philosophie braucht, betrifft die wirtschaftlichen Ziele der Organisation. Zumindest die Agenten einer Marke sollten sich darüber im Klaren sein, ob die Organisation maximalen Gewinn anstrebt, gemeinnützig sein soll oder irgendwo dazwischen die unterschiedlichen Interessen verschiedener Teilhaber berücksichtigen will. Außenstehende, besonders Investoren, sollten darüber hinaus erfahren, in welchem zeitlichen Rahmen die Marke denkt. Geht es um Quartalszahlen oder um langfristig erfolgreiches Wirtschaften? Wie steht die Marke zu Steuern? Wird sie versuchen, jedes Steuerschlupfloch auszunutzen, oder ist sie stolz darauf, auf einen erwirtschafteten Gewinn auch Steuern zu zahlen? Welche wirtschaftlichen Risiken darf die Marke eingehen? Ist Wachstum Teil der Philosophie oder geht es auch klein, aber fein? Eine handlungsorientierte, praktische Philosophie würde diese Fragen in einfachen, klaren Sätzen beantworten, die für ein Unternehmen beispielsweise folgendermaßen aussehen könnten: »Wir denken langfristig. Wirtschaftlichen Erfolg bewerten wir nach Generationen und nicht nach Quartalen. Wenn wir in unsere Zukunft investieren, dann tun wir das mit Geld, das wir selbst erwirtschaftet haben. Wir legen großen Wert auf unsere finanzielle Unabhängigkeit von Banken, Gläubigern und Investoren. In schwierigen Zeiten rücken wir enger zusammen und jeder trägt die Last im Rahmen seiner Möglichkeiten. Und wenn wir wirtschaftlich erfolgreich sind, lassen wir alle Mitarbeiter daran teilhaben und leisten über Steuern gerne unseren Beitrag zu dem Gemeinwesen, dessen Teil wir sind.« Eine andere Philosophie könnte sich, rein theoretisch natürlich, wie folgt anhören: »Wir richten all unser Handeln am Wohl unserer Aktionäre aus. Im Rahmen der gesetzlichen Möglichkeiten setzen wir unsere ganze Kraft, unser Wissen und unsere Ideen dafür ein, für sie den größtmöglichen Ertrag zu erwirtschaften. Dabei orientieren wir uns an unserer vierteljährlichen Dividende sowie dem Kurs unserer Aktie als sichtbaren Zeichen unseres Erfolgs. Auf dem Weg dahin machen Kennzahlen unser Wachstum und die Konsequenzen unseres Handelns messbar und für Außenstehende nachvollziehbar.« Ich werde Sie jetzt nicht fragen, in welchem Unternehmen Sie lieber arbeiten möchten, mir geht es lediglich darum zu zeigen, dass eine explizit formulierte Philosophie in Bezug auf ein wichtiges Handlungsfeld es uns überhaupt erst ermöglicht, so eine Entscheidung zu treffen. Beide Marken hätten von »nachhaltigem Wirtschaften« und »Verantwortung« sprechen können, damit überhaupt nichts gesagt und uns keinerlei Orientierung geboten. Erst wenn wir von einer Marke erfahren, wie sie konkret denkt, können wir beginnen, uns vorzustellen, wie die Agenten der Marke wohl handeln werden, und können sie beim Wort nehmen.

Lassen Sie mich versuchen, noch ein Beispiel zu geben, und legen Sie dabei bitte nicht jeden Satz auf die Goldwaage. Nehmen wir das Handlungsfeld, bei dem es um den Umgang mit den Mitarbeitern einer Organisation geht. Schon die Wortwahl bei der Bezeichnung und Beschreibung dieses

Handlungsfeldes wird einiges über die Philosophie der Marke in dieser Hinsicht aussagen. Sagen wir, Organisation A formuliert für ihre Marke folgende Philosophie für das Handlungsfeld »Human Resources«: »Unsere Mitarbeiter sind unser wichtigstes Asset. Wir rekrutieren die High Potentials jedes Jahrgangs von den besten Hochschulen, investieren systematisch in ihre Entwicklung und schaffen optimale Rahmenbedingungen, damit jeder seine volle Leistung abrufen kann, ohne dabei die Work-Life-Balance zu vergessen. Regelmäßige Feedback- und Zielvereinbarungsgespräche sowie Leistungsüberprüfungen sorgen für Transparenz. Der Vergleich unter den Peers motiviert und lässt jeden daran arbeiten, sich immer weiter zu verbessern. Denn am Ende soll sich Leistung bei uns lohnen.« Ganz anders klingt das bei Organisation B, die das Handlungsfeld »Kollegen« für ihre Marke wie folgt beschreibt: »Die Kollegen, die bei uns arbeiten, machen unsere Organisation aus und wir tun alles, damit sie jeden Morgen gerne zur Arbeit kommen. Dazu gehört für uns, dass wir sie als ganze Menschen betrachten und ihnen mit Dankbarkeit und Respekt begegnen. Wir vertrauen darauf, dass jeder unserer Mitarbeiter das Wohl der Marke und seiner Kollegen im Auge hat, und geben ihnen den Freiraum, den sie brauchen, um sich entfalten zu können. Wenn wir einmal nicht zufrieden mit den Ergebnissen der Arbeit sind, so suchen wir im Gespräch nach einer Lösung. Den Erfolg unserer Marke und aller, die Verantwortung für sie tragen, messen wir nicht zuletzt daran, dass wir zufriedene Mitarbeiter haben, die bei uns eine erfüllende Aufgabe gefunden haben und lange bei uns bleiben.« Diese verkürzte Gegenüberstellung zeigt nicht nur die Bandbreite, mit der sich eine Philosophie für ein und dasselbe Handlungsfeld formulieren lässt, sondern es deutet auch auf die Abhängigkeit der Handlungsfelder untereinander hin. So wäre die Philosophie der Organisation B

wohl kaum mit den wirtschaftlichen Zielen im vorher gegebenen zweiten Beispiel vereinbar. Deshalb habe ich die
wirtschaftliche Philosophie an die erste Stelle gesetzt, weil
sie in jeder Organisation Auswirkungen auf alle anderen
Handlungsfelder hat, die sich von anderen Wechselwirkun-
gen unterscheiden. Wenn das Geld das Blut im Kreislauf
einer Organisation ist, so müssen die Eigentümer der Marke
dafür sorgen, dass alle Handlungsfelder ausreichend damit
versorgt sind, um der für sie verabschiedeten Philosophie
auch gerecht werden zu können. Andernfalls bliebe die Philosophie nur eine blutleere Absichtserklärung.

Welche Handlungsfelder für welche Marke benötigt werden,
ist so individuell wie die Markenzwecke, denen sich Marken
in den unterschiedlichen Branchen verschreiben. Bei Organisationen, die Produkte herstellen, denkt man sofort an
eine Philosophie für die Gestaltung, Materialverwendung
(Herkunft, Eigenschaften, Verarbeitung), für Qualitätssicherung und Tests, Produktionsstandorte und daran geknüpfte
soziale Fragen, aber auch an eine Philosophie der Gewähr-
leistung und Mängelhaftung, Rücknahme und Recycling
oder Marketing und Werbung. Für andere Organisationen
ist vielleicht die Philosophie für den Service, die Öffentlich-
keitsarbeit, den Umgang mit Mitgliedern, Förderern oder
Fans oder das Verhältnis zu Politik und Staat ausschlaggebend. Für wieder andere mag die Philosophie zum Umgang
mit den Lieferanten oder sogar den Wettbewerbern zentral
sein. Es gibt hier keine richtige Anzahl oder Auswahl, es
kommt nur darauf an, dass die Handlungsfelder in der Organisation klar voneinander unterscheidbar sind und auch
ein gewisses Gewicht haben.

Davon abgesehen betrifft nicht jede Frage, mit der sich eine
Organisation beschäftigt, ein konkretes Handlungsfeld und

man sollte auch keines erfinden, nur um eine Philosophie dafür formulieren zu können. Vielleicht hätten Sie erwartet, dass ich ein Handlungsfeld »Umwelt« oder »Nachhaltigkeit« nenne. Doch genauso wie ich kein Handlungsfeld »Soziale Verantwortung« abgrenzen würde, hätte ich auch Bedenken, den Umweltschutz als eigenes Handlungsfeld herauszustellen, da ich befürchte, dass man damit wichtige Themen vom täglichen Handeln der Agenten der Marke trennt und die Verantwortung dafür gewissermaßen an eine Sondereinheit überträgt, die aber auf das Handeln auf den anderen Feldern nur sehr wenig Einfluss nehmen kann. Es besteht dann wieder die Gefahr, dass abgehobene Absichtserklärungen formuliert werden, die zwar ein gutes Denken zeigen, aber noch lange nicht zu besserem Handeln führen. Viel besser wäre es, die Grundsätze, die für die Marke gelten sollen, in die praktische Philosophie für die einzelnen Handlungsfelder einfließen zu lassen. Statt sich allgemein zu »Nachhaltigkeit« zu bekennen, würde man beispielsweise in der Philosophie für die Herstellung einfließen lassen, dass man danach strebt, ausschließlich nach-wachsende Rohstoffe zu verwenden. Statt allgemein von »sozialer Verantwortung« zu sprechen, könnte man zum Beispiel in einem Handelsunternehmen ganz konkret in der Philosophie für den Wareneinkauf festhalten, dass man nur von Herstellern kauft, deren Umgang mit ihren Arbeitern regelmäßig unabhängig überprüft wird. Wenn es den Eigentümern einer Marke mit derartigen Themen ernst ist, dann wollen sie, dass ihr gutes Denken in der ganzen Organisation in gutes Handeln umgesetzt wird. Und dies gelingt nur, wenn die Philosophie praktisch und anwendbar formuliert wird. So kann gutes Denken zu einer guten Praxis führen, die zunächst den Charakter einzelner Agenten formt und auf Dauer den Charakter der Marke als Ganzes prägt.

Praxis und Charakter

Wenn das gute Handeln sich aus gutem Denken und einem guten Charakter ergibt und wir das gute Denken als Philosophie für die einzelnen Handlungsfelder festhalten, so fehlt uns auf dem Weg zum Glück nur noch ein guter Charakter. Nur noch? Tun wir uns nicht schon schwer genug damit, unseren eigenen Charakter zu verändern? Wie können wir uns da überhaupt vornehmen, den Charakter anderer Menschen oder gleich aller Agenten einer Marke zu verändern? Zunächst ist dazu zu sagen, dass wir gar keine Wahl haben. Wenn es dem Eigentümer einer Marke nicht gelingt, den Charakter ihrer Agenten so zu formen, dass er dem guten Denken entspricht und letztendlich dem Markenzweck dient, dann wird es ihm niemals gelingen, die Organisation im Sinne seiner Marke zu führen. Dabei muss nicht zu jedem Zeitpunkt jeder Agent der Marke einen guten Charakter zeigen, aber es muss in der Organisation ein stabiles Netzwerk von Agenten geben, die das gute Denken und den guten Charakter vorleben und neuen Kollegen vermitteln können. Welche Tugenden einen guten Charakter ausmachen, hängt dabei grundsätzlich ganz von der praktischen Philosophie der Marke ab. Allerdings dürfen wir darauf hoffen, dass zunehmende Transparenz und eine kritische Auseinandersetzung mit Marken dazu führen werden, dass immer mehr Marken sich Tugenden auf die Fahne schreiben, die wir auch grundsätzlich für erstrebenswert halten. Welche Marke sollte sich wohl in ihrer Philosophie explizit zu Eitelkeit, Gier, Missgunst oder Unehrlichkeit bekennen? Charakterschwäche ist niemals gewollt, sondern immer das Ergebnis mangelnder Führung und Orientierung.

Jetzt werden Sie vielleicht entschuldigend darauf verweisen wollen, dass Menschen ja auch schon einen gewissen Charakter mitbringen. Sollen wir etwa nur noch Mitarbeiter einstellen, die einen Charaktertest bestanden haben? Um diesen Einwand aus dem Weg zu räumen, hilft es, sich noch einmal zu erinnern, wie Charakter eigentlich entsteht: Menschen kommen nicht mit einem mehr oder weniger guten Charakter zur Welt und der Charakter eines Menschen hat auch nichts damit zu tun, ob er gut denkt und redet, sondern nur damit, was er tut. Die Summe der Handlungen eines Menschen macht in unserer Wahrnehmung seinen Charakter aus. Wenn jemand immer wieder gerecht handelt, dann nennen wir ihn gerecht. Wer gierig handelt, den nennen wir gierig. Wenn sich jemand immer wieder bescheiden oder großzügig verhält, dann nennen wir ihn bescheiden oder großzügig. Und wer tut, was er sagt, und sagt, was er tut, den nennen wir wahrhaftig. Es ist also ganz und gar nicht so, dass der Charakter das Handeln bestimmt, sondern das Handeln macht den Charakter aus. Wenn wir also den Charakter der Agenten unserer Marke verändern wollen, müssen wir Einfluss auf ihr Handeln nehmen.

Dabei können Führungskräfte in einer Organisation nicht immer auf den ganzen Menschen einwirken und sie sollten sich nicht auch noch in dessen Privatleben einmischen, doch es gehört ganz unbedingt zu ihrer Verantwortung, im beruflichen Einflussbereich eine Praxis der Marke zu etablieren und durchzusetzen, die einen guten Charakter entstehen lässt.

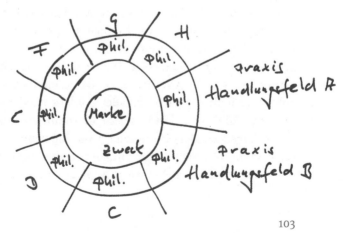

Die Praxis einer Marke ist das *Was*, das die alltägliche Arbeit in jeder Organisation ausmacht. Hier zeigt sich, ob die Philosophie der Marke tatsächlich gelebt und in die Tat umgesetzt wird. In unserem Modell mag alles seinen Ursprung in der Marke und ihrem Markenzweck haben und wir können hoffen, dass ein gutes Denken zu einer guten Praxis führt. In der Realität ist es aber immer die tägliche Praxis, die für Außenstehende das Bild der Marke entstehen lässt. Das Bild, das wir uns als Kunden von den Marken in der Bankenwelt machen, wird sich eben nicht dadurch verändern, dass diese ihre Philosophie verändern und uns darüber mit teuren Werbekampagnen in Kenntnis setzen, sondern erst, wenn sich das Handeln ihrer Agenten verändert hat. Erst wenn es wieder zur gelebten Praxis eines jeden Mitarbeiters einer Bank gehört, dass er ehrlich im Interesse seines Kunden handelt, werden wir davon sprechen können, dass sich der Charakter einer Marke verändert hat. Der Verantwortung als Eigentümer einer Marke kann deshalb nur gerecht werden, wer in seiner Rolle als Führungskraft einer Organisation eine Praxis aufrechterhält, die der gewünschten Philosophie und dem erklärten Markenzweck entspricht.

Die Mittel, die ich im Folgenden vorschlagen werde, um für die gewünschte Praxis zu sorgen, sind weder neu noch erfordern sie radikale Veränderungen, aufwendige Weiterbildungen oder nennenswerte Investitionen. In erster Linie wird es darauf ankommen, dass sich unsere Anführer wieder bewusst machen, was sie eigentlich erreichen wollen, dies klar und verständlich vermitteln und unermüdlich wiederholen. Tatsächlich spielt die geradezu rituelle Wiederholung nicht nur für das Verständnis der Philosophie einer Marke, sondern insbesondere für deren Praxis eine kaum zu überschätzende Rolle. Dabei habe ich allerdings gerade nicht das Bild willenloser Arbeitsbienen im Kopf, die nur Checklisten abarbeiten. Ganz im Gegenteil: Mir geht es darum, wie man als Anführer einer Marke kritische und mündige Mitarbeiter so führen kann, dass sie sich in all ihrem Handeln am Markenzweck orientieren, die Philosophie der Marke verinnerlichen und eigenverantwortlich eine Praxis etablieren, die einen guten Charakter entstehen lässt. Wenn wir wollen, dass Mitarbeiter eine wirklich tiefe Bindung zu unserer Marke eingehen, dann dürfen wir sie nicht einfach für uns und unsere Marke arbeiten lassen, sondern wir müssen sie an der Marke teilhaben lassen. Den Markenzweck können nur die Eigentümer der Marke bestimmen. Zur Philosophie kann es einen regen Austausch zwischen den Eigentümern und allen Agenten der Marke geben, wobei am Ende die Eigentümer die Verantwortung dafür tragen, dass die Philosophie alle Handlungsfelder miteinander in Einklang bringt. Die Praxis ist die Ebene der Eigenverantwortung und Freiheit im Rahmen der Philosophie.

Wenn dieses Zusammenspiel funktioniert, kann am Ende jeder Agent einer Marke sein Handeln begründen oder überprüfen: »Ich mache das in der Praxis so, weil es unserer Philosophie für dieses Handlungsfeld entspricht und sowohl dem Markenzweck meiner Abteilung als auch unserer Marke als Ganzes dient.« »Unser Markenzweck besteht darin, A zu tun. Unsere Philosophie für mein Handlungsfeld lautet B. Um A und B gerecht zu werden, müssen wir in der Praxis C tun.« Ein klarer Markenzweck und eine handlungsorientierte praktische Philosophie (das gute Denken) führen zu einer guten Praxis und lassen dadurch einen guten Charakter entstehen. Damit haben wir alle Zutaten, die wir zu einem guten Handeln brauchen, und sind auf dem besten Weg zu einem glücklicheren Leben. Und damit habe ich Sie nun auch genug mit theoretischen Vorüberlegungen gequält und wir können uns dem echten Leben widmen.

Menschen

..

Daher wird mit Recht gesagt, dass der Gerechte
durch das Tun der gerechten Dinge entsteht
und der Mäßige durch das Tun der mäßigen Dinge.
Ohne das Tun dieser Dinge hingegen
könnte niemand auch nur erwarten, gut zu werden.
Die Leute aus der Menge tun das allerdings nicht,
sondern indem sie sich in Worte flüchten,
meinen sie zu philosophieren
und auf diese Weise gut zu werden.
Sie benehmen sich gewissermaßen wie Kranke,
die sorgfältig dem Arzt zuhören,
jedoch nichts von dem tun, was er anordnet.
Genau so nun, wie diese Menschen durch eine solche Behandlung
nicht eine gute körperliche Verfassung erreichen, werden auch
jene keine
gute Verfassung der Seele haben,
wenn sie auf solche Weise philosophieren.

ARISTOTELES,
NIKOMACHISCHE ETHIK I.8.3

Führungsaufgaben

Führung ist schwer. Gibt es geborene Anführer? Gibt es geborene Geigen- oder Fußballspieler? Talent schadet mit Sicherheit nicht, doch genauso wie in der Musik oder beim Sport macht erst Übung den Meister. So manches Naturtalent verlässt sich zu sehr auf seine Gabe, während andere härter an sich arbeiten, immer hinzulernen wollen und offener für Rückmeldungen sind. Wer versucht, mit dem Talent von gestern die Menschen von morgen zu führen, wird feststellen, dass die gleichen Sätze, die gestern noch Wunder gewirkt haben, heute niemanden mehr hinter dem Ofen hervorlocken. Und dann macht auch ein schicker Titel aus einer »Führungskraft« keinen Anführer mehr. Dabei sollten wir den Menschen, die unsere Unternehmen und Organisationen, unser Land oder auch nur die Abteilung, in der wir arbeiten, führen, grundsätzlich erst einmal unterstellen, dass sie es gut mit uns und unserer gemeinsamen Sache meinen. Auf unseren Anführern lastet schon genug Verantwortung, da hilft es wenig, wenn wir den Druck noch erhöhen, indem wir ständig unser Misstrauen zum Ausdruck bringen. Wer völlig zu Recht das Vertrauen seiner Anführer in die eigene Arbeit einfordert, muss auch bereit sein, seinen Anführern zu vertrauen. Führung braucht dieses Vertrauen und braucht unser Wohlwollen. Gleichzeitig braucht sie aber auch unsere Kritik, unseren Widerspruch und im Zweifelsfall sogar unsere Kontrolle. Dieser Kreislauf aus Führung, der freiwilligen Bereitschaft, zu vertrauen und sich führen zu lassen, und der Möglichkeit, Führung regelmäßig zu hinterfragen, kennzeichnet eine offene Gesellschaft.

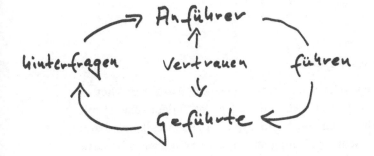

Fehlte die Möglichkeit zur Kritik, hätten wir es mit einem autoritären Regime zu tun, wie wir es uns weder für unseren Staat noch für unsere Arbeitswelt wünschen. Mir scheint jedoch, dass es in unseren freien, westlichen Gesellschaften heute nicht mehr an der Möglichkeit und Menge an Kritik mangelt, sondern an der Qualität der Auseinandersetzung mit unseren Anführern und der Führung, die wir von ihnen erfahren. An die Stelle einer sachlichen Auseinandersetzung um die richtigen Zwecke und die richtige Philosophie sind die Empörung und der Skandal getreten. Personen und Taktik sind wichtiger geworden als Argumente und Standpunkte, und zwar nicht nur in den Redaktionen der Boulevardblätter, sondern genauso in den Kantinen und den Vorstandsetagen unserer Unternehmen. Wenn gute Führung aber konstruktiv kritische und wohlwollende Rückmeldungen braucht, dann mindert mangelnde, unsachliche oder missgünstige Kritik auf Dauer die Qualität der Führung und in der Folge die Bereitschaft, sich führen zu lassen. Wir landen in einem Teufelskreis aus schwacher Führung, unwilliger Gefolgschaft und wenig hilfreicher Kritik. Unsere gesellschaftliche und individuelle Freiheit besteht darin, dass wir uns unsere Anführer selbst aussuchen und uns kritisch mit diesen auseinandersetzen können. Verzichten wir darauf und fügen uns in eine bequeme wahrgenommene Machtlosigkeit, versündigen wir uns an all denjenigen, die tatsächlich in unfreien Verhältnissen leben müssen. Und wenn es ganz blöd läuft und es vor allem unserer politischen Führung nicht gelingt, diesen Teufelskreis zu durchbrechen, dann sehnt sich schon bald der eine oder andere auch bei uns wieder nach tatsächlich autoritärer Führung.

Damit es so weit nicht kommt und wir uns nicht endlos orientierungslos im Kreis drehen, brauchen wir einen Fixstern, an dem wir uns orientieren können. Und natürlich schlage ich vor, dass dieser Fixstern unsere Marke mit ihrem eindeutig definierten Markenzweck und ihrer handlungsorientierten Philosophie sein soll. Wo es so eine Marke gibt, liefert sie die Grundlage für eine andauernde, konstruktiv kritische Auseinandersetzung zwischen den Eigentümern der Marke, ihren Agenten und Außenstehenden. Die Anführer einer Organisation müssen sich dann genauso wie deren Mitarbeiter am Anspruch der Marke – aber eben auch nur am Anspruch der Marke – messen lassen. Die Marke kann als Basis und Referenz der Auseinandersetzung dienen und andere Befindlichkeiten und persönliche Interessen in den Hintergrund drängen. Wir können die Marke also nutzen, damit Entscheidungen in unseren Organisationen nicht beliebig, bequem oder egoistisch getroffen werden, sondern in der Führung eine Kultur der Absichtlichkeit und Verantwortlichkeit entsteht – absichtlich im Hinblick auf den Markenzweck und verantwortlich gegenüber Mitarbeitern, Vorgesetzten und Außenstehenden. Beides setzt voraus, dass die Führung ihrer wichtigsten Verantwortung nachgekommen ist und einen eindeutigen Markenzweck formuliert hat.

Zweckgemeinschaften

Damit eine Marke uns zur Orientierung, besonders aber als Mittel zur Führung einer Organisation dienen kann, braucht sie einen Markenzweck, der im Einklang steht mit dem Zweck der Organisation, für die die Marke steht. Denn egal ob es sich um ein Unternehmen, eine Partei, eine Schule oder um was auch immer handelt, alle Organisationen, die wir Menschen schaffen, sind Zweckgemeinschaften. Umso erstaunlicher, dass dieser Begriff immer wieder abwertend verwendet wird, in dem Sinne, eine Gruppe von Menschen bilde *nur* eine Zweckgemeinschaft. Dabei kann es doch nichts Lobenswerteres geben, als wenn Menschen sich zusammentun, um sich gemeinsam einer Sache zu widmen. Wir sollten also genau das Gegenteil kritisieren und uns viel häufiger fragen, ob die Gemeinschaften, in denen wir agieren und uns organisieren, nicht längst zum Selbstzweck geworden sind. Teil einer Gemeinschaft zu sein mag uns an sich schon ein warmes Gefühl geben und bietet Einzelnen sogar Möglichkeiten zur Profilierung, damit eine Gemeinschaft aber Kraft und einen dauerhaften gesellschaftlichen Nutzen entfalten kann, braucht sie einen klar definierten Zweck. Um es noch einmal etwas konkreter auf die Arbeitswelt bezogen zu formulieren: In einem Unternehmen, das seinen Zweck aus den Augen verloren hat und sich in erster Linie mit sich selbst beschäftigt, können einzelne Manager und Mitarbeiter durchaus Erfolge feiern, erstaunliche Karrieren machen und viel Geld verdienen – mit einer Leistung, die einem Zweck dient, von dem wir alle etwas haben, hat das aber herzlich wenig zu tun.

Wessen Aufgabe ist es nun aber konkret, den Zweck einer Marke und damit letztendlich eines Unternehmens festzulegen? Da Sie sich ja an unser Markendreieck erinnern, werden Sie schnell geantwortet haben: Es ist die Aufgabe der Eigentümer der Marke. Richtig, nur ist es in der Praxis gar nicht so einfach zu erkennen, wer Eigentümer einer Marke ist. Wer hat eigentlich das letzte Wort, wenn es um den Zweck und die Philosophie der Marke geht? In einem kleinen Betrieb oder einem Familienunternehmen ist die Sache noch klar: Die Eigentümer des Unternehmens sind auch die Eigentümer der Marke. In gemeinnützigen Organisationen oder Genossenschaften sind zunächst einmal die Mitglieder Eigentümer der Marke und übertragen dann gewählten Vertretern, etwa dem Parteivorstand oder dem Präsidium eines Sportvereins, die Verantwortung für den Zweck und die Philosophie. Werden diese der Verantwortung in den Augen ihrer Mitglieder nicht gerecht, verlieren sie den Zweck der Marke aus den Augen oder lassen sie keine klare Philosophie erkennen, müssen sie sich in der Mitgliederversammlung rechtfertigen. Wie sieht es aber in Kapitalgesellschaften, also GmbHs und Aktiengesellschaften aus, in denen die meisten von uns arbeiten? Wer legt hier den Zweck und die übergeordnete Philosophie fest? »Chefsache«, denken Sie vielleicht und haben dabei den Geschäftsführer ihrer GmbH oder den Vorstand der AG, für die Sie arbeiten, vor Augen. Doch damit würden wir zu kurz springen. Der Geschäftsführer einer GmbH führt die Geschäfte – solange er nicht gleichzeitig Eigentümer der GmbH ist – im Auftrag der Gesellschafter. Er ist damit oberster Mitarbeiter der Organisation und eben auch nicht Eigentümer der Marke, sondern lediglich ihr wichtigster Agent. Den Zweck des Unternehmens legen die Gründer in der Satzung der Gesellschaft fest, und sie sollten es auch sein, die den Zweck und die Philosophie der Marke bestimmen und im Auge behalten. Geschäftsführer kommen und gehen, der Markenzweck und die Philosophie sollten im Idealfall bleiben und in jedem Fall wichtiger sein als selbst der wichtigste Mitarbeiter.

Während sich in einer GmbH die Gesellschafter in der Regel noch persönlich über den Zweck und die Philosophie ihrer Marke austauschen können, ist das Eigentum an größeren Aktiengesellschaften zu weit gestreut, als dass auf einer Hauptversammlung derartige Grundsatzfragen erörtert werden könnten. Die Aktionäre übertragen die Verantwortung dafür deshalb ihren Vertretern, die wir in Deutschland Aufsichtsräte nennen. Das deutsche Mitbestimmungsgesetz und eine ganze Reihe von weiteren Regelungen vom VW-Gesetz bis zur Einführung einer Frauenquote sorgen dafür, dass in den Aufsichtsräten unserer großen Aktiengesellschaften neben den Vertretern der Anteilseigner auch andere Interessenvertreter sitzen. Gemeinsam sollten diese im Aufsichtsrat dafür sorgen, dass das Unternehmen einen klaren Zweck verfolgt und mit einer erkennbaren Philosophie geführt wird. Mit anderen Worten: Sie sollten die Eigentümer der Marke sein. Ein Vorstand, der eventuell nur für kurze Zeit im Amt ist, sollte niemals den Zweck der Marke verändern können, sondern der Aufsichtsrat sollte einen Vorstand finden, der zum Zweck und zur Philosophie der Marke passt.

Dass dieser Blick auf den Vorstand Ihnen jetzt befremdlich und mutig erscheinen mag, liegt an einer Besonderheit deutscher und österreichischer Aktiengesellschaften. Während der Verwaltungsrat einer schweizerischen Aktiengesellschaft oder das Board of Directors einer amerikanischen Corporation ihre Aufgabe unbedingt darin sehen, die unternehmerische Richtung vorzugeben, beschränken sich deutsche Aufsichtsräte häufig auf »Aufsicht« im Sinne einer formalen Überwachung der gesetzlichen und wirtschaftlichen Vorgaben. Sucht man dagegen in einer amerikanischen Aktiengesellschaft nach dem Eigentümer der Marke, muss man nach dem *Chairman of the Board* (dem Vorsitzenden der Eigentümervertretung) fragen und nicht etwa nach dem *Chief Executive Officer*. Dass das »Executive« (auf Deutsch: »ausführend«) in CEO deutlich auf eine untergeordnete Rolle hinweist, hat sich in Deutschland bisher noch nicht herumgesprochen und sogar dazu geführt, dass sich so mancher Manager mit einem »Executive« im Titel schmücken möchte und sich damit unbeabsichtigt herabsetzt. Bezeichneten wir die Vorstände unserer Aktiengesellschaften allerdings bewusst als »erste ausführende Offiziere«, wäre dies zwar sprachlich fragwürdig, aber doch eine wünschenswerte Rollenverteilung zwischen Vorstand und Aufsichtsrat. Als Vertreter der Eigentümer und anderer Teilhaber eines Unternehmens trägt der Aufsichtsrat die letztendliche Verantwortung für die Marke des Unternehmens, ihren Markenzweck und die wichtigsten Bausteine der Philosophie der Marke. Das sieht auch die Regierungskommission so, die seit 2001 unter dem ungemein deutschen Namen *Deutscher Corporate Governance Kodex* Standards guter Unternehmensführung erarbeitet und veröffentlicht.[16] Damit ein Aufsichtsrat seiner Verantwortung gerecht werden kann, fordert der Kodex, »dass seine Mitglieder insgesamt über die zur ordnungsgemäßen Wahrnehmung der Aufgaben erforderlichen Kenntnisse, Fähigkeiten und fachlichen Erfahrungen verfügen«. Mit anderen Worten: Der Aufsichtsrat muss aus einem Team gestandener Führungspersönlichkeiten bestehen, die aus ihrer eigenen Kompetenz heraus in der Lage sind, für die wichtigsten Handlungsfelder der Marke eine fundierte Philosophie zu entwickeln, abzustimmen und zu vermitteln.

Was passieren kann, wenn der Aufsichtsrat dieser Verantwortung nicht gerecht wird, konnten wir in Deutschland in den letzten Jahren in zwei ganz unterschiedlichen Fällen in aller Öffentlichkeit miterleben: zum einen beim Bau des neuen Berliner Flughafens und zum anderen beim Hamburger Sport Verein (HSV) in der Fußball-Bundesliga.[17] Der HSV blickt auf eine ruhmreiche Vergangenheit zurück und gehört der Bundesliga von Anfang an und ununterbrochen an. Die letzten Titel wurden jedoch in den 80er-Jahren gewonnen, und halbwegs erfolgreich wurde zuletzt vor zehn Jahren gespielt. Trotz günstiger wirtschaftlicher Rahmenbedingungen in der Metropolregion Hamburg und besonders treuer Fans sorgte der Verein seither weniger durch sportliche Leistungen als durch ständige Führungswechsel und Querelen im Aufsichtsrat für Schlagzeilen. Die Satzung des Sportvereins sah (bis zu ihrer Veränderung im Mai 2014) vor, dass der zwölfköpfige Aufsichtsrat, der über den Verein samt Profi-Fußball wachen sollte, von den Mitgliedern gewählt wurde. Jedes Mitglied konnte sich auf der Mitgliederversammlung zur Wahl stellen, und da Fußballfans dann doch dazu neigen, eher mit dem Herzen als mit dem Verstand abzustimmen, zeichnete sich der Aufsichtsrat des HSV zwar durch Vielfalt und Redseligkeit aus, nicht unbedingt jedoch durch Kompetenz oder Führungsqualitäten. Insbesondere zeigte sich immer wieder, dass es im Aufsichtsrat ganz unterschiedliche Vorstellungen vom Zweck der Marke »HSV« und der dahinterstehenden Organisation gab. Während die einen den Markenzweck im sportlichen Erfolg sahen, war für andere das demokratische Vereinsleben an sich der eigentliche Zweck. Entsprechend unterschiedliche Vorstellungen existierten bezüglich der wichtigsten Philosophien für die Organisation, insbesondere in Fragen der Mitbestimmung der Mitglieder, der Preisgestaltung und Vermarktung sowie dem Umgang mit den Fans. Solange im Aufsichtsrat keine Einigkeit über Zweck und Philosophie der Marke »HSV« bestand, hatte auch kein Vorstand die Möglichkeit, den Verein und seine Mitarbeiter bis zum Trainer und den Spielern der Bundesligamannschaft zweckmäßig zu führen. »Der Fisch stinkt vom Kopf«, heißt es in Norddeutschland, und dafür lieferte die Marke »HSV« über viele Jahre ein besonders anschauliches Beispiel, das ganz Fußball-Deutschland in der Boulevardpresse und im Ergebnis in der Sportschau verfolgen durfte – zunächst schadenfroh, am Ende wohl größtenteils nur noch mitleidig. Nachdem im Mai 2014 die Satzung geändert und der Profi-Fußball aus dem Sportverein ausgegliedert wurde, wurde ein kompetenterer und kleinerer Aufsichtsrat etabliert und mit Dietmar Beiersdorfer ein neuer Vorstandsvorsitzender gefunden. Mit ihm wurde als Markenzweck der Marke »HSV« ganz klar der sportliche Erfolg definiert, dem alle Agenten der Marke mit einer entsprechenden Philosophie für ihre Handlungsfelder zu dienen haben. Sollte also am Versprechen dieses Buches, nämlich dass ein klarer Markenzweck und eine handlungsorientierte Philosophie letztendlich zu gutem Handeln und damit zum Erfolg führen können, irgendetwas dran sein, so besteht vielleicht wieder ein wenig Grund zur Hoffnung für die vielen Anhänger des Hamburger sv. Man darf gespannt sein.

»Eine Marke braucht eine starke Markenidentität«, heißt es auf der Website der Flughafen Berlin Brandenburg GmbH[18] so weit ganz richtig, »die durch das wiedererkennbare und individuelle Corporate Design geschaffen wird«. Wenn es bloß so einfach wäre. Doch leider geht es hier gar nicht um die Identität der Marke »Flughafen Berlin«, sondern lediglich um die Gestaltung und Verwendung von Markenzeichen. Einen Zweck des Unternehmens oder der Marke oder eine Philosophie der Marke sucht man hingegen nicht nur auf der Website vergebens. Dabei liegt ja eigentlich auf der Hand, welchen Zweck eine Betreibergesellschaft haben müsste, die zu jeweils 37 Prozent den Ländern Berlin und Brandenburg sowie zu 26 Prozent dem Bund und damit letztendlich uns allen gehört und dient. Ihre Aufgabe sollte es sein, den Bürgern, Besuchern und Unternehmen Berlins und seines Umlands einen zeitgemäßen Zugang zum internationalen Luftverkehr zu ermöglichen. Der Markenzweck für die Marke »Berliner Flughäfen« ließe sich entsprechend etwa so formulieren: »Wir verbinden Berlin mit der Welt.« Oder etwas konkreter: »Wir sorgen dafür, dass unsere Hauptstadt aus aller Welt gut zu erreichen ist, und bieten den Menschen und der Wirtschaft in Berlin und Brandenburg gute Erreichbarkeit, beste Flugverbindungen und zuverlässigen Service.« Die Voraussetzungen, um einen derart formulierten Zweck zu erfüllen, wären nach dem Fall der Mauer gegeben gewesen, verfügte Berlin doch mit Tegel bereits über einen beliebten, zentral gelegenen und archi-

..

tektonisch wegweisenden Flughafen für Linienverbindungen, mit Tempelhof über einen City-Flughafen für kleinere Maschinen und mit Schönefeld über eine günstige Basis für Ferienflieger. Mit den nötigen Investitionen in Infrastruktur und Sicherheit der drei Flughäfen hätte die Marke »Berliner Flughäfen« dem von mir vorgeschlagenen Zweck also sicherlich günstiger, schneller und zuverlässiger dienen können, als wir es in der Folge erleben durften. Was mag also dazu geführt haben, dass man sich für einen Neubau entschied, dessen Fertigstellung am Ende wohl mehr als 20 Jahre gedauert haben wird? Die Vermutung liegt nahe, dass die Marke »Berliner Flughäfen« durch die Marke »Flughafen Berlin« ersetzt werden sollte, um einem ganz anderen Zweck zu dienen. Nach der Wiedervereinigung und der Entscheidung für Berlin als Bundeshauptstadt wollte man mit einem großen neuen Flughafen mit den Metropolen der Welt gleichziehen. So wie London sein Heathrow hat und New York seinen JFK, sollte auch Berlin einen internationalen Flughafen von Weltrang bekommen. Ob es dafür überhaupt einen Bedarf gab oder die Versorgung der Bürger sich verbessern würde, spielte kaum eine Rolle. Die Erfindung der Marke »Flughafen Berlin Brandenburg International« hatte symbolische Bedeutung und diente einem politischen Zweck. Vor diesem Hintergrund ist es dann eigentlich nur konsequent, dass eine Marke, deren Markenzweck politischer Natur ist, auch in die Hände von Politikern gegeben wird. Der fünfzehnköpfige Aufsichtsrat der Flughafengesellschaft setzt sich fast ausschließlich aus Vertretern der Länder des Bundes und der Arbeitnehmer zusammen. Fachleute, die jemals einen Flughafen geplant, gebaut oder erfolgreich betrieben hätten, sucht man hingegen vergebens. Und obwohl es eigentlich zur Philosophie eines Staatsunternehmens gehören sollte, mit dem Geld der Steuerzahler sorgsam umzugehen, transparent zu arbeiten und sich an Recht und Gesetz zu halten, dringen immer neue Geschichten von Korruption, Inkompetenz und Verschwendung an die Öffentlichkeit. Dabei scheint auch die Kommunikationsphilosophie der Marke politisch geprägt: Probleme werden schöngeredet und zugegeben wird nur, was sich gar nicht mehr leugnen lässt. Für die nächste Terminverschiebung kann dann der nächste politische Vertreter die Verantwortung übernehmen oder eben mal wieder den Geschäftsführer auswechseln. Doch egal welcher Manager sich der Aufgabe in Zukunft noch annehmen wird, solange die Marke »Flughafen Berlin« keine kompetenten Eigentümer bekommt, die sich auf einen klaren Markenzweck und eine handlungsorientierte Philosophie verständigen, wird es sehr schwer bleiben, die Agenten der Marke zum guten Handeln zu bewegen und das Vertrauen von uns Außenstehenden zu gewinnen. Die Marke hat einen Geburtsfehler und kann uns nur als mahnendes Beispiel dienen.

Mit diesen beiden Fällen, in denen die Eigentümer der Marke versagt haben, wollte ich die Vorstände und Manager großer Unternehmen aber keineswegs aus der Markenverantwortung entlassen. Sie sind es schließlich, die die Organisation operativ führen und dafür zu sorgen haben, dass der Zweck und die Philosophie der Marke in die Praxis übertragen werden. Wo diese fehlen, darf man dann auch von Vorständen und Geschäftsführern erwarten, dass sie die Sache selbst in die Hand nehmen, Zweck und Philosophie entwickeln und den Eigentümern der Marke zur Abstimmung vorlegen. Tun sie dies nicht, führen sie also keine Klärung des Markenzwecks und der Philosophie herbei, so bringen sie sich selbst um die wichtigste Voraussetzung, um ihrer Führungsaufgabe gerecht werden zu können, und verurteilen die Mitarbeiter, die sie direkt und indirekt führen, zur Orientierungslosigkeit. Und was tun Menschen oder

··

Gruppen von Menschen, wenn ihnen die Orientierung fehlt? Sie drehen sich im Kreis und um sich selbst, sie laufen einfach immer weiter in die Richtung, in die sie bisher gelaufen sind, oder sie folgen willig dem erstbesten Anführer, der ihnen erklärt, er kenne den Weg und dieser sei ohnehin alternativlos. Lassen Sie uns einen Blick auf weitere bekannte Marken werfen, um zu schauen, ob diese einen klaren Markenzweck erkennen lassen, der sie auf Kurs hält. Dabei geht es mir an dieser Stelle noch gar nicht darum, ob die Marken ihrem Zweck gerecht werden oder warum nicht, sondern darum, ob ein Markenzweck gefunden und vermittelt wurde, der dazu geeignet ist, Agenten und Außenstehende um die Marke zu versammeln und die Zukunft der Organisation auch unter sich verändernden Rahmenbedingungen zu sichern. Wer dreht sich im Kreis? Wer läuft einfach stur weiter geradeaus? Wer hat zwar möglicherweise ein Ziel, aber trotzdem keinen Zweck? Und wem ist es gelungen, seinen Markenzweck so zu definieren und zu vermitteln, dass die Marke der Organisation als verlässlicher Kompass dienen und den Weg in die Zukunft weisen kann?

Wirtschaftswunderkinder

Wir alle haben bestimmte Grundbedürfnisse, zu denen, neben Nahrung und einem Dach über dem Kopf, seit dem 20. Jahrhundert auch bestimmte Haushaltsgeräte und ein individuelles Fortbewegungsmittel zu gehören scheinen. Insofern ist es eigentlich alles andere als ein Wunder, dass beim Wiederaufbau der deutschen Wirtschaft Industrien und Marken entstanden sind, deren Zweck ganz wesentlich darin bestand, diese Grundbedürfnisse zu erfüllen. Während Marken wie beispielsweise »AEG«, »Grundig«, »Telefunken« oder »Miele« die Geräte produzierten, sorgten »Neckermann«, »Karstadt«, »Quelle« oder »Otto« dafür, dass die neuen Fernseher, Küchengeräte und Waschmaschinen den

Weg in die Haushalte fanden. Wie konnte es also passieren, dass wir viele dieser Marken heute nur noch aus dem Museum kennen oder zumindest das Gefühl haben, dass sie sich auf dem Weg dorthin befinden?

Der Erfolg der deutschen Hersteller von Elektro- und Haushaltsgeräten beruhte bis in die 70er-Jahre hinein auf einem einfachen Rezept: Immer mehr Menschen konnten sich immer mehr leisten und der Zweck der Marken bestand darin, die wachsende Nachfrage zu bedienen. Als jedoch irgendwann in jedem Haushalt ein Fernseher, eine Stereoanlage und eine Waschmaschine standen, gerieten die »Traditionsmarken« in die Klemme: Zum einen wurden die Verbraucher immer anspruchsvoller und zum anderen tauchten auf einmal ausländische Hersteller auf dem deutschen Markt auf. Das Unternehmen, das aus den beiden Marken »AEG« und »Telefunken« bestand, steht beispielhaft für die Entwicklung vieler Marken zu dieser Zeit. »Telefunken« entwickelte bis in die 60er-Jahre hinein Spitzentechnologie, war der Erfinder des Farbfernsehens, produzierte Halbleiter und Groß- und Prozessrechner. Doch nach der Fusion mit der Muttergesellschaft 1967 versandete der Markenzweck der »Telefunken« im neuen Konzern. Nicht mehr Innovation, sondern nur noch Produktion sollte der Zweck der Marke »Telefunken« sein, und die war am Standort Deutschland und gegen die starke Konkurrenz aus Asien zum Scheitern verurteilt. Der AEG-Konzern war seit seiner Gründung ein Gemischtwarenladen, dessen Erfolg eher auf guten Verbindungen als auf einem klaren Markenzweck beruhte. Die Haushaltsgeräte der Marke »AEG«, die mit »Aus Erfahrung gut« beworben wurden, vom Volksmund aber eher mit »Alles ein Gammel« beschrieben wurden, spielten immer nur eine untergeordnete Rolle. Das Ausbreiten in immer neue Geschäftsfelder, bis hin zum Bau von Atomkraftwer-

..

ken, entsprach der Management-Ideologie der Zeit, führte am Ende aber in den Untergang. Eine Marke, die sich zu vielen Zwecken widmet, kann am Ende keinem Zweck wirklich gerecht werden. Das musste auch die Daimler-Benz AG erkennen, die AEG 1985 übernahm, nur um sich nach und nach von den meisten Teilen des Unternehmens wieder zu trennen, bevor es 1996 endgültig zu Grabe getragen wurde. Die verbliebenen Markenrechte gingen schließlich an die schwedische Firma Electrolux, die bis heute Haushaltsgeräte unter der Marke »AEG« vertreibt.

Mit Siemens hat sich ein weiteres deutsches Traditionsunternehmen gerade aus dem Geschäft mit Haushaltsgeräten verabschiedet.[19] Begründet wurde der Schritt damit, man wolle konsequent auf das Kerngeschäft – man könnte auch sagen auf den Markenzweck – fokussieren. Ob die neuen Eigentümer des »Siemens«-Markenzeichens, unter dem es auch in Zukunft Backöfen und Waschmaschinen geben wird, jemals tatsächlich Eigentümer der Marke werden, wird davon abhängen, ob es ihnen gelingt, Agenten und Außenstehenden zu vermitteln, dass die Marke »Siemens Hausgeräte« mit der Marke, die in der Industrie und der Medizintechnik aktiv ist, gar nichts zu tun hat. Wesentlich leichter dürfte es da eine Marke wie »Miele« haben, die ihrem Markenzweck immer treu geblieben ist[20] und seit über hundert Jahren erfolgreich Hausgeräte entwickelt. Jeder Agent der Marke »Miele«, egal ob er Mitarbeiter des Familienunternehmens, Verkäufer im Handel oder Planer im Baugewerbe ist, kennt und schätzt die Marke seit vielen Jahren. Der klare Markenzweck hat dazu geführt, dass Außenstehende ein eindeutiges Bild der Marke »Miele« haben, und die Marke hat ihre zentralen Versprechen – Langlebigkeit und Leistung unter dem Motto »Immer besser« – immer wieder gehalten. Bei »Miele« bauen ein eindeutiger Markenzweck, eine klare Philosophie und eine konsequente Praxis beispielhaft aufeinander auf und es konnte über Jahrzehnte eine Marke entstehen, die wir im Sinne unseres Markendreiecks als gelungen bezeichnen können.

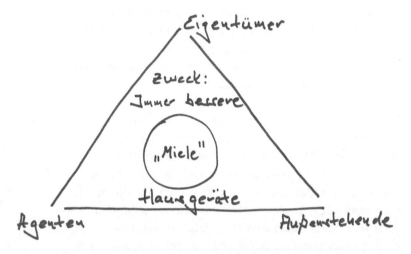

Irgendwie mussten die ganzen schönen neuen Konsumgüter zu den Westdeutschen nach Hause kommen, und um diesen Zweck kümmerten sich in der Bundesrepublik ältere Marken wie »Karstadt« und »Quelle«, aber auch Neugründungen wie »Neckermann« und »Otto« zunächst mit großem Erfolg. Ihnen konnte es egal sein, ob die Elektrogeräte aus deutscher oder japanischer Produktion kamen oder die Kleidung aus China – solange die Deutschen fleißig einkauften, würden sie ihren Zweck erfüllen und die begehrten Waren anbieten. So verstanden ließe sich ihr gemeinsamer Markenzweck in etwa wie folgt formulieren: »Wir bieten den Deutschen einen attraktiven und bequemen Zugang zur vielfältigen Warenwelt.« Doch während die Marke »Neckermann« sich schon bald auch mit ganz anderen Zwecken beschäftigte und von Reisen über Versicherungen bis zu

..

Fertighäusern alles Mögliche verkaufen wollte, entwickelten die anderen Marken ein viel engeres Verständnis ihres Markenzwecks. Die einen, »Quelle«, »Otto«, aber auch »Baur« oder »Schwab«, verstanden sich als Versandhändler und definierten sich über ihren Katalog, die anderen wie »Hertie«, »Kaufhof«, »Horten« oder »Karstadt« sahen ihren Zweck im Betreiben von Kaufhäusern. Die Kataloge der einen lagen auf deutschen Wohnzimmertischen, die Zweigstellen der anderen dominierten die Innenstädte. Und dann kam das Internet. Doch nicht über Nacht. Es mangelte keineswegs an ernstzunehmenden Prognosen dazu, wie der Online-Handel das Einkaufsverhalten mittelfristig verändern würde, und wer wäre in einer besseren Position gewesen, um die neuen Möglichkeiten zu erschließen, als die Marken, bei denen die Deutschen seit Jahrzehnten vertrauensvoll einkauften? Warum also bestellen wir heute unsere Schuhe bei Zalando und eigentlich fast alles bei Amazon? Wie konnten die etablierten Marken nur reihenweise die Chancen verpassen, die die Digitalisierung ihnen eröffnete? Schuld war ein verengtes Verständnis des eigenen Markenzwecks. Anstatt ihren Markenzweck darin zu sehen, ihren Kunden die Waren immer auf dem bestmöglichen, zeitgemäßen Wege anzubieten, verwechselten die Eigentümer Praxis und Zweck ihrer Marken. Die Praxis folgte nicht aus einem übergeordneten Zweck, sondern die Praxis war zum Selbstzweck geworden. Wer seinen Zweck aber darin sieht, zweimal im Jahr einen Katalog auszuliefern, schafft es eben nicht, rechtzeitig umzudenken und die neuen Möglichkeiten zu nutzen. Und wer seinen Zweck darin sieht, riesige Einkaufstempel in den Städten zu betreiben, hält auch dann noch daran fest, wenn deren Nutzen längst überholt ist.

Das liebste Konsumgut der Deutschen war und ist das Auto, und nichts prägt die Marke »Deutschland« im Ausland stärker als unsere Automobilmarken. Zwar sind einige kleinere Marken wie »Borgward« auf der Strecke geblieben und die Traditionsmarke »Opel« kämpft ums Überleben, der Erfolg von »BMW« und »Mercedes« und das gewaltige Wachstum des Volkswagen-Konzerns mit seinen vielen Marken überstrahlen jedoch alles. Der Zweck der Marke »Volkswagen« steckt dabei ja scheinbar schon im Namen selbst: »Wagen für das Volk«. War damit bei der Gründung explizit das Deutsche Volk gemeint, könnte man heute argumentieren, dass es der Zweck der Marke »Volkswagen« geworden ist, das Volk unseres gesamten Planeten mit Autos zu versorgen. Der ursprüngliche Markenzweck, möglichst vielen Menschen zu einem eigenen Auto zu verhelfen, ist damit von der Automobilmarke »VW« zu der Konzernmarke »Volkswagen« mit all ihren Marken (unter anderem »Audi«, »Seat«, »Porsche«, »Skoda«) und Tochterunternehmen gewandert. Und um diesem Zweck und dem in der »Konzernstrategie 2018« ausgerufenen Anspruch »weltweit führendes Automobilunternehmen«[21] gerecht zu werden, muss man kontinuierlich wachsen. Und das geht am besten dort, wo es besonders viel Volk gibt, das noch mit Wagen beglückt werden kann, in erster Linie also aktuell in China. Diese quantitative Interpretation des Markenzwecks von »Volkswagen« folgt der Logik der Industrialisierung und Globalisierung. Was nach dem Krieg in Deutschland funktioniert hat, wird jetzt in die ganze Welt ausgerollt. Philosophie und Praxis der Konzernmarke »Volkswagen« dienen diesem Zweck und sind konsequent auf weiteres Wachstum ausgerichtet: mehr Marken, mehr Modelle auf möglichst wenigen technischen Plattformen, um die Kosten im Griff zu behalten. Die Marke »Mercedes-Benz« mag ihren Zweck darin sehen, »das beste« Auto zu bauen, doch niemand arbeitet konsequenter daran, »die meisten« Autos zu bauen.

··

Die Sache hat nur einen Haken: Was passiert eigentlich, wenn die Menschen das Interesse am eigenen Auto verlieren oder wenn autoritäre Regierungen von heute auf morgen entscheiden, dass noch mehr Autos vielleicht doch nicht so eine gute Idee sind? Bedenkt man, dass die Konzernmarke »Audi« heute bereits doppelt so viele Fahrzeuge nach China verkauft wie in Deutschland, so wären die Folgen eines chinesischen Importverbots nicht nur wirtschaftlich verheerend, sondern würden auch den Kern der Marke »Volkswagen« treffen, solange diese ihren Zweck im Absatz möglichst vieler Autos sieht. Und dabei war der ursprüngliche Markenzweck von »Volkswagen« ein ganz anderer. Weder den Nazis noch den Nachkriegsdeutschen ging es darum, möglichst viele Autos unter das Volk zu bringen. Der Zweck des »Volkswagen« bestand vielmehr darin, individuelle Mobilität zu ermöglichen. So verstanden müsste »Volkswagen« heute längst an ganz anderen Produkten und Dienstleistungen arbeiten, die den heutigen und zukünftigen Anforderungen an individuelle Mobilität besser gerecht werden. Im Denken der Marke (Studien, Pilotprojekte) spielen diese Überlegungen auch durchaus eine Rolle, doch das Handeln wird nach wie vor von einem 80 Jahre alten Gedanken bestimmt: »Möglichst viele Autos für möglichst viele Menschen.« Dem ursprünglichen Zweck der Marke widmen sich in der Zwischenzeit andere. Google baut selbstfahrende Fahrzeuge, und Marken wie »Drive-Now«, »Car2Go« oder »Uber« entwickeln neue Konzepte individueller Mobilität. Warten wir ab, welche Marken für die Menschen in Zukunft eine größere Rolle spielen werden: Marken, deren Markenzweck im Bau und Verkauf von Fahrzeugen besteht, oder Marken, die uns bequem und umweltfreundlich ans Ziel bringen.

Die »Deutschen«

Wo wir gerade ohnehin bei ganz großen und sehr bekannten deutschen Marken waren, lassen Sie uns einen Blick auf einige Marken werfen, die das »Deutsche« schon im Namen tragen: Deutsche Bahn, Deutsche Post, Deutsche Telekom, Deutsche Lufthansa, Deutsche Bank. Wie steht es bei denen eigentlich um den Markenzweck? Wenn man die Herkunft schon im Namen trägt, sollte diese ja auch für die Marke eine gewichtige Rolle spielen, entweder indem der Markenzweck darin besteht, etwas für Deutschland und seine Menschen zu tun, oder indem sich die Philosophie der Marke darauf stützt, ihren Zweck auf spezifisch deutsche Art und Weise zu erfüllen – wie auch immer die aussehen mag.

Beginnen wir mit der Marke »Deutsche Bahn«, die schließlich jeder gerne kritisiert. Ich mag die Bahn, ich fahre sehr gerne mit dem Zug, und ich habe großen Respekt vor der Komplexität des Schienenverkehrs. Von daher maße ich mir auch keinerlei Detailkritik an den täglichen Abläufen, der Führung oder dem Verhalten einzelner Agenten der Marke an, sondern möchte diese eigentlich eher in Schutz nehmen. Auch bei der Bahn braucht eine gute Praxis eine klare Philosophie, die auf einem eindeutigen Markenzweck beruht. Und genau dort scheint mir der Geburtsfehler der Marke »Deutsche Bahn« zu liegen. Wenn es um das Zugfahren geht, lohnt es sich eigentlich immer, in die Schweiz zu schauen. Genauso wie die Deutsche Bahn AG wird auch die Schweizer SBB inzwischen als Aktiengesellschaft geführt und beide Unternehmen befinden sich zu 100 Prozent in Staatsbesitz. Vergleicht man allerdings den Markenzweck der schweizerischen »SBB« mit dem der »Deutschen Bahn«, stößt man auf einen entscheidenden Unterschied. Wie man erwarten würde, versteht sich die SBB als Bahnunternehmen im Dienste der Schweizer Bürger und Wirtschaft. Unternehmenszweck und Markenzweck fallen zusammen und werden von Eigentümern, Agenten und Außenstehenden der Marke verstanden und auch geschätzt. Mit meinen Worten würde ich den Markenzweck der »SBB« wie folgt formulieren: »Wir betreiben und entwickeln für die Schweiz ein kundenfreundliches und zuverlässiges Schienenverkehrssystem und schaffen damit eine wichtige Grundlage für den Erfolg und ein gutes Zusammenleben aller Schweizer.« Davon ausgehend sollte man doch nun nur die Schweiz durch Deutschland ersetzen müssen und schon hätte man den Markenzweck der Marke »Deutsche Bahn«, oder? Leider nicht, denn im Gegensatz zur SBB fallen bei der Deutschen Bahn Markenzweck und Unternehmenszweck auseinander. Als Außenstehende erwarten wir, dass die Marke »Deutsche Bahn« uns Deutschen genau das liefert, was die »SBB« für die Schweizer leistet. Ich bin mir sogar sicher, dass die meisten Agenten der Marke, denen wir in den Zügen und auf den Bahnhöfen begegnen, einen ähnlichen Anspruch an ihre Marke haben. Den Eigentümern der Marke war das aber nicht genug, zumal sie 1994 bei der Gründung der Deutschen Bahn AG von einer Privatisierung der Bahn träumten und sich beträchtliche Einnahmen für den Staatshaushalt erhofften. Also durfte die Marke »Deutsche Bahn« sich nicht mehr nach einer langweiligen Staatsbahn anhören, sondern wurde als globales Logistikunternehmen neu erfunden. Und tatsächlich ist man heute, insbesondere mit der Tochter DB Schenker und allen möglichen Beteiligungen, in aller Welt aktiv, betreibt etwa Schienengesellschaften in Großbritannien oder Güterverkehr auf der Arabischen Halbinsel. Man versteht sich als »weltweit führendes Mobilitäts- und Logistikunternehmen«[22] mit einer »Eisenbahn als Herzstück«. Dass uns als Außenstehende der Marke »Deutsche Bahn« eigentlich nur das Herzstück interessiert, scheint bei dieser Entwicklung keine große Rolle zu spielen.

Vielleicht sollten wir unsere Vertreter im Aufsichtsrat aber gelegentlich wieder daran erinnern, denn schließlich sind wir in diesem Fall eben nicht nur Außenstehende, sondern als Bürger der Bundesrepublik letztendlich immer noch Eigentümer des Unternehmens und der Marke.

Die Deutsche Post war schon immer ein Logistikunternehmen. Der Zweck der Marke »Post« ist seit Jahrhunderten gelernt und wurde auch nach der Privatisierung noch einmal mit einer gewaltigen Werbekampagne gefestigt, in der es hieß, »Deutsche Post, die Post für Deutschland«. Wer etwas zu verschicken hatte, der sollte auch in Zukunft ganz selbstverständlich zur Post gehen, und wer einen Brief oder ein Paket erwartete, der wartete auf den Postboten. Klarer und stärker kann ein Markenzweck eigentlich weder bei den Agenten noch bei den Außenstehenden einer Marke verankert sein. Selbst dass es eine Postbank gab, konnte man sich noch erklären, schließlich musste das Geld ja früher einmal wirklich von A nach B verschickt werden. Trotzdem wurde die Postbank inzwischen verkauft, um noch stärker auf den eigentlichen Markenzweck zu fokussieren, und DHL hinzugekauft, um den Markenzweck auch international besser erfüllen zu können. In diesem Fall haben wir es also mit einem Unternehmen mit einem ganz klaren Unternehmenszweck zu tun, das uns in Deutschland allerdings seit Jahren mit dem Einsatz unterschiedlicher Markenzeichen verwirrt. Es begann damit, dass wir unsere Pakete nicht mehr der Post, sondern der Marke »DHL« übergeben sollten, zunächst allerdings immer noch am gleichen Ort und beim gleichen Mitarbeiter, der nun auf einmal Agent zweier Marken war. Als Nächstes verschwanden immer mehr Filialen der Post und wir mussten lernen, dass wir sowohl unsere Briefe (»Post«) als auch unsere Pakete (»DHL«) jetzt den freundlichen Mitarbeitern von McPaper,

Edeka oder dem Kiosk um die Ecke anvertrauen sollten. Zu guter Letzt gibt es, nach dem Verkauf der Postbank an die Deutsche Bank, jetzt im ganzen Land sogenannte »Postbank Finanzcenter«. Und so erlebt dann heute ein ahnungsloser Außenstehender die gute alte Post: Jemand hat ein Paket geschickt, es erscheint der »DHL«-Bote, trifft aber leider niemanden an und kommt auch nicht an den Briefkasten (den Schlüssel hat nur der Postbote). Das Paket geht zurück und man erhält eine Benachrichtigungskarte über die »Deutsche Post« zugestellt. Darauf wird man darüber informiert, man könne seine Sendung im nächstgelegenen »Postbank Finanzcenter« abholen. Man wundert sich, dass das Paket bei der Bank gelandet ist, und wundert sich erst recht, wenn man die Filiale betritt. Denn obwohl draußen wirklich nur »Postbank Finanzcenter« dransteht, sieht drinnen alles verdächtig nach der guten alten »Post« aus. Es gibt Briefmarken und Versandmaterial und man kann sogar seine Pakete aufgeben. Alles bei ein und demselben Mitarbeiter, der sich als echter Doppel- beziehungsweise Multi-Marken-Agent herausstellt: Er arbeitet in einer Filiale der »Postbank«, die bekanntlich zur »Deutschen Bank« gehört, hantiert mit den Paketen von »DHL« und fühlt sich im Herzen immer noch der Marke »Post« verpflichtet. Alles klar? Das Schöne daran ist: Solange alles gelb ist, werden wir unsere gute alte »Post« schon finden. So schnell kriegt eine derart starke Marke mit einem so klaren Markenzweck niemand kaputt.

Die Deutsche Telekom hat eine derartige Vielfalt schon hinter sich. Nach der Privatisierung und dem Börsengang der »T-Aktie« wurden für die vier wichtigsten Geschäftsfelder des Unternehmens auch vier neue Markenzeichen etabliert: Für einen Festnetzanschluss sollte man sich nun an die »T-Com« wenden, für den Mobilfunkvertrag an »T-Mobile«, die E-Mail-Adresse gab es bei Robert-»T-Online« und um

Telefonanschlüsse und Infrastruktur in den Firmen kümmerte sich »T-Systems«. Wenige Jahre später verschwanden »T-Com« und »T-Online« und mit »T-Home« tauchte eine neue Marke neben »T-Mobile« in den Läden auf, die sich »T-Punkt« nannten. Dabei konnten wir als Kunden (oft gemeinsam mit den Mitarbeitern) hautnah miterleben, wie ein Unternehmen um seine Identität und eine Marke um ihren eigentlichen Zweck rang. Solange man den Betrieb von Festnetz, Internet und Mobilfunk, den Einzelhandel und den Kundendienst (»T-Service«) als ganz unterschiedliche Geschäftsbereiche verstand, lag es auch nahe, diese mit eigenen Marken zu versehen und so Unternehmenszweck und Markenzweck in Einklang zu bringen. Doch egal wie oft das Unternehmen auch neue Marken erfand und mit immensem Aufwand bekannt zu machen versuchte, für uns als Außenstehende war immer klar, dass wir zur »Telekom« gingen oder eben nicht. Glücklicherweise haben die Markenverantwortlichen bei der Deutschen Telekom in den letzten Jahren radikal aufgeräumt und für die Marke »T« ein Leitbild von beispielhafter Klarheit entwickelt.[23] Im Mittelpunkt steht dabei das Versprechen »Erleben, was verbindet«, und damit dieses Versprechen gegenüber den Kunden erfüllt werden konnte, musste für alle Agenten und Außenstehenden ein relevanter und umfassender Markenzweck gefunden werden. Dieser wurde, mit Mut zu einer angenehm sperrigen Formulierung, wie folgt bestimmt: »Nicht die Lösung technischer Fragestellungen beschreibt die Aufgabe der Marke. Sondern das Schaffen der Möglichkeit, besondere Momente gemeinsam zu erleben.«[24] Man hätte auch sagen können: »Wir kümmern uns um das Netz, das es Menschen erlaubt, miteinander in Verbindung zu treten.« Oder, wie es in einer Kampagne der Telekom heißt: »Das Netz ist unser innerster Antrieb.« Damit wurde für die Marke »Telekom« ein Markenzweck gefunden, der unabhän-

..

gig von Ort und Technologie ist, der Erwartung der Kunden entspricht und das Zeug dazu hat, alle Mitarbeiter und sonstigen Agenten um die Marke zu versammeln. Diesen Markenzweck in einer riesigen Organisation wie der Deutschen Telekom in die Philosophie der einzelnen Handlungsfelder und schließlich in die Praxis des einzelnen Mitarbeiters zu übertragen gelingt sicher nicht in allen Fällen von heute auf morgen, aber die Eigentümer der Marke sind ihrer wichtigsten Verantwortung inhaltlich und kommunikativ vorbildlich nachgekommen. Der Rest ist Arbeit.

Wenn wir umgangssprachlich von der »Lufthansa« sprechen, bezeichnen wir damit meistens nicht den Konzern, also die Deutsche Lufthansa AG, sondern das Passagiergeschäft, an dem wir als Geschäfts- oder Urlaubsreisende die Marke »Lufthansa« festmachen. So verstanden bedurfte der Markenzweck der »Lufthansa« in der Vergangenheit eigentlich keiner großen Erklärung – wenn Deutsche im Inland oder ins Ausland flogen, dann eben mit der Lufthansa. Doch spätestens seit Air Berlin der Lufthansa das Inlandsgeschäft streitig macht und die meisten Deutschen ihre ersten Flugerfahrungen eher mit einem Billigflieger machen, stellt sich die Frage, was denn nun eigentlich das spezifisch Deutsche an der Marke »Lufthansa« bleibt. Da das Unternehmen seine innerdeutschen Verbindungen inzwischen an die Tochter »Germanwings« übertragen hat, bleibt eigentlich nur, den Markenzweck der »Lufthansa« mit den Worten »Wir verbinden Deutschland mit der Welt« zu beschreiben. Und nach der Übernahme der »Austrian« und der »Swiss« könnte man in der Summe vielleicht behaupten, die Unternehmensmarke »Deutsche Lufthansa AG« habe ihren Zweck darin, den deutschsprachigen Raum mit der Welt zu verbinden. Zieht man jedoch in Erwägung, was Außenstehende im Rest der Welt mit der Marke verbinden, so deutet sich ein

Markenzweck an, der nur noch wenig damit zu tun hat, wo die Flugzeuge starten und landen. Hier wird die »Lufthansa« als eine Marke gesehen, die tatsächlich für deutsche (oder deutsch-schweizerische) Tugenden steht: Pünktlichkeit, Zuverlässigkeit, Gewissenhaftigkeit und eher professionelle als herzliche Freundlichkeit. Wenn man das einmal so hinnimmt, über die zwangsläufigen Stereotype hinwegsieht und in Kauf nimmt, dass zum Deutschtum auch ein gelegentlicher Streik gehört, lässt sich daraus für die »Lufthansa« ein ganz anderer Markenzweck formulieren, der untrennbar mit der Philosophie der Marke verbunden wäre: »Wir fliegen deutsch.« Klingt komisch, ist aber für Flugreisende in aller Welt ein attraktives Versprechen.

Was würde es wohl bedeuten, wenn eine Bankmarke sich den sogenannten deutschen Tugenden verpflichtete? Erster Kandidat dafür sollte ja wohl die »Deutsche Bank« sein, die jedoch in den letzten Jahren eher durch kriminelle Energie aufgefallen ist als durch besondere Tugendhaftigkeit. Was ist da los? Wie konnte es passieren, dass wir inzwischen nicht nur der Deutschen, sondern eigentlich allen unseren Banken preußische Tugenden wie Aufrichtigkeit, Bescheidenheit, Redlichkeit oder Unbestechlichkeit absprechen? Liegt es nur an der Gier einzelner Manager, die die Marken der Finanzwelt gekapert und deren Philosophie in ihrem Sinne verändert haben? Oder steckt dahinter eine tiefergehende Veränderung im Verständnis des Markenzwecks?

Unsere lieben Banken

Wozu gibt es eigentlich Banken? Was ist der Markenzweck der »Deutschen Bank«, der »Commerzbank« oder auch der »Sparkassen« oder »Volksbanken«? Wir erinnern uns, dass Unternehmen eigentlich schon bei der Gründung ihren Unternehmenszweck angeben müssen, doch der Zweck einer Bank bedarf scheinbar keiner genaueren Erklärung. So heißt es im deutschen Gesetz über das Kreditwesen ganz einfach, »Kreditinstitute sind Unternehmen, die Bankgeschäfte [...] betreiben«, und zur Erklärung listet das Gesetz dann alle möglichen Bankgeschäfte auf. Es ist durchaus aufschlussreich, dass das zentrale Gesetz, das das deutsche Kreditwesen regelt, sich unmittelbar mit dem *Was* beschäftigt, kein Wort zum *Wie* verliert und nicht einmal in der Einleitung ein Wort zum *Warum* verlauten lässt. Dabei ist die gesellschaftliche Bedeutung von Banken eigentlich weder ein Geheimnis noch etwas, wofür man sich schämen müsste. Meine eigene Ausbildung zum Bankkaufmann liegt zwar mehr als zwanzig Jahre zurück und abgeschlossen habe ich sie auch nicht, aber ich glaube mich zu erinnern, dass wir in der Berufsschule fast staatstragend darauf eingeschworen wurden, was für eine wichtige Rolle Banken in unserem Wirtschaftssystem spielen. Zunächst einmal organisieren sie natürlich den Zahlungsverkehr, und diesen Zweck haben sie in Deutschland immer hervorragend erfüllt. Im Gegensatz zu unseren Freunden in den USA müssen wir im 21. Jahrhundert nicht mehr mit Schecks hantieren und können als Verbraucher Lastschriften verwenden, um sicher im Internet einzukaufen. Unsere Banken haben es ermöglicht, dass wir ohne größere Pannen auf eine europäische Währung umsteigen konnten, und irgendwann werden wir auch die neuen europäischen Kontonummern verstehen. Falls wir diese dann überhaupt noch brauchen und nicht längst auf die neuen Bezahlsysteme der Marken »Paypal«, »Venmo«, »Google« oder »Apple« umgestiegen sind. Denn der Zahlungsverkehr allein wird als Markenzweck nicht ausreichen, damit wir den Banken weiterhin die Treue halten.

Der weitaus wichtigere Zweck der Banken besteht ohnehin darin, zwischen den Menschen und Organisationen, die zu viel Geld haben, und denjenigen, die welches brauchen, zu vermitteln. Stark vereinfacht: Die einen wollen investieren oder sparen, die anderen wollen ein Auto oder ein Haus kaufen oder eine neue Fabrik bauen. Und auch wenn zwischen der Herkunft und der Verwendung des Geldes heute ganze Kontinente, Generationen, Börsen, Währungen und undurchschaubar komplexe Finanzprodukte liegen, ist es am Ende doch immer noch der einzige Zweck von Banken, diese beiden Seiten zusammenzubringen. Wir geben Banken nur das Recht, das Geld der Zentralbank unter die Leute zu bringen und daran zu verdienen, weil sie damit eine wichtige Aufgabe erfüllen. Sie sollen den Menschen und der Wirtschaft unseres Landes dienen. Also hätten wir längst hellhörig werden sollen, als immer seltener von Finanz-*dienstleistungen* die Rede war und sich stattdessen der verräterische Begriff der Finanz*industrie* breitmachte. Eine Industrie erzeugt Produkte, und offenbar sahen die Banken ihren Zweck irgendwann darin, Geld zu produzieren, und zwar in erster Linie für sich selbst, egal wie und koste es, was es wolle. Unterschiedliche Banken haben sich dabei unterschiedlich weit vom eigentlichen Zweck entfernt und wir werden noch darauf zurückkommen, ob sich Philosophie und Praxis der Bankenmarken inzwischen zum Besseren verändert haben. Was den Markenzweck angeht, können wir jedoch festhalten, dass eine Bankenmarke, die es nicht als ihren zentralen Zweck ansieht, ihren Kunden und letztendlich uns allen zu dienen, weder unser Geld noch unser Vertrauen verdient.

Digital ist anders

Wenn Daten eine Währung sind, dann vertrauen wir wenigen amerikanischen Unternehmen zurzeit ein Vermögen an. Google, Apple, Amazon und Facebook erfahren, wonach wir suchen, was wir kaufen, lesen und sehen, was uns davon

..

besonders gefällt und mit welchen Freunden wir unsere Vorlieben teilen. Wir liefern diese Informationen bereitwillig ab und kritisieren die Unternehmen gleichzeitig für ihre Philosophie im Umgang damit, genauso wie für ihre Steuervermeidungs-Philosophie oder ihre Einstellung zu unseren Rechten und Gesetzen. Besonders Google hat dabei den Zorn der Deutschen auf sich gezogen. Angst habe man inzwischen vor Google, gestand selbst der Vorstandsvorsitzende von Axel Springer ein und forderte in einem offenen Brief von den Eigentümern der Marke »Google« eine freiwillige Selbstbeschränkung.[25] Doch wie konnte es so weit kommen? Wie kann es eigentlich sein, dass wir als außenstehende Verbraucher oder Unternehmen die Marken von der amerikanischen Westküste so begeistert nutzen und gleichzeitig so vehement kritisieren?

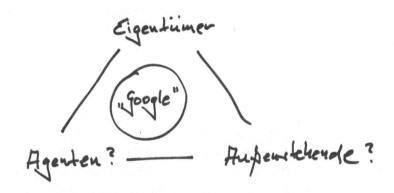

Gemäß unserem Markendreieck sollte unsere Kritik an den Unternehmen doch dazu führen, dass wir uns von den Marken abwenden oder zumindest die Agenten der Marke mit unserer Unzufriedenheit konfrontieren. Doch wer sind eigentlich die Agenten dieser digitalen Weltmächte? Das Internet hat Marken entstehen lassen, mit denen wir uns verbinden und die wir nutzen, ohne es jemals mit einem Menschen zu tun zu haben. Unternehmen und Organisationen optimieren ihre digitalen Inhalte für die Suchmaschine und lieben die effizienten Werbemöglichkeiten, die Google bietet. Als Verbraucher nutzen wir die vielen kostenlosen Angebote der Marken »Google« und »Facebook«, die praktischen Dienste von »AirBnB« oder »Uber« oder das unglaubliche Angebot von »Amazon«, ohne jemals einem Agenten der Marke zu begegnen oder auch nur mit einem zu sprechen. Stattdessen bedienen wir uns selbst, helfen uns selbst und werden selbst zum Agenten der Marke, indem wir ganz nebenbei wertvolle Daten über unser Verhalten und unsere Wünsche produzieren. Mit jedem Klick, jeder Anzeige, jedem Bild, Text oder Video, das wir hochladen, arbeiten wir für die digitalen Marken und werden von Außenstehenden zu unbezahlbaren und unbezahlten Agenten. Und dann fällt es uns schwer, noch einen kritischen Blick auf die Marken zu werfen. Wir sind hin- und hergerissen zwischen unseren Rollen als kritischer Außenstehender und als treuer Agent der Marke.

Auch andere digitale Marken wie »Wikipedia«, »Mozilla« oder »Craigslist« leben davon, dass wir gleichzeitig Produzenten und Nutzer von Inhalten sind. Da die Organisationen hinter diesen Marken jedoch nicht profitorientiert sind, entsteht kein Konflikt zwischen Markenzweck und Unternehmenszweck. Das sieht bei den hochprofitablen Digitalkonzernen natürlich ganz anders aus. Der Markenzweck von »Facebook« wird damit beschrieben, die Menschen der Welt miteinander zu vernetzen. An diesem Markenzweck arbeiten wir als Agenten der Marke, indem wir unser Netzwerk ständig erweitern. Da die Nutzung des Netzwerks kostenlos ist und Unternehmen immer noch zahlende Kunden brauchen, um Geld zu verdienen, dient das Unternehmen jedoch in

Wirklichkeit den Werbetreibenden. Google hat dieses Prinzip perfektioniert: Weil der Unternehmenszweck so profitabel ist, spielt bei der Erfüllung des Markenzwecks Geld keine Rolle, und immer neue Produkte können mit gewaltigem Kapitaleinsatz entwickelt und dann kostenlos angeboten werden. Die Marke »Google« verspricht, »die Informationen der Welt zu organisieren und für alle zu jeder Zeit zugänglich und nutzbar zu machen«[26]. Als Außenstehende haben wir darunter meistens verstanden, dass die Marke verspricht, uns das Wissen der Menschheit zugänglich zu machen, so wie es eine unendlich große Bibliothek tun würde – nur eben viel komfortabler und viel schneller. Dagegen bekennt sich Google tatsächlich ganz explizit dazu, nicht unser Wissen, sondern alle Informationen der Welt – und dazu gehören eben auch die Informationen über jeden einzelnen Menschen – nutzbar machen zu wollen. Die Formulierung mag wohlwollende Außenstehende in die Irre geführt haben, und sollten wir die Philosophie der Marke betrachten, würden wir noch auf einige Ungereimtheiten stoßen. Aber der Unternehmenszweck ist kein Geheimnis: Google sammelt Informationen über alles und jeden und verkauft diese Informationen an den Meistbietenden. Wenn wir damit nicht einverstanden sind, sollten wir damit beginnen, unsere Mitarbeit als Agent der Marke zu kündigen.

Start-ups

Die Digitalisierung und das Internet haben uns nicht nur die ganz großen Marken gebracht, sondern auch eine neue Gründerwelle ausgelöst. Nachdem bereits Ende der 90er-Jahre eine »New Economy« ausgerufen worden war, die sich dann eher als große Blase herausstellte, hat sich inzwischen auch in Deutschland ein Netzwerk von privaten und staatlichen Förderern, Wettbewerben und Risikokapitalgebern entwickelt, das bei der Umsetzung neuer Geschäftsideen helfen kann. Jeder Konzern, der etwas auf sich hält, hat ein eigenes Förderprogramm aufgelegt oder versucht, mit internen Projekten ein wenig Gründergeist ins Haus zu holen. Gut ausgebildete junge Leute zieht es nicht mehr zwangsläufig in die großen Unternehmensberatungen, in die Industrie oder gar in eine Agentur, sondern man »macht jetzt ein Start-up«. Und das ist auch gut so. Jede gute Idee und jede neue Marke, für die sich Menschen mit voller Leidenschaft einsetzen, bringt uns voran, indem sie das Bestehende in Frage stellt und nach besseren Lösungen sucht. Ohne theoretisch groß darüber nachzudenken, verfolgen viele Gründer einen eindeutigen Zweck und eine klare Philosophie, und wenn es ihnen gelingt, auch Außenstehende für diesen Zweck zu begeistern und die ersten Agenten zu finden, ist eine neue Marke geboren. Start-ups existieren also als Marken in den Köpfen ihrer Gründer, Mentoren und Investoren, lange bevor sie zu Unternehmen werden, und jeder Gründer sollte in der Lage sein, den Zweck seiner Marke in einem Satz zu erklären. Der Erfolg oder zumindest das Überleben der neuen Marke hängt dann zum einen davon ab, ob es gelingt, in der Praxis ein funktionierendes Produkt und eine funktionierende Organisation zu entwickeln, und zum anderen davon, ob der Markenzweck für genügend Kunden und Unterstützer relevant ist.

Die neue deutsche Begeisterung für Start-ups hat es aber auch mit sich gebracht, dass häufig der Wunsch, ein Start-up zu gründen, stärker ist als die Idee für einen eindeutigen Markenzweck, eine unverwechselbare Philosophie und eine konsequente Praxis. An deren Stelle ist der Glaube daran getreten, man könne sich durch Ausprobieren und ständiges Nachbessern langsam, aber sicher an einen relevanten Markenzweck herantasten. Das Buch, das diese Herangehensweise auf der ganzen Welt bekannt und populär gemacht hat, trägt auf Deutsch den Titel »*Lean Startup: Schnell, risikolos und erfolgreich Unternehmen gründen*«.[27] Risikolos? Dem kann man eigentlich nur entgegnen: »Wer nichts wagt, der nichts gewinnt«, oder anders ausgedrückt: Wer ein Start-up gründet, ohne vom Zweck der Marke, die er gerade erfunden hat, absolut überzeugt zu sein, dem wird es wohl kaum gelingen, Agenten und Außenstehende für seine Sache zu gewinnen. Start-ups, deren Zweck darin besteht, ein Start-up zu machen, haben keinen Zweck – außer vielleicht den Unternehmenszweck, das Unternehmen möglichst schnell und gewinnbringend zu verkaufen. Das Konzept »*Lean Startup*« mag die Sehnsucht nach einer reproduzierbaren Management-Methode für die Gründung von Unternehmen erfüllen, doch eine effiziente Arbeitsweise schafft noch keine effektive Marke. Peter Thiel, einer der erfolgreichsten Gründer und Investoren des Silicon Valley, fragt in seiner zum Buch gewordenen Vortragsreihe über Start-ups,[28] wie man wohl erwarten könne, dass ein Unternehmen erfolgreich werde, ohne dafür einen konkreten Plan und feste Überzeugungen zu haben? Noch vor einem guten Management brauchen Start-ups eine starke Führung, und die schöpft ihre Kraft aus einem eindeutigen Markenzweck.

Dass dieser Markenzweck nicht unbedingt originell sein muss, beweist seit einiger Zeit das Berliner Unternehmen Rocket Internet und belegt dabei eindrucksvoll meine These, dass es wichtiger ist, gut zu sein, als etwas Besonderes zu sein. Die Gründer von Rocket Internet haben sich noch nie lange mit der Suche nach einem Markenzweck aufgehalten, auf den noch niemand gekommen ist. Als die drei Samwer-Brüder 1999 mit weiteren Partnern »Alando« gründeten, übernahmen sie einfach einen Markenzweck, dessen Kraft sie als Außenstehende der Marke »eBay« in den USA bereits erlebt hatten. Dieses Prinzip hat sich seither bewährt, wurde erneut bei »Zalando« angewendet und schließlich unter der eigenen Marke »Rocket Internet« perfektioniert, deren Markenzweck das Unternehmen selbst mit den Worten »We Build Companies« (zu Deutsch: »Wir stellen Unternehmen her«) auf den Punkt bringt.[29] Und das geht vereinfacht dargestellt so: Rocket Internet beobachtet systematisch Neugründungen in aller Welt und prüft, ob der einer neuen Marke zugrunde liegende Zweck auch für andere Regionen der Welt relevant wäre. Wird ein geeigneter Kandidat entdeckt, wird blitzschnell ein neues Markenzeichen erfunden, eine Organisation aufgebaut, die nötige Software entwickelt und die Marketingmaschine angeworfen. Und fertig ist die neue Marke, die mit dem gleichen Markenzweck wie das Original schlicht und einfach in anderen Regionen der Welt aktiv wird. So entstand nach dem Vorbild von »AirBnB« in kürzester Zeit »Wimdu«, aus »Groupon« wurde »CupoNation«, aus dem amerikanischen »eHarmony« wurde in Deutschland »eDarling«, und diverse Marken widmen sich dem Online-Verkauf von Mode, Möbeln und Accessoires. Man muss diese Arbeitsweise weder kreativ noch sympathisch finden, um anzuerkennen, dass mit »Rocket Internet« eine gelungene Marke entstanden ist, die einen eindeutigen Zweck verfolgt und diesen mit einer extrem handlungsorientierten Philosophie konsequent in die Praxis überträgt. Wie erfolgreich die Marke auf Dauer damit sein wird, können wir in den nächsten Jahren, genauso wie bei der Firma Zalando, an der Börse verfolgen.

Bildungssache

Was verbindet Bill Gates, Steve Jobs und Mark Zuckerberg mit den Gründern von WordPress, Tumblr und Spotify? Sie alle haben ihr Studium abgebrochen und stellen den Wert einer Hochschulausbildung grundsätzlich in Frage. Der bereits erwähnte Peter Thiel hat zwar selbst seinen Abschluss an der Stanford University gemacht, ging aber 2011 sogar so weit, zwanzig jungen Leuten ein Stipendium in Höhe von 100.000 Dollar dafür anzubieten, dass sie ihr Studium ab- oder zumindest unterbrechen. Nun kann man die Situation amerikanischer Studenten, die horrende Kosten zu tragen haben, sicher nicht unmittelbar mit der Situation deutscher Studenten vergleichen, die eher mit dem Zustand unserer Hochschulen zu kämpfen haben. Hier wie dort investieren Studierende jedoch einige Jahre ihres Lebens und dürfen erwarten, dass die akademischen Marken, an die sie sich binden, einen klaren Zweck verfolgen. Doch was wäre wohl der alles verbindende, fächerübergreifende Zweck einer Marke wie der »Universität Hamburg«, der »Universität Heidelberg« oder einer »LMU« in München? Marken, die so vielfältige Aufgaben erfüllen wie unsere großen Universitäten, brauchen zwangsläufig einen sehr allgemein formulierten Markenzweck, und ihre Eigentümer belassen es leider meist bei einer Beschreibung der Praxis (Uni Hamburg: »Der Forschung. Der Lehre. Der Bildung.«) oder einiger Werte (Freie Universität Berlin: »Wahrheit, Gerechtigkeit und Freiheit«). Besser machen es die Eigentümer der Marke »Ludwig-Maximilians-Universität«, die deren Zweck darin sehen, »für die zunehmend komplexer werdenden Zukunftsfragen um Mensch, Gesellschaft, Kultur, Umwelt und Technologie fächerübergreifend problemorientierte Lösungsansätze zu entwickeln«.[30]

Interessanter als die Betrachtung ganzer Hochschulmarken wird es, wenn wir uns fragen, welchem Zweck eigentlich bestimmte Studiengänge dienen. Was ist etwa der Markenzweck einer »Juristischen Fakultät«, eines »Instituts für Englische Philologie« oder etwa eines »Fachbereichs Wirtschaftswissenschaften«? Mit diesen Marken verbinden

Agenten und Außenstehende oft ganz unterschiedliche Zwecke und ich möchte behaupten, dass die mangelnde Klarheit des Zwecks vielerorts dafür verantwortlich ist, dass an unseren Universitäten von allem ein wenig und wenig richtig gut gemacht wird. Zwei Beispiele aus eigener Anschauung: Der Zweck der »Wirtschaftswissenschaften« müsste es dem Namen nach sein, Wirtschaftssysteme mit wissenschaftlichen Methoden zu erforschen und die so gewonnenen Erkenntnisse zu lehren. Ehrlicherweise heißt der beliebteste Studiengang an den meisten deutschen Universitäten aber »Betriebswirtschaftslehre«, was eher auf eine Ausbildung zum Manager als ein wissenschaftliches Interesse hindeutet. Wie kann es da überraschen, wenn die Agenten der Marke (die Professoren) wenig Lust verspüren, sich einem Zweck (Ausbildung) zu widmen, den Außenstehende (Unternehmen und Studenten, die einmal in diesen arbeiten wollen) an die Marke herantragen? Zweites Beispiel: Das Fach »Anglistik« hat im Kern den Zweck der kultur-, literatur- und sprachwissenschaftlichen Forschung und Lehre. Nun würde die überschaubare Zahl an Professuren und Stellen für wissenschaftliche Mitarbeiter nicht erklären, warum sich so viele Außenstehende für ein Studium der Anglistik interessieren. Auch hier finden wir wieder Kandidaten, die von der »Anglistik« eher die Vorbereitung auf einen Beruf erwarten, der in diesem Fall im weitesten Sinne mit Kultur und Sprache zu tun hat. Für die meisten Außenstehenden ergänzt die Marke »Anglistik« allerdings die Marke »Erziehungswissenschaft«, deren Wortlaut auch nicht unbedingt darauf hindeutet, dass es in der Kombination um die Ausbildung zum Lehrer geht. In der Summe sollen die Agenten der Marke »Anglistik« also gleichzeitig Wissenschaftler sein, auf einen Medienberuf vorbereiten und angehende Lehrer ausbilden. Das Ergebnis ist leider oft belanglose Forschung, Perspektivlosigkeit oder

Überforderung. In so einem Fall wäre es an den Eigentümern der Marke, für Klärung zu sorgen und einen Markenzweck zu definieren, an dem sich Agenten und Außenstehende orientieren können. Doch leider ist es in unserem Bildungssystem inzwischen unmöglich geworden, überhaupt einen verantwortlichen Anführer und damit Eigentümer der Marke auszumachen. Zwischen akademischer Selbstverwaltung, föderaler Bildungspolitik samt Sparzwängen und den Anforderungen der Wirtschaft müssen unsere Universitäten versuchen, es allen recht zu machen, und können damit keinem einzigen Markenzweck angemessen gerecht werden.

Nicht viel besser geht es unseren Schulen, die orientierungslos von einer Reform in die nächste gejagt werden. Mit jedem neuen Minister, nach jeder neuen Studie oder als Reaktion auf die letzte Bürgerinitiative wird von Neuem über die richtige Philosophie und die daraus abzuleitende Praxis diskutiert. Dabei können wir noch die nächsten hundert Jahre über Gesamt- und Ganztagsschulen diskutieren und uns erbittert über 12 oder 13 Jahre streiten, solange wir nicht geklärt haben, welchen Zweck unsere Schulen eigentlich heute und in Zukunft erfüllen sollen. Sollen sie in erster Linie Wissen vermitteln, auf Studium und Beruf vorbereiten, die Eltern glücklich machen, oder liegt ihr Zweck nicht doch darin, aus jungen Menschen Persönlichkeiten zu bilden, die sich als Bürger und Menschen zurechtfinden? Erst wenn der Zweck der Marken vom »Kindergarten« bis zum »Abitur« geklärt ist, können wir überhaupt sinnvoll über die angemessene Ausbildung der Lehrenden und die richtigen Lehrpläne diskutieren. Leider müssen wir jedoch befürchten, dass die Bildungspolitik ihrer Verantwortung als Eigentümer dieser Marken nicht gerecht wird und lieber weiter am Kern der Sache vorbeiphilosophiert. Und da wir darauf nicht warten können, können wir nur hoffen, dass sich auch weiterhin an den Schulen selbst, unter den Lehrern und Schulleitern, genug Anführer finden, die ihre Schul-Marke in die Hand nehmen und ihr einen klaren Markenzweck und eine Philosophie verpassen, an der sich Agenten (Lehrer) und Außenstehende (Eltern) orientieren können. Dabei geht es eben nicht um Schulformen, sondern um individuelle Ausprägungen von Marken, die den Möglichkeiten, dem Ort und auch den Rahmenbedingungen der jeweiligen Organisationen entsprechen – Schule also nicht als Selbstzweck, sondern am eigentlichen Zweck orientiert: dem Wohl der Schüler.

Parteipolitik

Wo wir gerade beim Selbstzweck waren: Lassen Sie uns ganz kurz über Politik sprechen. Die Koalition aus CDU, CSU und SPD hat in ihrem Koalitionsvertrag erklärt, man wolle, »dass alle Menschen in Deutschland [...] ein gutes Leben führen können«. Das kommt uns bekannt vor, war es doch in unseren Überlegungen eine Voraussetzung des Glücks. Allerdings ist es auch nicht besonders spezifisch, wenn man bedenkt, dass schon Aristoteles genau dieses gemeinsame Bemühen um das gute Leben als grundsätzlichen Zweck der Polis beschrieben hat. Um diesen Zweck sollte sich also jeder Bürger, jede Partei und jeder Politiker bemühen. Welchen spezifischen Zweck können wir dann aber den Marken zuschreiben, die für unsere politischen Parteien und für einzelne Politiker stehen? Was Marken wie »CDU«, »FDP« oder »Die Grünen« unterscheidet, ist die Vorstellung vom geeigneten Weg zum guten Leben, also von der richtigen Philosophie. Und der Zweck jeder politischen Marke sollte es sein, der eigenen Philosophie zur Durchsetzung in der Praxis des Staates zu verhelfen. Franz Müntefering prägte einst den legendären Satz »Opposition ist Mist« und brachte es damit auf den Punkt: Der Zweck politischer Marken liegt nicht im Betreiben von Politik als Selbstzweck, sondern darin, das eigene Denken in Handeln umzusetzen. Folglich müssen zwei Voraussetzungen gegeben sein, damit eine politische Marke ihren Zweck erfüllen kann: Erstens benötigt sie – wie alle anderen Marken auch – eine handlungsorientierte Philosophie, und zweitens müssen ihre Agenten in der Praxis auch der Philosophie entsprechend handeln.

Keine Angst, ich habe nicht vor, an dieser Stelle in die Niederungen der Parteipolitik hinabzusteigen oder einzelne politische Marken besonders zu kritisieren oder zu loben. Wirft man jedoch einen neutralen Blick in die Parteiprogramme, so ist man überrascht von der Klarheit des Denkens. Das Grundsatzprogramm der »CDU«, das *Hamburger Programm* der »SPD«, die *Karlsruher Freiheitsthesen* der »FDP« oder das Programm der Partei »Die Linke« lassen formal wenig zu wünschen übrig. Alle Marken präsentieren in einer einfach verständlichen Sprache eine handlungsorientierte Philosophie, wie sie vielen Unternehmen gut zu Gesicht stehen würde. Woran liegt es dann aber, dass wir als Außenstehende immer mehr den Eindruck haben, die Politik drehe sich um selbst und unsere Politiker sorgten sich mehr um Personen und Posten als um ihren eigentlichen Zweck? Offenbar gelingt es den Eigentümern und Agenten der politischen Marken nicht mehr, die eigene Philosophie in eine entsprechende Praxis zu übertragen. Denken und Handeln passen nicht zusammen. Und wenn das Handeln der Agenten einer Marke dauerhaft von der erklärten Philosophie der Marke und der angekündigten Praxis (Wahlversprechen) abweicht, dann verlieren wir als Außenstehende (Wähler) irgendwann das Vertrauen und wenden uns ab. Davon konnte zuletzt insbesondere die Marke »FDP« ein Lied singen, aber eigentlich sind all unsere politischen Marken von diesem Vertrauensverlust betroffen, den wir in der Summe als Politikverdrossenheit erleben. Als Außenstehende, die wir grundsätzlich am Funktionieren unseres politischen Systems interessiert sein müssen, können wir den politischen Marken den größten Dienst erweisen, indem wir ihre Agenten immer wieder an die Philosophie ihrer Marke erinnern. Wir können ihnen deutlich machen, dass wir uns in erster Linie dafür und damit für die Sache selbst und nur ganz am Rande für sie als Personen, ihr Verhältnis zu anderen politischen Persönlichkeiten, ihre Taktik oder die Vorgänge in ihren Organisationen interessieren. Am besten, wenn auch indirekt, können wir das erreichen, indem wir den Medien, die uns das politische Geschehen vermitteln, mit unserer Aufmerksamkeit, unserem Geldbeutel und unserer Kritik ebenfalls deutlich machen, was uns an der Politik interessiert und was nicht.

Alles Medium

Der Markenzweck publizistischer Marken war lange Zeit eng an die politische Berichterstattung geknüpft und Marken wie »Bild«, »Spiegel« oder »taz« ließen sich sogar einem politischen Lager zuordnen. Doch egal aus welchem Winkel die Agenten dieser Marken die Welt auch betrachteten, immer sahen sie sich in erster Linie als Journalisten, die sich über alle Marken und Medientypen hinweg durch eine gemeinsame Philosophie des guten Journalismus verbunden fühlten. In der Summe dienten alle Marken als vierte Gewalt, indem sie informierten, kontrollierten und die Bürger des Landes zur politischen Willensbildung anregten und befähigten. Dieser Markenzweck entsprach auch dem Unternehmenszweck und daraus folgte eine Philosophie, die wirtschaftliche Interessen immer in den Dienst des publizistischen Zwecks stellte. Es galt mindestens so viel am Kiosk zu erlösen, von Abonnenten oder Gebührenzahlern

zu erheben oder durch Werbung (die in der Form von Klein-
anzeigen, Stellen- oder Todesanzeigen ohnehin eher infor-
mativen Charakter hatte) einzunehmen, dass der eigentliche
Markenzweck erfüllt werden konnte. Meine nostalgische
Beschreibung dieser guten alten Medienwelt ist natürlich
stark idealisiert. Zum einen hat es schon immer Medienmarken gegeben, die ganz anderen Zwecken und Inhalten dienten – von den schönen Künsten über Pornografie bis zur
schlichten Unterhaltung. Und zum anderen gab es auch
schon immer Marken, bei denen sich hinter dem journalistischen Markenzweck ein viel profanerer Unternehmenszweck verbarg. Dennoch lässt sich wohl behaupten, dass die
Eigentümer und Agenten unserer Medienmarken seit dem
Aufkommen des privaten Fernsehens und Rundfunks, und
insbesondere seit das Internet die medialen und wirtschaftlichen Rahmenbedingungen grundlegend verändert hat, um
Orientierung ringen und sich ihres Markenzwecks nicht
mehr sicher sind.

Inzwischen sind zwar fast 20 Jahre vergangen, seit die ersten Tageszeitungen das Web als zusätzlichen Kanal für sich
erschlossen haben, doch die Eigentümer vieler Medienmarken haben immer noch keine konsequente Entscheidung
darüber getroffen, ob nun ihre Marke an ein bestimmtes
Medium gebunden ist oder medienübergreifend agieren
will. Ist das Drucken eines Buches, eines Magazins oder
einer Zeitung auf Papier nur eine der Zeit geschuldete Form
gewesen oder ist der Zweck der Marke unmittelbar an die
Form gebunden? Die Eigentümer der Marke »Gelbe Seiten«
haben darauf mit einer eingängigen Formel geantwortet:
»Als Buch, im Web, als App.« Der Markenzweck hat sich von
dem Medium, mit dem es für Generationen untrennbar verbunden schien, emanzipiert. Den Erfindern jüngerer Medienmarken wie beispielsweise »Monocle« oder »der Freitag«

hat sich die Frage schon gar nicht mehr gestellt und so konnten sie ganz selbstverständlich ein neues Magazin beziehungsweise eine neue Wochenzeitung auf den Markt bringen – in diesen Fällen dient das Medium dem Zweck, bestimmt ihn aber nicht.

Bei der Hamburger Spiegel Gruppe, die mit ihrer Marke »Spiegel Online« eigentlich zu den Gewinnern der Digitalisierung gehören könnte, spaltet der Streit um den richtigen Markenzweck seit vielen Jahren die Redaktionen und belastet aufgrund der besonderen Besitzverhältnisse die Handlungsfähigkeit der Führung. Geschäftsführung und Chefredaktion haben dabei längst einen ganz klaren Markenzweck entwickelt: »Nicht ›Online first‹, nicht ›Print first‹, sondern ›Journalismus first‹ muss für den SPIEGEL gelten.«[31] Und auch wenn das publizistische Profil der Marken »Spiegel«, »Spiegel Online« und »Spiegel TV« sich durchaus ein wenig unterscheiden mag, kann doch niemand ernsthaft daran zweifeln, dass der Journalismus der Kern und Zweck der Marke »SPIEGEL« ist und nicht die Produktion eines gedruckten Magazins. Am Denken liegt es also nicht, und doch bleibt das Handeln, das aus diesem Denken konsequenterweise folgen würde, umstritten. Die gleichen Mitarbeiter, die über eine Beteiligungsgesellschaft Eigentümer der Marke sind und für eine Integration der Organisation im Sinne des Markenzwecks stimmen müssten, würden damit auf althergebrachte Privilegien verzichten – ein allzu menschlicher Interessenkonflikt, den nur eine Führung lösen kann, der es gelingt, alle Agenten der Marke hinter einem Markenzweck zu versammeln, dessen verbindende Kraft größer ist als die alltäglichen Differenzen.

Die Eigentümer der Marke »Verlagsgruppe Handelsblatt« beschreiben deren Markenzweck mit beeindruckender

Klarheit: »Wir sind keine Tochterfirma der Holzindustrie, sondern eine Gemeinschaft zur Verbreitung des wirtschaftlichen Sachverstands.«[32] Respekt, ein besser formulierter Markenzweck ist mir bisher im deutschsprachigen Raum noch nicht untergekommen. Die publizistische Marke »Handelsblatt« bekennt sich zu einem fundierten und unabhängigen Qualitätsjournalismus und begegnet uns souverän in verschiedenen Formen von der gedruckten Zeitung bis zur morgendlichen E-Mail des Herausgebers. Bei so viel Klarheit verzeihen wir der Führung der Verlagsgruppe sogar die Erfindung der albernen Marke »Kaufhaus der Weltwirtschaft«, auf die wir unerklärlicherweise stoßen, wenn wir versuchen, ein Produkt der Marken »Handelsblatt« oder »Wirtschaftswoche« zu kaufen. Insgesamt ist es der Führung der beiden Medienunternehmen der Familie von Holtzbrinck, die auch Eigentümer der Marken »Zeit« und »Tagesspiegel« sind, besser als anderen gelungen, ihren Marken einen eindeutigen publizistischen Zweck und eine entsprechende Philosophie zu geben und sie damit fit für die Zukunft zu machen.

Einen journalistischen Markenzweck nimmt auch die Führung des Hauses »Axel Springer« für ihre Marke in Anspruch. Auf die selbst gestellte Frage, wer man sei und was man wolle, antwortet man gleich an erster Stelle vehement mit: »Wir sind und bleiben ein Verlag, also ein Haus des Journalismus.«[33] Dass man das Wort »Verlag« bereits 2003 aus dem Namen des Konzerns gestrichen hat, mag sich ja noch mit der zunehmenden Internationalisierung erklären lassen. Doch wie soll man es verstehen, dass ein Verlag sich systematisch von publizistischen Marken trennt und dabei noch nicht einmal vor dem »Hamburger Abendblatt«, der Marke, mit der die Unternehmensgeschichte einst ihren Anfang nahm, Halt macht? Gleichzeitig investiert Springer massiv in das Digitalgeschäft mit Marken wie »Immonet«, »Motortalk«, »Stepstone« oder »Runtastic« und übernimmt die Online-Marketer Zanox und kaufDa. Nach einer Pilgerreise der Unternehmensführung ins Silicon Valley beteiligt man sich schließlich an der Risikokapitalfirma Project A Ventures und gründet in Berlin »Axel Springer Plug and Play« zur Unterstützung von Start-ups. Der Begriff *Verlag* mag ja noch dehnbar sein, aber der Journalismus ist bei Axel Springer inzwischen auch quantitativ deutlich auf dem Rückzug. Der Unternehmenszweck lässt sich heute eher damit beschreiben, dass die Axel Springer SE beliebige digitale Inhalte produziert, verkauft und vermarktet. Der Markenzweck »Journalismus« wird gepflegt und hochgehalten, um den gesellschaftlichen und politischen Einfluss zu sichern, der untrennbar mit der (bröckelnden) publizistischen Reichweite verbunden ist. Wenn Axel Springer sich also mit Google anlegt und um die Unterstützung der Politik wirbt, dann denkt man längst wie ein konkurrierender Technologiekonzern, kann aber noch das Schild eines schützenswerten Verlages vor sich hertragen. Nicht das Unternehmen dient dem Markenzweck, sondern der behauptete Markenzweck dient dem Unternehmenszweck.

Zum guten Schluss noch eine kurze Anmerkung zum Zweck unserer öffentlich-rechtlichen Medien, also in erster Linie der Marken »ARD«, »ZDF« sowie der Landesrundfunkanstalten wie »NDR« oder »WDR«. Diese Marken und die Organisationen, denen wir sie verdanken, sind zu einer Zeit entstanden, als die Grenzen zwischen Radio und Fernsehen (Rundfunk) einerseits und dem Geschäft der Verlage (Presse) andererseits noch klar zu ziehen waren. Davon kann natürlich heute keine Rede mehr sein, seit das Internet es möglich macht, audiovisuelle Medien, Texte und Informationen auf völlig neue Art und Weise zu empfangen und miteinander zu verbinden. Der Programmauftrag, also der Markenzweck unserer öffentlich-rechtlichen Medienmarken, besteht darin, gleichermaßen unabhängig für Bildung, Information und Unterhaltung zu sorgen. In Zukunft wird sich immer stärker die Frage stellen, wie dieser Markenzweck noch erfüllt werden kann, solange den Marken vom Gesetzgeber – unter dem Druck der privaten Wettbewerber – die Beschränkung auf althergebrachte Formen auferlegt wird. Junge Nutzer, die in ihrem Leben noch nie einen Fernseher besessen haben und schon gar kein Radio hören, verstehen kaum noch, wofür sie Gebühren bezahlen sollen. Sie schätzen durchaus die Marken einzelner Programminhalte, die sie als Stream oder Podcast abrufen, doch der Zweck der Marke »ARD« oder einzelner Fernsehsender erschließt sich ihnen kaum noch. Und wozu es eine eigenständige Organisation gibt, deren Marke sich darüber definiert, dass sie eben das »Zweite Deutsche Fernsehen« ist, wird man ihnen im Geschichtsunterricht erklären müssen.

Werte und Normen

Während nur die wenigsten Organisationen regelmäßig ihren Markenzweck, also ihr *Warum*, hinterfragen, gehört die Beschäftigung mit dem *Wie* inzwischen zum guten Ton. Jedes größere Unternehmen, das etwas auf sich hält, präsentiert seinen Mitarbeitern inzwischen ein Unternehmensleitbild und veröffentlicht dieses im Jahresbericht und auf der Website. Neben gewohnten Begriffen wie *Mission* oder *Vision* gehört es heutzutage dazu, über *Werte* zu sprechen oder sich zu seiner *Verantwortung* zu bekennen. Wenn ein solcher Trend entsteht, entwickelt sich in kürzester Zeit ein gewisser Kanon. Die Agenten der einen Marke schreiben von der anderen Marke ab und die Begriffe und Formulierungen werden austauschbar. Zu den populärsten Begriffen, die man vom Mittelständler bis zum Weltkonzern auf den

Websites unzähliger Unternehmen findet, gehören »Partnerschaft«, »Respekt«, »Vertrauen« (zum Beispiel bei Apple oder Porsche[34]), »Unternehmergeist«, »Kreativität« (zum Beispiel bei Bertelsmann[35]), »Integrität« (zum Beispiel bei Axel Springer[36]) und »Kundenorientierung« (zum Beispiel bei der Commerzbank[37]). Was sollen wir davon halten? Was sagt es über die Philosophie einer Marke aus, wenn sie sich zu Begriffen, die eigentlich nur die Grundlagen des menschlichen Miteinanders und die Grundvoraussetzung für jegliches Unternehmertum sind, explizit bekennen muss? Was sagt es über Banken oder Versicherungen aus, wenn sie ganze Werbekampagnen darauf aufbauen, dass sie ihren Kunden zuhören und versuchen, deren tatsächliche Bedürfnisse zu erfüllen? Die Defizite, die es erforderlich machen, das eigentlich Selbstverständliche zum Besonderen zu erklären, müssen gewaltig sein. Und je intensiver und lauter eine Organisation sich mit derartigen Werten beschäftigt, desto hellhöriger sollten wir werden. Die Marke »Karstadt« liefert ein besonders verdächtiges Beispiel, wenn sie behauptet, jeder Karstadt-Mitarbeiter lebe die folgenden »Werte« jeden Tag: Service, Leidenschaft, Glaubwürdigkeit, Führung und Nachhaltigkeit.[38] Dabei heißt es dann zum Thema »Führung«: »Wir setzen hohe Standards in der Führung unserer Mitarbeiter. Wir erreichen Marktführerschaft bei Produkten und Marketing.« Wie diese gelebte Führung in der Praxis aussieht, können wir seit einigen Jahren in der Presse verfolgen.

Der Ein-Wort-Wert der letzten Jahre schlechthin ist aber sicher »Nachhaltigkeit«. Daran wäre ja eigentlich auch gar nichts auszusetzen, wenn die Praxis der meisten Unternehmen nicht so meilenweit von einem nachhaltigen Wirtschaften entfernt wäre. Im engeren Sinne bedeutet der Begriff *Nachhaltigkeit*, der bekanntlich aus der Forstwirtschaft kommt, dass nur so viele natürliche Ressourcen verbraucht werden dürfen, wie im gleichen Zeitraum wieder auf natürliche Weise nachwachsen können. Eine Organisation, die sich diesem Verständnis von Nachhaltigkeit verschreiben wollte, dürfte also beispielsweise überhaupt keine fossilen Brennstoffe verwenden, sondern müsste ihren Energiebedarf vollständig aus regenerativen Energien decken. Etwas abgemildert dürfen wir von einer Marke, die sich auf Nachhaltigkeit beruft, immer noch erwarten, dass ihre Agenten alles tun, um den Ressourcenverbrauch auf das absolut Nötigste zu reduzieren und insbesondere keine Produkte zu verkaufen, die von vornherein so konzipiert sind, dass ihre Lebensdauer begrenzt ist und sie nach kürzester Zeit auf dem Müll landen. Wie kann sich also eine Kaufhausmarke wie »Karstadt« auf Nachhaltigkeit berufen, obwohl das ganze Geschäftsmodell des Unternehmens darauf beruht, dass die Kunden immer mehr kaufen? Wie kann eine Marke wie »H&M« sich auf Nachhaltigkeit berufen,[39] obwohl das ganze Marketing des Unternehmens darauf ausgerichtet ist, dass immer mehr Kleidung immer kürzer getragen und immer schneller aussortiert wird? Mode und Nachhaltigkeit sind zwei Konzepte, die logisch schlicht nicht miteinander vereinbar sind.

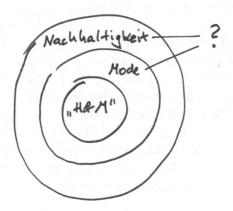

Die Marke »IKEA« behauptet gar, sie habe sich seit vielen Jahren »auf ein sparsames Haushalten mit Ressourcen konzentriert«.[40] Das ist dasselbe »IKEA«, das die Idee überhaupt erst in Umlauf gebracht hat, dass Möbel ein Mode- und Wegwerfartikel sein können. Wenn die meisten Unternehmen also heute von »Nachhaltigkeit« sprechen, dann meinen sie damit in aller Regel lediglich, dass sie in ihrer Praxis etwas mehr als früher darauf achten, sparsam mit Ressourcen umzugehen. So etwas spart ja auch Geld. Eine Veränderung des Geschäftsmodells oder gar ein Verzicht auf Wachstum folgt daraus jedoch auf keinen Fall. Für die amerikanische Marke »Patagonia« ist dieser Verzicht hingegen die einzig logische Konsequenz eines Bekenntnisses zur Nachhaltigkeit. Die Anführer der Marke fassten ihre Philosophie schon 2004 in dem Satz »Don't buy this shirt unless you need it«[41] (Deutsch: »Kaufe dieses Hemd nur, wenn du es brauchst«) zusammen und schalteten 2011 am umsatzstärksten Einkaufstag des Jahres eine Anzeige, die ebenfalls zum Konsumverzicht aufforderte. Man könnte diese Art der Kommunikation ausschließlich für geschicktes Marketing halten, würde die Marke ihre Philosophie der Nachhaltigkeit und des Umweltschutzes nicht seit vielen Jahren immer wieder in der Praxis unter Beweis stellen. Hier folgt auf das Denken tatsächlich konsequentes Handeln.

Was denken sich aber die Marken »E.ON«, »RWE« und »Vattenfall«, die sich ebenfalls lautstark auf das Prinzip der Nachhaltigkeit berufen? »Nachhaltigkeit ist der Kern unseres Geschäftsmodells«,[42] behauptet beispielsweise RWE und erklärt dann auch gleich, warum: »Um langfristig erfolgreich zu sein, benötigen wir die Akzeptanz der Gesellschaft.« Um diese Akzeptanz werben die Energiekonzerne dann mit teuren Kampagnen, während sie gleichzeitig auf Schadensersatz wegen des Atomausstiegs klagen. Eine Veränderung des Handelns folgt im Falle dieser Marken keineswegs aus einer veränderten Philosophie, sondern nur daraus, dass die bisherige Praxis von der Gesellschaft nicht länger akzeptiert wird. Die einzige Nachhaltigkeit, für die man sich aus eigenem Antrieb interessiert, ist die Nachhaltigkeit des eigenen Erfolgs, womit der Begriff dann endgültig jeglicher Bedeutung beraubt wäre. Wie wir sehen, sind Werte dann nicht mehr als Worte, die man dehnen und interpretieren kann und zu denen man sich öffentlich bekennen kann, ohne dass daraus überhaupt eine Veränderung im Handeln folgen müsste. Doch nur darauf kommt es am Ende an: Ist die Philosophie der Marke so formuliert, dass sich daraus ableiten lässt, wie der einzelne Agent der Marke entscheiden oder handeln soll? Handeln die Agenten der Marke der Philosophie entsprechend? Und tragen die Agenten der Marke Verantwortung für ihr Handeln und werden dafür im Zweifel auch zur Verantwortung gezogen?

Gesetze

Der Mindestanspruch an unser Handeln als Agenten einer Marke sollte sein, dass wir uns an Recht und Gesetz halten. Dazu gehören inzwischen, neben den Gesetzen des Staates, auch weitere verbindliche Regeln, denen sich ganze Branchen oder einzelne Unternehmen mehr oder weniger freiwillig unterworfen haben. Insbesondere in der Finanzwirtschaft wurden im Zuge der Krise die Spielregeln für den Umgang mit unser aller Geld noch einmal drastisch verschärft. In anderen Branchen steht eher der Kampf gegen Korruption und Wirtschaftsspionage im Mittelpunkt. Der Handlungsbedarf war offenbar groß und hat dazu geführt, dass heute die meisten größeren Unternehmen Abteilungen unterhalten, die sich mit der sogenannten *Compliance* befassen. Der Begriff besagt eigentlich nicht mehr, als dass man sich an die Spielregeln hält, doch was eigentlich selbstverständlich sein sollte, bedarf heutzutage offenbar einer ausführlichen Erklärung. Die *Verhaltensrichtlinie* der *Commerzbank AG*[43] oder der *Verhaltenskodex* von Deutsche Post DHL[44] sind beispielsweise ganz hervorragende Dokumente, in denen den Mitarbeitern ganz konkret und handlungsorientiert aufgezeigt wird, was von ihnen erwartet wird und anhand welcher Fragen sie ihr Handeln und ihre Entscheidungen überprüfen können. Doch gerade weil derartige Dokumente so professionell und ausführlich daherkommen, bleibt man mit dem unguten Gefühl zurück, dass sie vielleicht eher zur Beruhigung Außenstehender verfasst wurden als als Instrument zur Führung der Agenten der Marke.

Dabei ist es in Wirklichkeit unbedingt eine Frage der Führung, ob die Mitarbeiter eines Unternehmens, einer Abteilung oder auch nur eines kleinen Teams sich an die Spielregeln halten. Jeder Eigentümer einer Marke »Abteilung A« oder »Team B« muss den Agenten seiner Marke immer wieder klarmachen und vorleben, dass es zur Philosophie seiner Marke gehört, sich an Recht und Gesetz zu halten. Dazu wird er in der Regel nicht viele Worte machen müssen und braucht auch keine geschliffenen Dokumente, die erfahrungsgemäß ja ohnehin eher in der Schublade verschwinden. Ein einfaches »Wer Scheiße baut, fliegt raus« dürfte genügen. Viel wichtiger als die Worte des Anführers ist ohnehin die etablierte Praxis seiner Marke, die immer wieder geübt und korrigiert werden muss. Sie erinnern sich: Der Charakter der Agenten einer Marke kann nur über die Praxis geformt oder verändert werden. Doch was, wenn die Führung versagt und zulässt oder fördert, dass ganze Unternehmen oder zumindest Unternehmensbereiche systematisch gegen Gesetze verstoßen und gegen die Interessen der eigenen Kunden handeln? Dann wird aus einer Frage der

Führung eine Aufgabe für das Management, denn jetzt geht es darum, unmittelbaren Schaden vom Unternehmen abzuwenden. Und dabei sind es immer wieder die Banken, gegen die Milliardenstrafen wegen Geldwäsche, der Missachtung von Sanktionen oder der Manipulation von Zinsen und Devisenkursen verhängt werden. Hinzu kommen horrende Kosten, die dadurch entstehen, dass Prozesse etabliert werden müssen, die es den eigenen Mitarbeitern praktisch unmöglich machen, gegen Gesetze und immer strenger werdende Auflagen zu verstoßen. Die Ausmaße, die der dafür erforderliche Kontrollapparat inzwischen einnimmt, sind kaum zu fassen. So beschäftigen sich im Sommer 2014 bei der größten Bank Europas, der britischen HSBC, 24.300 Menschen – jeder zehnte Mitarbeiter – mit Risiken und *Compliance*.[45] Damit zahlen die Banken jetzt den Preis dafür, dass ihre Anführer es über Jahrzehnte versäumt haben, für ihre Marken eine Philosophie zu etablieren, zu deren Tugenden die Achtung und die Beachtung geltenden Rechts und der Respekt vor den Interessen der eigenen Kunden gehört hätten.

Tugenden

Die staatlichen und die internen Gesetze einer Marke bezeichnen eine klare Grenze, und wer diese Grenze überschreitet, kann kein Agent der Marke mehr sein. Innerhalb der Grenzen geht es im Alltag aber normalerweise eher darum, wer ein besonders guter Agent der Marke ist. Die Anführer einer Organisation wollen schließlich wissen, wen sie belohnen oder bestrafen, befördern oder gegebenenfalls entlassen sollen. Um hier einen fairen und objektiven Maßstab zu etablieren, sollten die Eigentümer jeder Marke in der Philosophie festlegen, welche Tugenden die Marke auf den verschiedenen Handlungsfeldern ausmachen sollen. Erst damit geschieht der entscheidende Schritt von der Formulierung von Werten, zu denen man sich ohne größere Konsequenzen bekennen kann, zu einer handlungsorientierten praktischen Philosophie der Marke. Werte sind theoretische Zuschreibungen an eine Marke, Tugenden betreffen das tatsächliche Handeln ihrer Agenten. Und schließlich geht es bei unserer Arbeit im Unternehmen, dem Verein oder für die gute Sache nicht darum, woran wir glauben, sondern darum, wie wir handeln und ob wir gut im Sinne der Sache, also im Sinne unserer Marke, handeln. Lassen Sie uns also die Markenwerte vergessen und dafür die Markentugenden entdecken.

Dabei lassen sich drei verschiedene Arten von Tugenden unterscheiden. Am einfachsten zu fassen sind Sekundärtugenden wie Pünktlichkeit, Ordnungsliebe, Fleiß, Sparsamkeit oder Zuverlässigkeit. Es ist wohl kaum eine Marke vorstellbar, deren Eigentümer von den Agenten der Marke nicht erwarten würden, diesen Tugenden entsprechend zu handeln. Der Vorteil dieser Tugenden ist, dass sie kaum einer Interpretation bedürfen und für jedermann klar verständlich sind. Und obwohl es sich nur um funktionelle Tugenden handelt – eine Handlung, die ihnen entspricht, ist damit noch lange keine gute Handlung – kann es nicht schaden, wenn die Anführer einer Organisation sie regelmäßig in Erinnerung rufen. Mit den moralischen Tugenden wird es schon schwieriger. Bei Tugenden wie Hilfsbereitschaft, Tapferkeit, Gerechtigkeit oder Unbestechlichkeit besteht die Gefahr, dass sie als Werte missverstanden werden und es nur darauf ankommt, ihnen im Allgemeinen zuzustimmen. Umso wichtiger ist es, dass Anführer einer Organisation die gewünschten Tugenden zum einen vorleben und zum anderen vermitteln, indem sie sie nicht als abstrakte Begriffe verwenden, sondern in konkrete Handlungsanweisungen übersetzen. Was bedeutet es, gerecht zu sein? Vielleicht so

..

etwas Selbstverständliches wie: »Frauen und Männer, die die gleiche Leistung erbringen, bekommen bei uns auch das gleiche Gehalt.« Was bedeutet es, tapfer zu sein? Möglicherweise: »Wenn wir einen Fehler gemacht haben, stehen wir dazu.« Oder: »Wenn wir anderer Meinung sind, sprechen wir dies offen aus.« Genauso wie die Gesetzestreue sollte weder die Geltung der funktionalen noch der moralischen Tugenden zur Debatte stehen, und ein Unternehmen, das sich zu diesen öffentlich bekennt, macht sich eher verdächtig. Je nach Ausgangssituation und Erfahrungshorizont seiner Mitarbeiter kann es für den Anführer einer Organisation durchaus hilfreich sein, die Geltung der Tugenden kommunikativ zu etablieren und seine Mitarbeiter darauf zu verpflichten. Mit der reinen Kommunikation endet die Verantwortung der Führung jedoch noch lange nicht. Da nicht das Denken, sondern die Praxis den Charakter formt, ist die Führung dafür verantwortlich, eine Praxis zu etablieren, die den Tugenden gerecht wird.

Mit der dritten Art von Tugenden betreten wir das Gebiet, auf dem wir als Eigentümer einer Marke eine wirklich eigenständige Philosophie entwickeln können. Auch dabei geht es natürlich um das Handeln, also um die Praxis der Marke. Allerdings geht es jetzt nicht mehr um Gesetze oder Moral, sondern um freie Entscheidungen, die Eigentümer einer Marke aus rein unternehmerischer oder weltanschaulicher Überzeugung treffen. Zu den Tugenden in diesem Sinne kann es zum Beispiel gehören, immer nach den umweltfreundlichsten Materialien zu suchen (»Patagonia«), kein Unternehmen zu finanzieren, das von Tierversuchen profitiert (»GLS-Bank«[46]) oder auch nur jeden neuen Mitarbeiter gut einzuarbeiten (»Kaufland«[47]). Markentugenden können so groß oder klein und so unterschiedlich ausfallen wie die Marken, für die sie gelten sollen. Und auch wenn man immer dazu neigt, bei Tugenden an besonders begrüßenswerte Grundsätze zu denken, möchte ich noch einmal betonen, dass es bei den Markentugenden eben nicht um Moral oder ein gutes Gefühl geht. Die Eigentümer einer Marke können auch entscheiden, dass es für ihre Marke darauf ankommt, mit vollem Einsatz nach dem günstigsten Zulieferer zu suchen, sich ohne Ansehen des Unternehmens für das profitabelste Investment zu entscheiden oder neue Mitarbeiter bewusst ins kalte Wasser springen zu lassen. Zu entscheiden, welche Tugenden Teil der Philosophie einer Marke werden sollen, bleibt im gesetzlichen Rahmen ganz allein den Eigentümern der Marke vorbehalten. Sie bestimmen, ob es für eine Marke als gutes Handeln gilt, in der Praxis so oder so zu handeln und damit die gewünschten Tugenden an den Tag zu legen – entweder indem sie aktiv eine Philosophie entwickeln oder indem sie passiv eine Praxis entstehen lassen, in der sich bestimmte Tugenden etablieren. Wer sich als Anführer einer Organisation nicht bewusst mit der Philosophie auseinandersetzt, die er als Eigentümer seiner Marke etablieren möchte, der nimmt in Kauf, dass die Agenten seiner Marke entweder einfach so weitermachen, wie sie es gewohnt sind, oder sich ihre eigenen Tugenden zurechtlegen. Er verzichtet auf die Deutungshoheit über die Marke und damit letztendlich auf seinen Führungsanspruch – aus der Führungsverantwortung sollten wir ihn dennoch nicht entlassen.

Verantwortlichkeit

Das Bekenntnis zur eigenen *Corporate Social Responsibility* (auf Deutsch: Soziale Verantwortung des Unternehmens) gehört inzwischen zum Standardrepertoire der Unternehmenskommunikation. Als Reaktion auf die wachsende gesellschaftliche Kritik an einer ausschließlich profitorientierten Unternehmensführung bemühen sich viele Unternehmen mit allerlei Aktivitäten, ihr soziales Verantwortungsbewusstsein unter Beweis zu stellen. Marken wie »Bertelsmann«, »Otto« oder »RWE« bekennen sich in ihren Selbstdarstellungen zu ihrer »gesellschaftlichen Verantwortung«. Die Marke »Vattenfall« erklärt, sie sei »Teil der Gesellschaft, aber auch ihr Partner«[48] (und verklagt gleichzeitig die Bundesrepublik vor einem internationalen Schiedsgericht). Für »Apple« bedeutet Verantwortung vor allem die Verantwortung der Zulieferer,[49] nicht etwa der eigenen Designer oder Manager. Die »Allianz« engagiert sich für Kinder, Kultur und die Umwelt.[50] Bei »Axel Springer« fühlt man sich für das transatlantische Bündnis verantwortlich.[51] Und die »Commerzbank« übernimmt Verantwortung, indem sie sich für besseres Palmöl einsetzt.[52] Je weiter sich das Objekt der Verantwortung vom eigentlichen Betätigungsfeld der Organisation entfernt, desto stärker drängt sich der Verdacht auf, dass es sich eher um Ablenkungsmanöver als um echtes Verantwortungsbewusstsein handelt. Wir sollten uns davon nicht in die Irre führen lassen. Weder sollten die Eigentümer von Marken Verantwortung für Handlungsfelder übernehmen, die gar nicht dem Markenzweck ihrer Marke dienen (dafür gibt es genug andere Marken und Organisationen) noch können sie ihre Handlungen auf dem einen Handlungsfeld durch gutes Denken oder Handeln auf einem ganz anderen Handlungsfeld kompensieren. Die »Verantwortung« ist ein Wert, dem sich leicht zustimmen lässt, als Tugend verstanden gehört das Prinzip der »Verantwortlichkeit« entweder zur Philosophie einer Marke oder eben nicht. Und wenn es dazugehören soll, dann gilt es für alle Handlungen der Agenten einer Marke.

Verantwortung zu übernehmen fällt uns allen leicht, wenn wir etwas geleistet haben, und deutlich schwerer, wenn wir

Mist gebaut haben. Im Unternehmen möchten wir lieber gelobt als getadelt, lieber befördert als degradiert werden, und unsere Vorstände freuen sich über ihren Bonus, während wir selten von der Anwendung eines Malus hören. Doch während es für die meisten Agenten einer Marke, die irgendwo im Unternehmen ihrer Arbeit nachgehen, ganz selbstverständlich ist, dass sie für ihre Fehler kritisiert und für ihre Handlungen verantwortlich gemacht werden, hat sich unter den sogenannten »Führungskräften« eine seltsame Kultur breitgemacht, die eben nicht von Verantwortlichkeit zeugt. Allzu häufig reklamieren die Anführer einer Organisation zwar Erfolge für sich und nehmen die daran geknüpften persönlichen Belohnungen – das Geld, die Beförderung, den Ruhm und die Ehre – gern entgegen. Im Gegensatz dazu werden für die Misserfolge und die schlechten Handlungen ganz andere Faktoren wie die Konjunktur, der harte Wettbewerb oder sogar die eigenen Mitarbeiter verantwortlich gemacht. Handlungen waren auf einmal »alternativlos« oder werden im Nachhinein »schonungslos« aufgeklärt. Der gleiche Vorstand, der eben noch einen gewaltigen Bonus erhalten hat, bestreitet jede Verantwortung für die kriminellen Machenschaften »Einzelner« in seinem Unternehmen. Und selbst der Vorstand, der nach wenigen Monaten entlassen wird, bekommt zum Abschied noch einen »goldenen Handschlag«. Verantwortlichkeit beginnt bei den kleinen Entscheidungen, die Agenten jeder Marke in der Praxis zu treffen haben, und endet bei der Verantwortung, die die Anführer einer Organisation als Eigentümer der Marke übernehmen: Entweder gehört Verantwortlichkeit zur Philosophie einer Marke oder eben nicht. Und wie bei allen anderen Tugenden auch gehört es zu den wichtigsten Aufgaben der Führung, diese nicht nur zu vermitteln, sondern auch vorzuleben.

..

Führung ist Erziehung

Was ist eigentlich Führung? Oder um den Begriffen, die ich zu etablieren versucht habe, treu zu bleiben: Was ist eigentlich der Zweck von Führung? Die größte Organisation, die ich bisher geführt habe, hatte 110 Mitarbeiter, und ich habe keine Kinder. Trotzdem bin ich immer wieder darüber gestolpert, dass Führung, so wie ich sie verstehe, sehr viel mit Erziehung gemeinsam hat. Und damit meine ich nicht nur, dass zu beiden Themen unendlich viele Fachbücher, Ratgeber und Experten auf dem Markt sind oder dass an Erziehung wie an Führung selbst die gebildetsten und intelligentesten Menschen scheitern können. Mir geht es eher darum, dass die Anführer einer Organisation, genauso wie Eltern, Erzieher oder Lehrer, versuchen, die Menschen, für die sie Verantwortung übernommen haben, zu einem bestimmten Verhalten zu bewegen. So wie Eltern versuchen, ihren Kindern die Tugenden zu vermitteln, die ihnen am Herzen liegen, versuchen die Eigentümer einer Marke, ihren Agenten die Tugenden der Marke zu vermitteln. Unser aller Verständnis von guter Erziehung scheint mir dabei eine Entwicklung durchlaufen zu haben, die sich auch in der Praxis der Führung beobachten lässt. Stark verallgemeinert und vereinfacht: Auf eine autoritäre Phase folgte eine Phase des hilflosen Managements (in der wir uns noch befinden) und wir wünschen uns für die Zukunft wieder Eltern und Anführer, die uns Orientierung bieten und uns als Vorbilder dienen.

Was auf der einen Seite eine autoritäre Erziehung war, bezeichnete man auf der anderen Seite als transaktionale Führung. Beides basierte auf einem sachlichen Verhältnis, das auf Zielen, Leistung, Kontrolle und Belohnung oder Bestrafung beruht. Weder dem Schüler noch dem Mitarbeiter stand es zu, die Autorität oder die Mittel der Führung in

Frage zu stellen. So ein System kann man heute nicht mehr ernsthaft verteidigen, man muss aber zumindest festhalten, dass es für große Klarheit gesorgt hat und dass es gut geeignet war, um ganz bestimmte Tugenden hervorzubringen. Die antiautoritäre Erziehung oder Führung verzichtet fast völlig auf Ziele, Leistung und Kontrolle und setzt auf die Eigenverantwortung und das Lernen oder Arbeiten im Team. So erleben wir Eltern, die den Alltag ihrer Kinder virtuos managen (vor allem als Assistenten und Fahrer), und Lehrer, die ihren Stoff perfekt beherrschen, ohne klaren Maßstab des Handelns aber kaum noch in der Lage sind, Konflikte zu lösen oder Tugenden zu vermitteln – genauso wie wir in den Unternehmen perfekt ausgebildete Manager erleben, die nicht in der Lage sind, ihren Mitarbeitern zu vermitteln, was richtig oder falsch ist oder welchem Zweck das Ganze eigentlich dient. Wo die Führung alter Schule daran scheiterte, dass den Geführten jegliche Mitverantwortung und jegliches Mitspracherecht verweigert wurde, scheitern Erziehung und Führung heutzutage eher daran, dass die Anführer überhaupt keine Verantwortung für irgendwelche Grundsätze oder Überzeugungen mehr übernehmen.

Also zurück zur alten Schule? Sicher nicht. Und besser auch gar nicht hin zu einer Führung nach bestimmten Modellen, die Führung letztendlich immer zu einer Management-Technik zu machen versuchen. Wir sprechen hier schließlich von Menschen, die sich individuell mit ihrer Führungsverantwortung auseinandersetzen sollen. Aber wenn wir schon immer vom lebenslangen Lernen reden, dann sollten wir doch akzeptieren, dass es dabei nicht nur darum gehen kann, sein Wissen aufzufrischen (das gute Denken), sondern auch darum, sein Handeln immer wieder zu überprüfen und zu verbessern. Gute Führung erreicht das in Zukunft nicht durch Forderungen oder Zielvereinbarungen, sondern indem sie den ganzen Menschen anspricht und ihm das *Warum* jeder Handlung und die damit verbundene Philosophie, also das *Wie*, vermittelt, während sie das *Was* im Wesentlichen den Geführten überlässt. Und so stelle ich mir als Unbeteiligter eigentlich auch Erziehung vor: freie Entfaltung innerhalb eines klar gesteckten Rahmens aus verbindlichen Regeln und erwünschten Tugenden. Allerdings gehört es unbedingt zur Aufgabe der Führung, die Geführten bei der Entwicklung einer Praxis im Sinne der Philosophie zu unterstützen. Zum einen natürlich als erfahrener Ratgeber, durch regelmäßige Rückmeldungen und als Sparringspartner, manchmal aber auch durch das Setzen von Regeln, die die Geführten nicht immer unmittelbar schätzen müssen, die ihnen aber helfen können, ganz menschliche Schwächen zu überwinden. Der amerikanische Autor Clay Shirky, einer der renommiertesten Forscher und Publizisten zu allen Fragen der Digitalisierung und der sozialen Medien, liefert dafür ein wunderbares Beispiel: Nachdem er es, als überzeugter Verfechter der digitalen Vernetzung, immer seinen Studenten überlassen hat, ob sie in seinen Vorlesungen einen Laptop verwenden, verbietet er neuerdings konsequent die Verwendung jeglicher elektronischer Geräte. Er erklärt seinen Studenten diese Entscheidung damit, dass es inzwischen gesicherte wissenschaftliche Erkenntnisse darüber gebe, dass der Lernerfolg massiv unter der digitalen Ablenkung leide. Und zwar nicht nur der Lernerfolg der Verwender der Geräte, sondern auch die Aufnahmefähigkeit ihrer Nachbarn: »Bildschirme stören wie Passivrauchen.«[53] Über den Zweck (Lernen) und die Philosophie (Aufmerksamkeit) besteht hier kein Zweifel. Doch die Studenten schaffen es (wie die Raucher) oft nicht aus eigener Kraft, die Praxis zu entwickeln, die sie selbst für richtig halten. In so einem Fall darf und sollte die Führung dann auch den Mut haben, direkt in die Praxis einzugreifen. So wie Eltern und Erzieher Kinder vor unwiderstehlichen Süßigkeiten oder TV-Sendungen beschützen, sollten sich auch die Anführer unserer Organisationen wieder trauen, den Erwachsenen, die sie führen, bei der Entwicklung einer guten Praxis zu helfen, indem sie schädliche Einflüsse oder Verhaltensweisen unterbinden. Das hat nichts mit Bevormundung oder Zensur zu tun, sondern ist geradezu ein Kennzeichen guter und konsequenter Führung – immer vorausgesetzt, der Zweck und die Philosophie der Marke, die allen Beteiligten zur Orientierung dient, wurden angemessen vermittelt.

Leitbilder und Markenmodelle

Wofür steht unsere Marke? Was ist ihr Zweck? Darüber sollte kein Agent einer Marke überhaupt nachdenken müssen. Der Markenzweck und die wichtigsten Grundsätze der Philosophie der Marke sollten fest in dem Teil des Gehirns verankert sein, der, gemäß der Erklärung von Daniel Kahnemann,[54] für das »Schnelle Denken« zuständig ist. Mit anderen Worten: Wenn man den Agenten Ihrer Marke morgens um vier aus dem Schlaf reißt, sollte er die Frage nach dem Markenzweck wie aus der Pistole geschossen beantworten können – ohne nachzudenken, ohne zu zögern, einfach aus einem tief verankerten Verständnis heraus. Nur wenn dies der Fall ist, können wir hoffen, dass der Agent seine Entscheidungen und Handlungen ganz automatisch am Markenzweck und der Philosophie ausrichtet. Besonders wenn es eng wird, wenn wir unter Druck stehen oder unsicher sind, verlassen wir uns auf unsere Instinkte, Gefühle und Gewohnheiten. Für Argumente oder gründlicheres Nachdenken ist schlicht keine Zeit, wenn es darum geht, jetzt sofort eine Entscheidung zu treffen oder zu handeln. Und obwohl es durchaus sinnvoll ist, Zweck, Philosophie und

Praxis der Marke in irgendeiner Form festzuhalten und zum Nachlesen zur Verfügung zu stellen, sollte der Kern der Marke doch in Fleisch und Blut übergehen. Schließlich können wir, wenn uns ein Kunde, Geschäftspartner oder sonstiger Außenstehender mit einer Frage oder einem Problem konfrontiert, schlecht darauf verweisen, dass wir erst einmal die Philosophie unserer Marke nachlesen müssen, bevor wir eine Antwort geben oder eine Entscheidung treffen können. Es genügt eben nicht, dass der kleine Kreis der Eigentümer einer Marke sich über die Philosophie einig ist, sondern diese muss auch noch so gut vermittelt werden, dass wirklich jeder Agent der Marke sie ganz automatisch in die Praxis übertragen kann. Damit diese tiefe Verankerung gelingen kann, muss die Vermittlung zum einen klar und verständlich sein und zum anderen regelmäßig wiederholt werden. In der Realität gelingt es leider den wenigsten Organisationen, den Zweck und die Philosophie ihrer Marke im Schnellen Denken ihrer Mitarbeiter zu verankern. Das mag häufig daran liegen, dass die Anführer selbst gar nicht in der Lage wären, den Kern der Marke auf den Punkt zu bringen. Die üblichen Leitbilder mit ihren »Werten« und »Visionen« helfen dabei kaum weiter, mit etwas Glück findet sich zumindest noch eine verständlich formulierte »Mission«, die zumindest den Markenzweck einigermaßen zutreffend beschreibt.

Doch selbst wenn wir annehmen, dass die Voraussetzungen stimmen, hapert es allzu oft an der Vermittlung. Wir haben bereits über die Abstraktheit und Interpretationsfähigkeit von »Werten« gesprochen. Ähnlich abstrakt und dazu leider meistens auch noch unnötig kompliziert kommen die üblichen Markenmodelle daher. Sie beschreiben in der Regel nicht, was die Agenten der Marke *tun* sollen, sondern geben vor, wie die Marke *sein* soll. Der Marke werden in verschiedenen Dimensionen (zum Beispiel »Markennutzen«, »Tonalität« oder in bestem Marketing-Deutsch »Reason-to-believe«) gewisse Attribute zugeschrieben. Welche Dimensionen berücksichtigt werden, hängt dabei stark davon ab, in welchem Bereich der Organisation das Modell entwickelt wurde. Wenn es aus dem Marketing kommt, beschreibt es möglicherweise die Zielgruppe einer Produktmarke, wenn es aus der Kommunikation kommt, eher den Aufhänger einer zu erzählenden Geschichte, und wenn es aus dem Design kommt, eher die Elemente des visuellen Erscheinungsbildes. Diese Modelle werden also von bestimmten Agenten der Marke zur Orientierung für ihr eigenes Handeln und das Handeln anderer von ihnen beauftragter Agenten (Agenturen, Designer) entwickelt. Und da diese Agenten nicht als Eigentümer für die Marke verantwortlich sind, sondern in der Regel für den Auftritt der Marke und die Kommunikation gegenüber Außenstehenden, geht es eben nicht darum, was die Agenten der Marke tatsächlich *tun*, und noch nicht einmal darum, wie die Marke tatsächlich *ist*, sondern in Wirklichkeit nur darum, wie die Marke *scheinen* oder *wirken* soll, zum Beispiel »innovativ«, »jung«, »dynamisch« oder »traditionell«, »vertraut«, »familiär«. In der Folge entwickeln die zuständigen Abteilungen dann – mit Hilfe ihrer Berater und heutzutage häufig unter Berufung auf die neuesten Erkenntnisse der Hirnforschung – Kommunikationsmittel und Produkte, die den gewünschten Schein erzeugen. Sie versuchen also, bei Außenstehenden ein Bild der Marke hervorzurufen, das mit dem tatsächlichen Handeln der Agenten der Marke nur sehr wenig zu tun hat. Nun sind heute auch die Außenstehenden einer Marke nicht mehr leicht zu täuschen, doch die Ersten, denen die Diskrepanz zwischen Schein und Sein normalerweise auffällt, sind die Mitarbeiter der Organisation, für die die Marke stehen soll. Ein derartiges, nicht authentisches

Bild der Marke ist daher für die Führung vollkommen unbrauchbar. Dass es überhaupt existiert, ist eigentlich sogar schädlich, lässt sich aber noch verkraften, solange seine Existenz als Mittel der werblichen Kommunikation eingeordnet und erklärt wird. Tun die Anführer einer Organisation jedoch so, als würde das nach außen vermittelte Bild der Realität entsprechen, so verlieren sie ganz schnell jegliche Glaubwürdigkeit. Ihre einzige Chance und ihre Verantwortung ist es, ihren Mitarbeitern ein glaubwürdiges und verständliches Bild der Marke zu vermitteln, an dem diese sich orientieren und das sie als Maßstab ihres Handelns verinnerlichen können. Und dazu brauchen sie keine abstrakten, komplizierten Modelle, sondern klare Worte und gute Geschichten.

Sprache und Geschichten

Am Anfang war das Wort. Nicht *ein* Wort, also ein abstrakter Begriff, sondern *das Wort* in seiner Gesamtheit, also die Sprache. Sie ist es, die uns Menschen zu ganz besonderen Tieren macht, und mit ihrer Hilfe erzählen wir uns selbst und anderen die Geschichten, aus denen wir zusammensetzen, wer wir sind, woher wir kommen und wo wir hinwollen. Ganz egal ob wir nur uns selbst, ein paar Freunde, unsere Kinder oder eine riesige Organisation, für die wir verantwortlich sind, von einem bestimmten Handeln überzeugen wollen, jegliche Form der Vermittlung oder Erziehung braucht überzeugende Geschichten. Kindern lesen wir Märchen vor und erzählen Gute-Nacht-Geschichten, um ihnen grundlegende menschliche Tugenden – »die Moral von der Geschicht'« – nahezubringen. Genauso erzählen erfolgreiche Anführer Geschichten über Marken oder das Handeln von Agenten der Marken, um die Tugenden einer Marke zu vermitteln. Im Gegensatz zu einem abstrakten Modell setzt eine gut erzählte Geschichte keine Vorkenntnisse voraus und spricht nicht nur den Verstand an. Geschichten können bewegen und begeistern, sie können um Verständnis werben, verurteilen oder verbinden. Geschichten haben Helden (Gründer, Erfinder, einfache Service-Mitarbeiter), die zu Vorbildern werden können. Geschichten begründen oder folgen Mythen und Legenden (von der Garage, in der alles begann) und geben unserem alltäglichen Handeln einen größeren Zweck (den Markenzweck). Vor allem haben Geschichten aber eine Handlung. Wenn wir die Philosophie unserer Marke also in der Form von Geschichten vermitteln, wird daraus ganz von selbst eine handlungsorientierte Philosophie.

Erlauben Sie mir bitte eine überspitzte Gegenüberstellung: Unternehmer A beglückt seine Mitarbeiter zum Jahresauftakt im großen Konferenzraum mit einer blitzsauberen PowerPoint-Präsentation. Folie für Folie informiert er über »unsere Werte«, »unsere Erfolge«, »unsere Ziele«, »unsere Strategie 2020« und »unsere Verantwortung«. Zu jedem Punkt gibt es drei Unterpunkte, und zum guten Schluss überreicht der Chef unter dem Tagesordnungspunkt »Sonstiges« noch den Preis für den »Mitarbeiter des Jahres«. Natürlich ist das überzeichnet, aber immer noch näher an der Realität in den meisten deutschen Organisationen als der Auftritt seines Konkurrenten. Unternehmer B hat seine Mitarbeiter zu sich nach Hause eingeladen, und sobald alle einen Platz gefunden und ein Bier in der Hand haben, ergreift er das Wort: »Ich habe euch heute hierher eingeladen, weil unsere Marke hier zur Welt gekommen ist. An diesem Tisch habe ich damals C und D von meiner Idee erzählt, und die beiden waren mutig und verrückt genug, sich mit mir auf den Weg zu machen. Wir waren von Anfang an davon überzeugt, dass unsere Marke das Leben vieler Menschen ein wenig besser machen könnte, und zum Glück hat uns damals niemand gesagt, wie viel Arbeit es werden würde, unsere Gedanken in die Tat umzusetzen. Aber es hat sich gelohnt. Heute hat unsere Marke viele treue Fans und unser Unternehmen wächst und gedeiht. Das verdanken wir euch allen, und es macht uns jeden Tag große Freude, ins Büro zu kommen und zu sehen, mit welcher Hingabe ihr euch der Sache unserer Marke widmet. Jeder leistet seinen Beitrag dazu, dass wir uns ständig verbessern und uns dabei treu bleiben (er nennt Beispiele aus der Praxis). In den nächsten Jahren haben wir noch viel mit euch vor und wir werden uns alle anstrengen müssen, aber heute wollen wir feiern. Auf euch und darauf, dass wir diesen Abend nie vergessen.« Manager präsentieren Begriffe, Daten, Fakten und Ziele. Anführer erzählen und erzeugen Geschichten und werden mit Leidenschaft und Loyalität belohnt.

Dabei geht es nicht nur darum, die ganz große Geschichte der Marke oder des Markenzwecks zu erzählen. Am Ende setzt sich eine Marke aus den vielen kleinen Geschichten zusammen, die die Philosophie und Praxis der Marke illustrieren und vermitteln. Auch wenn die Praxis nicht der Philosophie entspricht, die sich die Eigentümer der Marke vorstellen, werden darüber Geschichten erzählt. Im Zweifel verbreitet der »Flurfunk« Geschichten über das Handeln einzelner Agenten der Marke, die das Bild der Marke nachhaltig prägen oder verändern können. Deshalb ist es so wichtig, dass die Anführer einer Organisation die Deutungshoheit über die Geschichten behalten, die in der Organisation kursieren. Und das gelingt nicht durch die Präsentation oder Richtigstellung von Fakten, sondern nur dadurch, dass die Anführer rechtzeitig eine ehrliche und für ihre Mitarbeiter relevante Geschichte erzählen, die Geschehnisse innerhalb und außerhalb der Organisation einordnet. Angenommen ein wichtiger Mitarbeiter wurde entlassen oder hat gekündigt, ein Kunde wurde verloren, die Presse hat etwas über die Firma geschrieben oder das ganze Unternehmen steckt in wirtschaftlichen Schwierigkeiten. Jetzt wird in der ganzen Organisation darüber geredet und jeder erzählt die Geschichte so, wie er sie gehört und verstanden hat. Es entstehen Gerüchte, Ängste und Vorurteile. Gute Anführer kommen dem zuvor, indem sie ihre Version der Geschichte erzählen und ihren Mitarbeitern damit Orientierung geben. Als Eigentümer der Marke nutzen sie jede Gelegenheit, um immer und immer wieder daran zu erinnern, welchem Zweck die Marke dient und welche Philosophie sie verfolgt.

Die Kraft der Wiederholung

Kommen Sie sich manchmal vor wie eine gesprungene Schallplatte, weil Sie immer wieder die gleichen Geschichten über Ihre Marke erzählen? Können Sie die eigenen Geschichten über die Heldentaten der Agenten Ihrer Marke schon nicht mehr hören? Gut, dann erzählen Sie sie gleich noch einmal. Philosophie und Praxis einer Marke lassen sich nämlich nicht dadurch etablieren, dass wir sie auf einer einmaligen Veranstaltung erklären (wobei eine gründliche Einweisung neuer Mitarbeiter sicherlich eine gute Idee ist) oder einmal im Jahr ein Personalgespräch führen. Gute Anführer lassen keine Gelegenheit aus, um ihre Mitstreiter daran zu erinnern, wofür die Marke da ist und welche Tugenden für sie gelten sollen. Sie tun dies zum einen, indem sie die alltägliche Praxis beobachten und korrigierend und erklärend eingreifen, wenn das Handeln nicht mehr dem Denken der Marke entspricht – wohlgemerkt, nicht wenn sie persönlich anders gehandelt hätten, sondern nur wenn die Marke ein anderes Handeln erfordert. Zum anderen schaffen gute Anführer regelmäßig Gelegenheiten, um alle Agenten der Marke wieder auf die Philosophie der Marke einzuschwören. Dies können wöchentliche Vollversammlungen (wie in der Agenturwelt üblich), regelmäßige Auszeiten außerhalb der Räumlichkeiten der Organisation, Initiationsrituale oder formlose Abendveranstaltungen sein. Wichtiger als die Form ist, dass die Gemeinschaft derer, die für eine Marke handeln, immer wieder zusammenkommt, um sich ihres Zwecks und ihrer Tugenden zu versichern.

Auch hier gibt es viele Parallelen zur Erziehung – ein gemeinsames Abendessen in der Familie oder Schulfeste und Abschlussfeiern. Die stärksten Rituale zum Einschwören einer Gemeinschaft auf bestimmte Tugenden finden wir jedoch in den Kirchen. Alain de Botton wirbt in seinem Buch *Religion für Atheisten*[55] dafür, dass wir auch als Nicht-Gläubige eine Menge von den Weltreligionen lernen können. Ihm geht es dabei weniger um den Inhalt als um die Art und Weise, wie Religionsgemeinschaften Praktiken und Rituale nutzen, um die Philosophie ihrer Glaubensmarke immer wieder in Erinnerung zu rufen. Es beginnt schon damit, dass der Vermittlung der Markenphilosophie ein besonders prächtiger und Ehrfurcht gebietender Ort gewidmet ist. Architektur, Beleuchtung und Musik stimmen die Gemeinschaft ein und der immer gleiche Ablauf eines Gottesdienstes gibt Sicherheit und schafft Vertrautheit. Die Predigt nutzt bekannte Geschichten, um eine Verbindung zwischen den Tugenden der Marke und dem Alltag der Gemeindemitglieder herzustellen. Sogar wer vom Weg der Tugend abgekommen ist, kann sich über Beichten oder Gebete wieder mit der Marke versöhnen. Alles ist darauf ausgerichtet, Orientierung zu stiften und die Zusammengehörigkeit der Gemeinschaft zu beschwören. Nun sind die Organisationen, in denen wir arbeiten, oder die Marken, für die wir uns engagieren, keine Religionen und ich halte auch nichts davon, sie als Ersatzreligionen zu betrachten. Anführer einer Organisation können sich dennoch einiges von den Kirchen abschauen: Räume, Rituale und starke Geschichten formen starke Gemeinschaften.

Werbung in eigener Sache
Nicht jedem von uns ist es in die Wiege gelegt, sich vor eine Gruppe von Menschen zu stellen und eine überzeugende Geschichte zu erzählen. Sich deswegen aber an PowerPoint-Folien festzuhalten ist auch keine Lösung. Ausgestattet mit genügend Grafiken, Spiegelstrichen und Text, mögen wir uns vielleicht sicherer fühlen und wir können rationale Argumente effizient übermitteln, es wird uns jedoch kaum gelingen, unsere Zuhörer zu begeistern. Leider erleben wir heute, dass Präsentationen schon im Studium zum Standard erhoben werden und sogar in den Schulen Referate und Vorträge ersetzen. Dabei wird es auch für die Anführer von morgen wichtig bleiben, dass sie in der Lage sind, ihre Zuhörer in freier Rede von einem Standpunkt zu überzeugen oder für eine Sache zu begeistern. In der Welt der Startups gehört dazu die Fähigkeit, seine Geschäftsidee in einem sogenannten »Elevator Pitch« (auf Deutsch: »Fahrstuhl-Vorschlag«) zu vermitteln – also den Zweck und die Philosophie einer Marke in wenigen Sätzen auf den Punkt zu bringen. Und das sollte eigentlich jeder Eigentümer einer Marke jederzeit können, ganz egal ob er einen Investor sucht oder einem Praktikanten erklärt, worauf es ihm mit seiner Marke ankommt.

Manager werden schon im Studium darauf getrimmt, rational zu argumentieren und ihre Argumentation mit Fakten und Zahlen zu untermauern. Sie haben später auch kein Problem damit, Unternehmensberater ins Haus zu holen, die ihnen helfen, die nötigen Daten zusammenzutragen und eine stichhaltige Präsentation zu erstellen. Als Anführrer versuchen dieselben Frauen und Männer dann häufig, die von ihnen Geführten ebenso rational zu überzeugen, und würden im Leben nicht auf die Idee kommen, sich Berater für die interne Kommunikation ins Haus zu holen. Dabei beschäftigen viele größere Organisationen bereits Fachleute, die sich bestens auf das Erzählen von Geschichten verstehen. Doch leider wird die Arbeit von Werbeagenturen, PR-Leuten und anderen kreativen Partnern meist auf die Wirkung der Marke auf Außenstehende reduziert: Werbung soll verkaufen, PR für gute Presse sorgen oder eine Messe soll ein Fachpublikum informieren. Dabei kann eine gute Kampagne, die wirklich von den Eigentümern der Marke gesteuert wird und den Zweck und die Philosophie der Marke authentisch vermittelt, auch nach innen wirken. Wenn etwa die Marke »Hornbach« ihren Markenzweck immer wieder in TV-Spots inszenieren lässt, über die man im ganzen Land spricht, dann können sich auch die Agenten der Marke, in der Verwaltung und in den Baumärkten vor Ort, daran orientieren. Die Werbeagentur[56] übernimmt hier die Aufgabe, einen scheinbar rationalen Markenzweck in kraftvolle Geschichten zu übersetzen, die Außenstehende und Agenten der Marke gleichermaßen berühren und begeistern. Werbung leistet hier einen direkten Beitrag zur Führung, auf den Organisationen verzichten, die sich bei der externen Kommunikation auf die Bekanntmachung von Produkten und Angeboten beschränken. Und sogar eine Werbekampagne, die vielleicht noch nicht die Realität, aber zumindest den Anspruch einer Marke authentisch vermittelt, kann ein effektives Mittel der Führung sein. Einmal angenommen, den Eigentümern der Marke »Commerzbank« ist es wirklich ernst mit der Besinnung auf den ursprünglichen Markenzweck und der Etablierung einer veränderten Praxis. Dann kann eine TV-Kampagne dafür sorgen, dass Zehntausende Mitarbeiter mit ihren Kollegen und Kunden ins Gespräch kommen und sich mit der neuen Philosophie auseinandersetzen. »So denken unsere Anführer?« »So sollen wir handeln?« Für die Anführer von Organisationen dieser Größenordnung ist der Weg über das Fernsehen möglicherweise der effektivste und sogar effizienteste Weg, um alle ihre Mitarbeiter zu erreichen. Für kleine und mittelständische Unternehmen genügt vielleicht auch eine ganzseitige Anzeige in der Regionalzeitung – der Effekt ist der gleiche und sollte nicht unterschätzt werden, wenn das Werbebudget wieder einmal gekürzt oder auf »Performance« getrimmt wird.

Indirekte Führung

Führung ist eine Angelegenheit zwischen Menschen. Sie wirkt direkt, wenn ein Mensch anderen Menschen seine Entscheidungen und sein Handeln erklären und persönlich vermitteln kann. Doch je größer oder älter eine Organisation wird, desto stärker werden die Agenten einer Marke von Entscheidungen beeinflusst, die, aus ihrer Sicht anonym und irgendwann in der Vergangenheit, »die Chefs«, »der Vorstand« oder »die Firma« getroffen haben. Dem einzelnen Mitarbeiter begegnet diese indirekte Führung in der Form von Strukturen, Dienstanweisungen, Prozessen, Budgets und allen möglichen Standards, die sich über die Jahre in der Praxis der Organisation verfestigt haben. Dabei entsteht manchmal sogar der fälschliche Eindruck, Entscheidungen seien von gar keinem Menschen getroffen worden, sondern die Dinge seien eben, wie sie sind – als könne man die Prozesse, Strukturen und Ziele, nach denen ein Wirtschaftsunternehmen organisiert ist, gar nicht verändern, sondern diese unterlägen einer Art Naturgesetz. Das ist gefährlicher Unsinn, und wir sollten uns immer wieder vor Augen halten, dass noch der größte Konzern sich aus vielen einzelnen Menschen zusammensetzt, die durch ihre Entscheidungen und ihr Handeln entweder den Status quo erhalten oder sich für eine Verbesserung einsetzen können. Dass der Wille dazu grundsätzlich auch vorhanden ist, erkennen wir an den endlosen Reformen und Umstrukturierungen, denen die meisten Organisationen regelmäßig unterworfen sind. Dabei stellt sich allerdings meistens die Frage, ob der Veränderungswunsch eher persönlichen Interessen Einzelner geschuldet ist oder tatsächlich darauf ausgerichtet ist, der Sache selbst, also dem Markenzweck, besser zu dienen.

»Indirekte Führung« klingt so – indirekt. Doch in den meisten Organisationen dürfte der Einfluss, den die indirekte Führung auf das Handeln des Einzelnen hat, weit größer sein als der Einfluss der direkten Führung durch den unmittelbaren Vorgesetzten. Ein Team- oder Abteilungsleiter kann erzählen, was er will, solange die Rahmenbedingungen auch seiner Arbeit außerhalb seines Einflussbereiches gesetzt werden. Damit ist er keinesfalls aus der Verantwortung entlassen, aber innerhalb einer hierarchischen Organisation kann er selbst als Eigentümer seiner eigenen Marke (»Abteilung XY«) nicht auf allen Handlungsfeldern die Philosophie bestimmen. Von Gehaltsklassen über Budgets bis zur IT-Richtlinie hat er als Agent einer übergeordneten Marke deren Philosophie durchzusetzen, ob es ihm gefällt oder nicht. So weit, so unausweichlich, denn damit größere Organisationen überhaupt funktionieren können, muss es eine gewisse Stringenz in der Führung geben und es kann nicht jede Abteilung machen, was sie will. Der wichtigste Maßstab sollte dabei aber bleiben, ob am Ende alle Entscheidungen, Maßnahmen und Strukturen auf den gleichen Markenzweck und die gleiche übergeordnete Philosophie ausgerichtet sind. Wo dies nicht der Fall ist, wirken Kräfte auf die Organisation, die es den Agenten der Marke fast unmöglich machen, gut zu handeln und mit ihrer Arbeit glücklich zu werden.

Normative Kräfte

Faktisch können wir als Agenten einer Marke kurzfristig immer nur in dem Rahmen handeln, der uns durch unsere Vorgesetzten in der Organisation gegeben ist. Langfristig können wir versuchen, Einfluss zu nehmen und für eine Veränderung der Rahmenbedingungen zu kämpfen, doch jetzt, in diesem Moment, in dem es eine Entscheidung zu treffen gilt, müssen wir mit dem arbeiten, was wir haben. Außerdem ist uns gar nicht immer bewusst oder unangenehm, dass die Rahmenbedingungen nicht dem Markenzweck dienen, weil sie vielleicht unseren ganz persönlichen Zwecken umso besser dienen. So oder so entsteht ein Konflikt zwischen den Erfordernissen der Marke und den Kräften, die in der Organisation wirken.

Marke   vs.   Organisation
Markenzweck   Unternehmenszweck
Philosophie   Anreize / Strukturen
Praxis   Budgets / Prozesse

Innerhalb jeder Organisation gibt es auf jeder Ebene einen kulturellen und wirtschaftlichen Ermessensspielraum und es liegt in der Verantwortung jedes Agenten einer Marke, diesen voll im Sinne des Markenzwecks und im Geiste der Philosophie der Marke auszuschöpfen. Doch es gibt auch grundlegende Faktoren, die die Arbeit in der Organisation in eine bestimmte Richtung lenken, auf die der einzelne Agent der Marke keinen Einfluss hat. Er kann sich diesen Faktoren nur fügen oder er muss seinen Abschied nehmen.

Strategie

Das Wort *Strategie* wird derartig inflationär verwendet, dass ich kurz erklären muss, dass es mir an dieser Stelle tatsächlich um die von der Führung eines Unternehmens verabschiedeten Pläne zur Erfüllung des Unternehmenszwecks und zur Erreichung selbst gesteckter Ziele geht. In diesem Sinne verstanden kann die Strategie der Führung einer Organisation eigentlich nicht in Konflikt mit dem Zweck ihrer Marke geraten. Selbst eine absolut grundlegend veränderte Strategie würde schlicht einen veränderten Markenzweck nach sich ziehen – es sei denn, die neue Strategie wäre gar nicht mit den Eigentümern der Marke (zum Beispiel dem Aufsichtsrat) abgestimmt gewesen, was dann allerdings einen ernsten Konflikt hervorrufen sollte.

Viel häufiger kommt es hingegen vor, dass die Strategie des Unternehmens der erklärten Philosophie einer Marke auf verschiedenen Handlungsfeldern widerspricht. Typisch ist dafür, dass Unternehmen auf schnelles Wachstum setzen, obwohl die Qualität der Produkte und des Service ein wesentlicher Teil der Markenphilosophie sein sollen. Eine schnelle Expansion kann auch der Grund dafür sein, dass eine konservative Finanzphilosophie über den Haufen geworfen wird und die Marke auf einmal ungewohnte Risiken eingeht. Alle möglichen strategischen Entscheidungen, bis zur Auslagerung oder dem Verkauf ganzer Geschäftsfelder, können erhebliche Konsequenzen hinsichtlich der Philosophie zum Umgang der Marke mit ihren Agenten (insbesondere den Mitarbeitern der Organisation) haben. Eine Preissenkungsstrategie dürfte eine Veränderung der Philosophie im Umgang mit Zulieferern oder im Hinblick auf die Umweltverträglichkeit der verwendeten Materialien haben, genauso wie eine Globalisierungsstrategie Auswirkungen auf das Verhältnis der Marke zu ihrer Herkunft und ihrem Standort hätte.

Jede strategische Entscheidung der Anführer einer Organisation hat Konsequenzen für die Marke und erfordert, dass die Philosophie der Marke überprüft, gegebenenfalls angepasst und den Agenten der Marke wieder neu vermittelt wird. Geschieht dies nicht, werden die Männer und Frauen, die für die Organisation arbeiten und der Marke gerecht werden wollen, zwischen den neuen strategischen Anforderungen und den alten Grundsätzen der Markenphilosophie aufgerieben: Sie sollen immer mehr und immer schneller, aber in gleichbleibender Qualität liefern, sie sollen mehr Geld flüssig machen, aber seriös wirtschaften, oder sie müssen gar mit Entlassung rechnen, sollen sich aber loyal verhalten. Die Philosophie der Marke hat den Anschluss an die faktische Realität des Unternehmens verloren. Natürlich gehört es zu den zentralen Führungsaufgaben, die Strategie einer Organisation bei Bedarf zu verändern. Damit der Strategiewechsel erfolgreich sein kann, sollten die Anführer der Organisation jedoch auch ihrer Verantwortung als Eigentümer der Marke gerecht werden und darauf achten, dass Organisation und Marke im Gleichklang bleiben.

..

Die wichtigsten strategischen Entscheidungen, die die Anführer einer Organisation zu treffen haben, betreffen deren Produkte oder Leistungen. Für Außenstehende wird das Produkt immer das konkreteste und wichtigste Indiz dafür sein, wofür die Marke – jenseits aller kommunikativen Behauptungen – wirklich steht. Also sollte jedes physische Produkt oder jede im Namen der Marke erbrachte Dienstleistung auch dem Markenzweck dienen und der Philosophie der Marke gerecht werden. Doch was eigentlich selbstverständlich sein sollte, entspricht längst nicht immer der Praxis in den Unternehmen. Häufig werden Produkte aus ganz anderen Motiven entwickelt, als besser dem Markenzweck zu dienen. Zu diesen Motiven gehört sicherlich manchmal der Ehrgeiz von Ingenieuren, die aus purer Freude an technischen Spielereien schon mal den eigentlichen Zweck des Produkts aus den Augen verlieren können. Oder einzelne Manager der Organisation versprechen sich von einer Produktinitiative eine größere Bedeutung oder andere persönliche Vorteile. Meistens geht es jedoch eher um Wettbewerb, Wachstum oder leicht verdientes Geld, wenn die Eigentümer einer Marke vorantreiben oder zulassen, dass Produkte entstehen, die eigentlich nicht der Philosophie der Marke entsprechen.

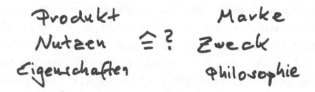

Der Blick auf die Konkurrenz ist dabei sicher nicht der beste Grund, um ein neues Produkt oder Angebot auf den Markt zu bringen. »Die haben das, also brauchen wir das auch«

spricht weder für unternehmerische Kreativität noch dafür, dass das Produkt zur Erfüllung des Markenzwecks unbedingt erforderlich gewesen ist. Schließlich sind Marken verschieden, und was für die eine Marke richtig sein kann, braucht die andere noch lange nicht. Und trotzdem ertrinkt die Welt in Nachahmerprodukten und die Dienstleistungen und Services der Marken gleichen sich einander immer schneller an. Offenbar ist die Angst der Unternehmen, etwas zu verpassen und Marktanteile zu verlieren, größer als das Vertrauen in die Kraft der eigenen Markenphilosophie. In der Automobilindustrie bemüht sich inzwischen jeder Konzern darum, mit jeder Marke in möglichst jedem Segment präsent zu sein. Das Versprechen »Das Beste oder nichts« galt noch nicht wörtlich, als die erste A-Klasse auf den Markt kam, doch dass dieses wacklige, schlecht verarbeitete Modell nicht zum Anspruch der Premium-Marke »Mercedes-Benz« passte, spürten Außenstehende wie Agenten der Marke sofort. Ob es eine gute Idee war, dass eine Sportwagenmarke wie »Porsche« inzwischen auch für Geländewagen und Limousinen steht, wird sich erst langfristig zeigen, in jedem Fall aber hat der Wunsch nach schnellerem Wachstum dazu geführt, dass die Marke inzwischen nicht mehr unabhängig ist, sondern zum Volkswagen-Konzern gehört, in dem Wachstum, wie bereits besprochen, ja tatsächlich zur Philosophie gehört. Da wird dann auch ein »Phaeton« noch zum »Volkswagen«, während die Marke »Opel« sich in die »Business-Class« setzt und es den »Mini« inzwischen in Varianten gibt, die besser mit »Maxi« bezeichnet wären. Wenn Wachstum das oberste Gebot ist, werden sich die Produkte und Leistungen so lange immer ähnlicher, bis die Marken, die sich an diesem Spiel beteiligen, kaum noch voneinander zu unterscheiden sind. Bei Mobilfunkverträgen, vielen Konsumgütern, aber auch Zeitschriften oder Girokonten ist dieser Punkt längst erreicht,

..

und am Ende entscheidet oft nur noch der Preis darüber, zu welcher Marke der Kunde greift.

In anderen Fällen beschließen die Eigentümer besonders starker Marken, den guten Ruf ihrer Marke direkt zu Geld zu machen: entweder indem sie gleich das ganze Unternehmen verkaufen oder indem sie Lizenzen dafür vergeben, das Markenzeichen in Produktkategorien zu verwenden, die mit dem ursprünglichen Markenzweck nichts mehr zu tun haben. So oder so wächst die Produktpalette normalerweise sprunghaft an, damit die Investition in die Marke sich möglichst schnell auszahlt. Die neuen Produkte verändern das Bild, das sich Außenstehende von der Marke machen, und für die Agenten dieser Marken wird es schwer, sich mit der eigenen Marke überhaupt noch zu identifizieren. Genauso wie es überzeugten Agenten einer Marke schwerfällt, hinzunehmen, dass sie Kompromisse bei der Qualität der eigenen Leistungen und Produkte machen sollen, um Geld zu sparen und das Produkt profitabler zu machen. Ganz egal ob bei einem Industrieprodukt am Material oder bei einer Dienstleistung am eingesetzten Personal gespart wird, am Ende wird damit den Agenten der Marke signalisiert, dass die wirtschaftliche Philosophie der höchstmöglichen Profitabilität für die Marke eine größere Bedeutung hat als die bestmögliche Erfüllung des Markenzwecks.

Ziele

Wachstum und Profitabilität gehören zu den üblichen Zielen, die in Unternehmen häufig dazu führen, dass der eigentliche Zweck und die Philosophie der Marke aus den Augen verloren werden. Dabei ist weder gegen das eine noch gegen das andere grundsätzlich etwas einzuwenden. Organisationen und besonders Wirtschaftsunternehmen dürfen sich zu Recht freuen, wenn ihr Angebot immer mehr Abnehmer findet, und sie müssen gesund wirtschaften. Wachstum und steigende Profitabilität sollten dabei aber das Ergebnis und nicht das Ziel des Handelns der Agenten einer Marke sein. Sobald die Führung einer Organisation jedoch quantitative Ziele verwendet, entwickeln die Zahlen ihre eigene Kraft und werden schnell zum Selbstzweck. Menschen, die eben noch ihr ganzes Handeln am Zweck ihrer Marke ausgerichtet haben, erliegen der Macht der Zahlen und orientieren sich auf einmal an Marktforschungs- oder Umfrageergebnissen, Quartalszahlen, kurzfristigen Vertriebserfolgen oder den unterschiedlichsten KPIS (*Key Performance Indicators* – zu Deutsch: »Leistungskennzahlen«).

Und wer könnte es ihnen verdenken? Meistens ist schließlich der persönliche Aufstieg in der Organisation, oder der Erfolg auf dem Arbeitsmarkt, eng an das Erreichen der gesetzten Ziele gekoppelt. Außerdem ist wohl niemand davor gefeit, dass er Freude und Stolz empfindet, wenn es ihm gelingt, seine Ziele zu erreichen und dafür Lob und Anerkennung zu erfahren – ganz unabhängig davon, ob die Handlungen, die der Zielerreichung dienen, noch der Philosophie der Marke entsprechen. Einzelnen Mitarbeitern oder Teilen einer Organisation messbare Ziele zu setzen kann ein sinnvolles und wirksames Mittel der Führung sein, solange die Anführer darauf achten, dass kein Interessenkonflikt zwischen den Anforderungen der Marke und den allzu menschlichen Antrieben ihrer Agenten entsteht.

Boni
Monetäre Belohnungen für das Erreichen ganz bestimmter Wachstums- oder Profitabilitätsziele oder die direkte Beteiligung am Gewinn, der mit einem bestimmten Geschäft gemacht wird, sind wohl der direkteste Weg, um einen Interessenkonflikt zwischen der Philosophie und den Agenten

..

einer Marke heraufzubeschwören. Wer dabei aber sofort an die berüchtigten »Bonus-Banker« denkt, sollte sich fragen, ob in diesem Fall überhaupt ein Interessenkonflikt vorliegt. Wenn die Eigentümer einer Marke es zum Selbstzweck und zur Philosophie der Marke erheben, um jeden Preis zu wachsen und den maximal möglichen Gewinn zu erwirtschaften, dann ist die Zahlung von Boni offenbar ein sehr geeignetes Mittel der Führung. Über ein ausgeklügeltes System von Anreizen, Beteiligungen und Belohnungen wird dabei sichergestellt, dass das Eigeninteresse der sogenannten »Führungskräfte« auf allen Ebenen der Organisation dem Interesse der Eigentümer der Marke entspricht. So trägt die Führung einer Aktiengesellschaft, die sich in erster Linie dem *Shareholder Value* verpflichtet fühlt, nur konsequent in die Organisation, was ihr von den Eigentümern als Unternehmenszweck vorgegeben wird. In derartigen Unternehmen verläuft der Interessenkonflikt dann nicht mehr zwischen Eigentümern und Agenten, sondern zwischen unterschiedlichen Agenten der Marke: Während die einen (in der Regel die »Führungskräfte«) auch persönlich vom Unternehmenszweck der Gewinnmaximierung profitieren, fühlen andere Mitarbeiter sich vielleicht noch eher der Philosophie der Marke verpflichtet – in jedem Fall jedoch nicht der Philosophie ihrer Vorgesetzten. Und so führen Boni und Erfolgsbeteiligungen als Mittel der Führung fast zwangsläufig dazu, dass die Agenten einer Marke nicht mehr gemeinsam um das Wohl der Marke und das Erfüllen des Markenzwecks bemüht sind. Das Vertrauen der Mitarbeiter in die eigene Führung ist gestört und dem Eindruck gewichen, dass die Führung eher eigene Interessen verfolgt, als dem Wohl der Marke und all ihrer Agenten zu dienen.

Der gleiche Effekt kann auch entstehen, wenn einzelne Agenten der Marke monetäre Anreize haben, die von der Führung durchaus in dem Glauben eingerichtet wurden, dem Markenzweck zu dienen. Meist geht es dabei um Provisionen oder um Bonuszahlungen, die an das Erreichen bestimmter Vertriebsziele gekoppelt sind. Autoverkäufer, Vertreter, aber auch ganz normale Mitarbeiter der Banken, Versicherungen, im Einzelhandel oder in den Vertriebsabteilungen aller möglichen Unternehmen werden inzwischen zumindest teilweise erfolgsabhängig bezahlt. Erfolg bedeutet Verkauf, und dabei kommt es dann nicht immer darauf an, ob der Käufer das Produkt tatsächlich braucht. Ein gutes Produkt ist aus dieser Sicht ein Produkt, das sich gut verkaufen lässt; ob es dem Markenzweck dient oder der Philosophie der Marke hinsichtlich Preis, Leistung oder Qualität entspricht, spielt dafür eine untergeordnete Rolle. In vielen Organisationen gibt es heutzutage diesen Konflikt zwischen jenen, die am kurzfristigen Verkaufserfolg orientiert sind, und denjenigen, die sich Sorgen um das langfristige Wohl der Marke machen. Gegenseitige Vorwürfe und Unverständnis bis zur Verweigerung der Zusammenarbeit sind häufig die Folge. Dabei steckt dahinter in Wirklichkeit meistens gar kein anderes Verständnis der Markenphilosophie, sondern schlicht andere persönliche Anreize. Der einzige Ausweg aus diesem Konflikt besteht darin, dass die Führung einer Organisation wieder alle Agenten einer Marke auf den gleichen Zweck und die gleiche Philosophie einschwört und auch alle Mitarbeiter anhand der gleichen Kriterien am Erfolg des Unternehmens teilhaben lässt.

Budget
Geld ist auch dann ein wichtiges Werkzeug der Führung, wenn es nicht um Anreize, sondern um Gestaltungsmöglichkeiten geht. Über Ziele kann die Führung festlegen, was

ein Einzelner oder ein Teil einer Organisation erreichen *soll,* dagegen bestimmen Budgets darüber, was die Organisation überhaupt erreichen *kann.* Wenn die Führung eines gesunden, profitablen Unternehmens erklärt, für eine bestimmte Initiative gäbe es kein Geld, dann sagt sie nicht die Wahrheit. Nichts scheitert am Geld, höchstens am Budget. Mit Budgets wird die Organisation gesteuert und es werden Prioritäten gesetzt. Und entscheidend für die Entwicklung der Marke ist, ob diese Prioritäten im Sinne des Markenzwecks und der Philosophie der Marke gesetzt werden. Marken, die innovativ sein wollen, brauchen ein angemessenes Budget für Forschung und Entwicklung. Marken, die sich ihren Mitarbeitern verbunden fühlen, brauchen ein Weiterbildungsbudget. Marken, die für besondere Umweltfreundlichkeit oder Qualität stehen wollen, brauchen entsprechende Budgets für den Materialeinkauf. Marken, die guten Service bieten wollen, benötigen genügend Budget für Service-Mitarbeiter. An der Budgetplanung zeigt sich, inwieweit die Führung einer Organisation bereit ist, die erklärte Philosophie der Marke tatsächlich in die Tat umzusetzen. Ohne ausreichendes Budget kann auf Dauer kein Agent gut im Sinne seiner Marke handeln. Nicht der Mangel an Geld steht seinem Glück im Wege, sondern die Prioritäten, die seine Anführer bei der Verteilung des Geldes gesetzt haben.

Prozesse

Neben den Budgets bestimmen in größeren Organisationen festgelegte Abläufe den Gestaltungs- und Handlungsspielraum der Mitarbeiter. Und auch wenn ich sie hier zu den indirekten Kräften der Führung zähle, führen Prozesse jeden Mitarbeiter doch sehr unmittelbar: Wer diese wiederholt nicht einhält, läuft Gefahr, abgemahnt, bestraft oder entlassen zu werden. Prozesse steuern Abläufe in der Produktion, strukturieren die Verrichtung von Dienstleistungen, sollen sogar die Entwicklung von Ideen regeln oder bestimmen, wie ein Unternehmen Material und Dienstleistungen einkauft. Welche Prozesse in der Organisation gebraucht werden, hängt ganz von der Art und der Größe der Organisation ab. Der einzige Prozess, den es wohl in jeder Organisation gibt, ist ein Freigabeprozess, der bestimmt, wie groß der Entscheidungsspielraum des einzelnen Mitarbeiters ist und wofür er den Segen eines Vorgesetzten braucht. Prozesse betreffen jeden Aspekt der Philosophie einer Marke. Sie können dafür sorgen, dass sich die Agenten der Marke im Sinne der Markentugenden verhalten oder sie können gutes Handeln fast unmöglich machen. Lassen Sie mich das kurz an einem Handlungsfeld illustrieren, das uns alle betrifft und auf dem die allermeisten Marken sich zu höchsten Ansprüchen bekennen: dem Dienst am Kunden, neudeutsch auch Service genannt.

Was macht guten Service aus? Ein Mensch hat ein Problem und ein anderer Mensch hilft oder löst das Problem am besten gleich für ihn. Den besten Service erleben wir immer noch in sehr guten Hotels, in denen der Servicegedanke im Mittelpunkt der Philosophie der Marke steht und alle Agenten der Marke danach ausgesucht sind, dass sie sich gerne um andere Menschen kümmern. Hier ist der Prozess sehr einfach: Der Gast hat ein Problem und der erste Mitarbeiter, der davon erfährt, setzt alle Hebel in Bewegung, um das Problem schnell und unkompliziert aus der Welt zu schaffen. Der Prozess entspricht der Philosophie. Ähnliche Erfahrungen machen wir normalerweise, wenn wir es mit kleineren, häufig inhabergeführten Unternehmen zu tun haben. Hier gibt es keinen Serviceprozess, sondern dem Kunden wird schlicht geholfen. Ganz anders, wenn uns eines der großen Unternehmen, mit denen wir uns im Alltag herumschlagen, Sorgen macht, weil das Internet nicht funktioniert, das Paket verschwunden ist oder das neue Telefon keinen Mucks mehr macht. Hier beginnt der Serviceprozess normalerweise schon gar nicht mit einem Menschen aus Fleisch und Blut, sondern mit einem Anruf in einem Callcenter, und wir wissen weder, wo auf der Welt unser Anruf entgegengenommen wird, noch ob der Mensch, mit dem wir sprechen, sich jemals wieder bei uns melden wird. Dafür läuft das Gespräch, das wir mit ihm führen dürfen, nach einem genau festgelegten Prozess ab. Der Agent der Marke, der in der Regel kein Mitarbeiter des Unternehmens, sondern einer des Callcenters ist, kann jeden Satz und jeden Schritt des Gesprächs einem Leitfaden entnehmen, der auch seinen Handlungsspielraum zur Lösung unseres Problems vorgibt. Überschreitet der Fall die eng gesteckten Kompetenzen des Mitarbeiters oder sprengt er gar den vorgegebenen Prozess, bleibt als letzter Ausweg nur die Übergabe an einen Vorgesetzten, der nach einem etwas anders strukturierten Prozess versuchen wird, das Problem im Sinne des Unternehmens zu lösen. Echten Service im Sinne des Kunden lassen derartige Prozesse gar nicht zu, weil sie dem einzelnen Agenten der Marke überhaupt keinen Entscheidungs- und Handlungsspielraum lassen.

Dass es auch anders geht, kann man bei dem bereits erwähnten Zalando-Vorbild »Zappos« erleben. Die Eigentümer der Marke haben herausragenden Service zum Markenzweck erhoben und die gesamte Philosophie und Praxis des Unternehmens darauf ausgerichtet. So wurde etwa eigens der Sitz des Unternehmens von San Francisco nach Las Vegas verlegt, weil es dort leichter war, Mitarbeiter zu finden, die gerne im Kundendienst arbeiten. Auch bei Zappos landen die Anrufe der Kunden in einem Callcenter, in dem allerdings eigene Mitarbeiter direkt in der Firmenzentrale ans Telefon gehen. Und was dann passiert, kann man hautnah miterleben, wenn man an einer der kostenlosen Touren teilnimmt, die die Agenten der Marke täglich anbieten. Die Callcenter-Experten, mit denen gemeinsam ich eine dieser Touren einmal besucht habe, kamen aus dem Staunen gar nicht mehr heraus: Weder gibt es einen Gesprächsleitfaden noch einen festgelegten Prozess, nach dem die Gespräche ablaufen. Es gibt auch keine Quoten, keinen Verkaufsdruck, keine Budgetgrenzen und kein Zeitlimit für die Gespräche. Die Agenten dieser Marke sind einzig und allein der Philosophie der Marke verpflichtet, führen Gespräche wie unter normalen Menschen und tun alles in ihrer Macht Stehende, um dem Kunden zu helfen. Dazu kann es schon mal gehören, für den Kunden eine Pizza zu bestellen, und dazu gehört offenbar auch ein offenes Ohr für die ganz persönlichen Sorgen der Anrufer – der Rekord für das längste Telefonat im Kundendienst der Marke »Zappos« liegt jedenfalls bei über 9 Stunden. Wie sich das alles rechnet? Darauf gibt Tony Hsieh, der langjährige CEO der Firma, in seinem Buch[57] über »Zappos« eine bemerkenswerte Antwort: Er sieht die Ausgaben für den Kundendienst gar nicht als Kosten, sondern als Investitionen in die Marke, die die Agenten der Marke zu zufriedeneren Mitarbeitern und Außenstehende zu treuen Kunden werden lassen.

Software
Während die Agenten einer Marke wie »Zappos« oder die Mitarbeiter kleinerer Organisationen noch echten Handlungsspielraum haben, wünschen sich die Mitarbeiter großer Organisationen inzwischen sogar die dicksten Handbücher und Ordner mit Dienstanweisungen und Leitfäden zurück. Papier war geduldig und die Anführer drückten schon mal ein Auge zu, wenn man es mit dem Prozess nicht ganz genau nahm, aber in guter Absicht handelte. Doch diese Zeiten sind vorbei. Heute werden immer mehr interne

..

Prozesse und fast alle Interaktionen mit Kunden oder Zulieferern von einer Software abgebildet, die den Prozess gnadenlos führt und kontrolliert. Der Handlungsspielraum des einzelnen Agenten der Marke wurde an anderer Stelle im Unternehmen festgelegt, und die Software lässt sich weder mit Charme noch mit Sturheit dazu überreden, diesen auszuweiten. Egal ob es um einen Kredit, einen Telefonanschluss, die Umbuchung eines Fluges oder die Rücknahme einer defekten Waschmaschine geht: Was machbar ist und unter welchen Bedingungen, entscheidet längst die Software anhand der Algorithmen und Daten, mit denen sie gefüttert wurde. Hatte einem noch vor wenigen Jahren bei einem Flug mit der »Lufthansa« das Wetter übel mitgespielt oder wollte man aus irgendeinem Grund umbuchen, so konnte man stets mit der Kulanz und der Milde der Agenten der Marke rechnen, die am Flughafen die Schalter bedienten oder die Lounges bewachten. Irgendwie fanden die immer einen Weg, um zu helfen. Doch inzwischen scheinen sie leider nicht mehr für ihre Kunden tun zu können, als diese auch selbst auf ihrem Smartphone bewerkstelligen können. Der einzelne Mitarbeiter dient nur noch als menschliche Schnittstelle, die die Informationen, die etwa von einem Kunden kommen, in die Software eingibt und ihm die Antwort derselben mitteilt: »Computer says No«[58]. Und wenn wir uns dann als Kunden irgendwann daran gewöhnt haben, dass der menschliche Mitarbeiter auch nicht mehr für uns tun kann als der Selbstbedienungs-Terminal, dann ist der Weg bereitet für die nächste Runde der Automatisierung und des Personalabbaus.

Doch was sagt es eigentlich über die Philosophie einer Marke aus, dass sie ihren Agenten keinerlei Spielraum für Entscheidungen mehr lässt, sie zu reinen Prozess- oder gar Felder-Ausfüllern degradiert und immer mehr ihrer Arbeit an die Außenstehenden delegiert? Eine solche Marke wird langsam, aber sicher selbst zu einer Software-Marke. Sie steht dann nicht mehr für eine Organisation von Menschen aus Fleisch und Blut, die manchmal Fehler machen und manchmal über sich hinauswachsen, sondern für eine Sammlung von blutleeren Prozessen, die am Ende ebenso blutleere Produkte ausspucken. Aus dieser Sackgasse können uns nur starke Eigentümer der Marke wieder herausführen, die verantwortliches menschliches Handeln wieder in den Mittelpunkt der Philosophie ihrer Marke stellen. Sie müssen dabei von Agenten der Marke unterstützt werden, die bereit sind, Verantwortung zu übernehmen, weil nur dadurch gutes Handeln auf dem Weg zu einem glücklichen Leben überhaupt möglich bleibt. Und wir als Außenstehende können von unserer Seite des Markendreiecks helfen, indem wir uns der uns zugedachten Rolle so oft wie möglich verweigern. Lassen Sie uns nicht mit Maschinen sprechen. Antworten Sie nicht auf die Fragen der Computerstimme, warten Sie einfach ab oder singen Sie ein Lied, bis Sie mit einem echten Menschen verbunden werden.

Strukturen

Wie für mich das ideale Verhältnis zwischen einer Organisation und ihrer Marke aussieht, dürfte inzwischen deutlich geworden sein: Der Unternehmenszweck entspricht dem Markenzweck, die Führung folgt der Philosophie der Marke und die Mitarbeiter entwickeln eine markengerechte Praxis. Auf diese Weise können sich alle Beteiligten an einem gemeinsamen Zweck ausrichten und ihre Kraft optimal im Sinne der Marke und des Unternehmens entfalten.

Marke   Unternehmen

Markenzweck = Unternehmenszweck

Philosophie ⟶ Führung

Praxis ⟵ Mitarbeiter

Dem könnte man nun entgegenhalten, dies sei ein etwas romantisches Weltbild und zwar für kleine Unternehmen umsetzbar und wünschenswert, aber größere Organisationen erforderten dann doch eine andere Arbeitsweise. Schließlich sei es gerade die große Stärke und Errungenschaft großer Konzerne, dass sie in der Lage seien, viele Marken mit ihren unterschiedlichen Zwecken unter dem Dach eines gemeinsamen Unternehmenszwecks zu versammeln und dabei Arbeiten zu bündeln, die sonst jede Organisation für sich erbringen müsste – der legendäre Synergieeffekt. Die Suche nach Synergiepotenzial war einmal der heilige Gral des Managements und diente als Begründung für viele Fusionen. Deren Sinnhaftigkeit wird inzwischen jedoch selbst von Wirtschaftswissenschaftlern angezweifelt und Übernahmen werden kritischer daraufhin hinterfragt, ob sie vielleicht eher dem Ego und dem persönlichen Erfolg der handelnden Personen dienen als dem Unternehmen selbst.

Vielleicht kann unser Modell einen Hinweis darauf geben, in welchen Fällen es sinnvoll sein könnte, dass zwei Unternehmen ihre Kräfte bündeln, um gemeinsame Sache zu machen. Wenn es grundsätzlich richtig ist, dass im Idealfall der Unternehmenszweck mit dem Markenzweck zusammenfällt, dann folgt daraus, dass zwei Unternehmen, die den gleichen Markenzweck und zumindest eine sehr ähnliche Philosophie verfolgen, durchaus sinnvoll fusionieren können. Die Mitarbeiter beider Organisationen werden sich gut verstehen, können sich ergänzen und in der Praxis voneinander lernen. Prallen jedoch zwei Unternehmen auf einander, die zwar den gleichen Unternehmenszweck, aber einen unterschiedlichen Markenzweck und eine völlig andere Philosophie verfolgen – denken wir nur an die gescheiterte Verbindung der Marken »Mercedes-Benz« und »Chrysler« –, so wird es selbst in den Bereichen kaum Gemeinsamkeiten geben, die formal beide Unternehmen in gleichem Maße benötigen. Die Philosophie der Marken auf Handlungsfeldern wie Finanzen, Mitarbeiter, Forschung und Entwicklung oder Qualitätssicherung bleibt zu unterschiedlich, um dem einzelnen Mitarbeiter eine klare Orientierung zu bieten. Soll er als Agent der einen oder der anderen Marke handeln? Soll er sich der einen oder der anderen Philosophie verpflichtet fühlen? Je mehr Marken unter dem Dach eines Unternehmens versammelt werden, desto schwieriger wird Führung und desto schwieriger werden gutes Denken und gutes Handeln.

Matrix

Das Problem unterschiedlicher Marken unter dem Dach eines gemeinsamen Unternehmens entsteht nicht nur bei Fusionen, sondern entspricht auch dem Alltag vieler Mitarbeiter in gewachsenen Organisationen. Um die hierarchische Führung aufzubrechen, die als zu starr und zu ineffizient empfunden wurde, arbeiten viele Organisationen in einer Matrixstruktur. Die Manager führen darin entweder ein bestimmtes Ressort (Finanzen, Personal, Technik, Vertrieb) und sind damit für die Umsetzung der Philosophie auf einem bestimmten Handlungsfeld der Unternehmensmarke verantwortlich, oder sie sind selbst Eigentümer einer Marke (eines Produkts, einer regionalen Marke), bestimmen deren Philosophie und führen deren Agenten. Die Mitarbeiter gehören entsprechend zum einen einer Fachabteilung an (Einkauf, Marketing, Produktentwicklung, Strategie) und tragen zum

..

anderen Mitverantwortung für bestimmte Aufgaben oder Bereiche (Produkte, Märkte oder Regionen). Das Ergebnis ist ein ständiger und unauflöslicher Kampf zwischen zwei Marken, die beide die Loyalität des Mitarbeiters erwarten.

Hierarchische Strukturen haben den Vorteil, dass jederzeit klar ist, dass die untergeordnete Marke (zum Beispiel die Marke der »Filiale Eppendorf«) dem Markenzweck der übergeordneten Marke (zum Beispiel »Hamburger Volksbank«) zu dienen hat. Eine Matrixstruktur schafft dagegen einen Interessenkonflikt, der den Einzelnen immer wieder zu Kompromissen zwischen den Anforderungen verschiedener Marken zwingt. Um bei dem bereits bekannten Beispiel zu bleiben: Während es zur Philosophie einer Marke »Vertrieb« gehören könnte, möglichst aggressiv zu verkaufen, wäre es sicherlich eher im Interesse der Marke »Filiale Eppendorf«, den Kunden gut zu beraten. Morgens kommt die E-Mail vom Vertriebsvorstand, nachmittags bespricht sich das Team in der Filiale – woran soll der einzelne Mitarbeiter sich nun orientieren?

Ein weiteres typisches Beispiel: In der Zentrale eines multinationalen Unternehmens – nehmen wir beispielsweise die Firma Bosch und Siemens Hausgeräte GmbH – werden Werbemittel für alle möglichen Produkte und Einsatzzwecke entwickelt. Der Mitarbeiter einer Landesorganisation des Unternehmens ist dafür verantwortlich, die Einführung eines neuen Produkts der Marke »Siemens« in seinem Markt zu begleiten. Er fühlt sich nun zum einen der Marke »Siemens Marketing« verantwortlich, zum anderen aber auch beispielsweise der Marke »Siemens Frankreich«. Ist es nun seine Aufgabe, die Philosophie des »Siemens Marketing« nach Frankreich zu tragen, oder soll er versuchen, die Marke »Siemens« etwas französischer zu machen? Bei einer Marke wie »Apple« würde sich diese Frage gar nicht stellen. Aber derartige Konflikte bestimmen den Alltag vieler Arbeitnehmer in großen Organisationen und sind nur zu lösen, indem die Führung darauf achtet, dass die verschiedenen Marken am Ende alle auf den gleichen übergeordneten Markenzweck hinarbeiten und die Philosophie der einen Marke nicht der Philosophie einer anderen Marke innerhalb des Unternehmens widerspricht. Andernfalls können in einer Matrix die Mitarbeiter (als Agenten verschiedener Marken) niemals gut handeln und glücklich werden.

Projekte

Will man die Komplexität einer Matrix noch um einige Dimensionen verschärfen, ruft man innerhalb einer Organisation ein Projekt ins Leben und delegiert Mitarbeiter aus allen möglichen Abteilungen in das Team, das das Projekt umsetzen soll. Jeder Teilnehmer der Projektgruppe ist zwar ohnehin schon mit mehreren Marken innerhalb des Unternehmens verbunden, die um seine Zeit und seine Loyalität ringen, aber so ein Projekt ist ja auch eine tolle Abwechslung. Mit dem Projekt kommt also jetzt eine weitere Marke hinzu, und da der Eigentümer dieser neuen Marke besonders gut führen will, hat er einen ganz klaren Markenzweck und eine revolutionäre Philosophie für seine Marke entwickelt: »Wir bleiben beim Du, denken ›out of the box‹,[59] jeder darf Fehler machen und wir arbeiten über alle Abteilungsgrenzen hinweg partnerschaftlich zusammen.« Die Agenten der neuen Marke sind begeistert. Und weil alle gerade so

..

gut in Schwung sind, bekommt die neue Marke auch gleich noch einen Namen und jemand baut noch schnell in Power-Point ein eigenes Markenzeichen. Wann sehen wir uns wieder? Nächstes Team-Meeting Donnerstag in drei Wochen? »Geht nicht, da bin ich im Urlaub.«

Das war jetzt zwar stark überzeichnet, deutet aber einige der wichtigsten Probleme an, die mit Projektarbeit in größeren Organisationen verbunden sind. Zunächst einmal dient das Projekt offenbar nicht unmittelbar dem Markenzweck, dem sich die Organisation als Ganzes verschrieben hat – sonst wäre es kein Projekt. Andererseits sollen die Mitarbeiter sich auch nicht konsequent einem neuen Markenzweck widmen – sonst hätte man eine neue Abteilung gegründet oder das ganze Unternehmen einbezogen. Die Philosophie der Projektmarke liegt offenbar quer zu der Philosophie, nach der die Agenten der Unternehmensmarke normalerweise handeln. Außerdem hat eigentlich niemand so richtig Zeit für das Projekt, weil ja auch die Eigentümer der anderen Marken, deren Agent man immer noch ist, vollen Einsatz erwarten. Damit schaffen Projektstrukturen Interessenkonflikte und Unsicherheit und untergraben die Orientierung an einem klaren Zweck und einer durchgängigen Philosophie. Schon das Wort »Projekt« – ähnlich wie »Arbeitsgruppe« oder »Kommission« in der Politik – signalisiert allen Agenten und Außenstehenden, dass es eher darum geht, Aktivität zu demonstrieren, als grundlegend etwas an der Philosophie oder der Praxis der eigentlichen Marke zu verändern. Gut gemeint, aber nicht gut gemacht.

Silos

Neben einem Mangel an Orientierung durch zu viele Marken, die an einem Mitarbeiter zerren, gibt es in vielen Organisationen immer wieder das Problem, dass Mitarbeiter sich nur an einer einzigen Marke orientieren – nur leider nicht an der richtigen und wichtigsten. Denn während die Unternehmensmarke mit ihrem Zweck und ihrer Philosophie für alle Mitarbeiter die höchste Instanz sein sollte, orientieren sie sich in der Realität häufig viel stärker an der Abteilung, in der sie arbeiten. Die Eigentümer und Agenten dieser Abteilungsmarke entwickeln dann ihre eigene Philosophie und Praxis und fühlen sich einem Markenzweck verpflichtet, der mehr mit dem Durchsetzen der eigenen Vorstellungen zu tun hat als damit, dem eigentlichen Unternehmenszweck zu dienen. Klassische Beispiele dafür wären IT- oder Rechts- oder die bereits häufiger erwähnten Einkaufsabteilungen. Dafür verantwortlich kann entweder die direkte Führung eines Anführers sein, dem es nicht gelingt, seine Mitarbeiter auf eine konstruktive Zusammenarbeit mit anderen Abteilungen einzuschwören. Oder aber die Führung hat im Unternehmen Silomarken entstehen lassen, deren Agenten sich gegenseitig Aufgaben und Kompetenzen streitig machen und deshalb umso heftiger um die richtige Philosophie streiten. In der Praxis führt dies zu einem dauernden Kampf um Budgets, Informationen und Verantwortlichkeiten, in dem alle Seiten mit eigenen Agenturen und Beratern aufrüsten und Kunden oder Journalisten als Kronzeugen anführen. Es werden keine Kosten und Mühen gescheut, um die Bedeutung der eigenen Abteilung zu untermauern. Nur die Sache selbst – der eigentliche Zweck des Unternehmens und seiner Marke – gerät dabei ins Hintertreffen.

Lassen Sie mich diese Situation kurz am Beispiel einer Produkteinführung und der daran beteiligten Abteilungsmarken beschreiben. Nehmen wir an, eine neue Kamera soll auf den Markt kommen. In der »Produktentwicklung« haben die Ingenieure ein neues Modell entwickelt, während die

Abteilung »Produktstrategie« einen langfristigen Plan geschmiedet hat, in den das neue Produkt halbwegs hineinpasst. Also wird das Produkt von der Unternehmensführung freigegeben und die Abteilung »Produktmarketing« wird informiert. Diese zieht die Abteilung »Marktforschung« hinzu und führt erste Gespräche mit der Abteilung »Vertrieb«. Irgendwann kommt die Abteilung »Marketing« (fragen Sie mich bitte nicht nach dem Unterschied zwischen »Marketing« und »Produktmarketing«) mit ihren Unterabteilungen »Werbung«, »Online-Marketing«, »Messe« und »Media« hinzu. Zu guter Letzt springt noch die Abteilung »PR« auf den fahrenden Zug auf und die Abteilung »Kundenservice« erfährt dann aus der Presse von dem neuen Produkt. Verrückt? Absolut. Und das Erstaunlichste daran ist, dass mit viel Einsatz am Ende meistens sogar ein halbwegs brauchbares Ergebnis dabei herauskommt – trotz Matrixstruktur, Projektarbeit und vereinzelter Silo-Denke. Stellt sich nur die Frage, wie viel besser das Ergebnis hätte ausfallen können oder wie viel weniger anstrengend der Weg hätte sein müssen, wenn alle Beteiligten von Anfang an unter einer Führung zusammengearbeitet hätten. Was wäre, wenn die Mitarbeiter der verschiedenen Abteilungen in der Praxis nicht untereinander um Informationen und Zuständigkeiten gestritten, sondern gemeinsam gut im Sinne der Philosophie der Marke gehandelt hätten? Ich vermute, sie hätten mehr glückliche Tage erlebt.

Externe

Wenn bisher von den Agenten einer Marke die Rede war, so handelte es sich meist um fest angestellte Mitarbeiter der Organisation, für die die Marke steht. Hinzu kamen Mitarbeiter anderer Organisationen, die als Verkäufer im Groß- und Einzelhandel oder in der Gastronomie zum Agenten einer Marke werden, deren Außenstehender sie eigentlich sind. Ähnlich kann sich eigentlich jeder von uns zum Agenten einer Marke berufen fühlen, indem er diese im Freundeskreis empfiehlt oder sogar öffentlich für sie eintritt. Und dann gibt es noch Menschen, die zwar für eine Organisation arbeiten und auch dafür bezahlt werden, gute Agenten der Marke zu sein, die aber trotzdem keine Angestellten der Organisationen mehr sind. Unser erstes Beispiel waren die Callcenter-Mitarbeiter, die am anderen Ende der Welt und häufig sogar gleichzeitig als Agenten verschiedener Marken ans Telefon gehen. Doch inzwischen mischen sich in vielen Organisationen auch vor Ort ganz selbstverständlich angestellte und externe Mitarbeiter und es stellt sich die Frage, ob ein externer Mitarbeiter überhaupt ein guter Agent einer Marke sein kann oder sein will.

Wer als Leiharbeiter an eine Organisation ausgeliehen wird, weiß von Anfang an, dass seine Zeit dort begrenzt ist. Kaum hat er die Philosophie und Praxis einer Marke, die ihm vielleicht sogar gut gefällt, verinnerlicht, wird er auch schon wieder abgezogen und für eine andere Marke eingesetzt. Ähnlich geht es einem freiberuflichen Projektmanager, Redakteur oder Werbetexter, der sich auch nicht immer aussuchen kann, für welche Marke er gern arbeiten möchte. Doch mittlerweile arbeiten nicht mehr nur Einzelpersonen als Externe sondern ganze Abteilungen und Funktionen werden aus den Organisationen ausgelagert: Der Koch und das Personal in der Kantine arbeiten bei einem Catering-Unternehmen. Der Paketbote ist selbständig oder zumindest scheinselbständig. Die sogenannten »Zulieferer« in der Automobilindustrie könnten inzwischen die Autos auch gleich selbst bauen. Das Reinigungsteam muss in einer Nacht noch sein Pensum in drei anderen Unternehmen abspulen oder in einer Stunde noch die Maschinen von zwei anderen Fluggesellschaften sauber machen. Der gesamte

Kundenservice wurde in eine unabhängige Servicegesellschaft ausgegliedert, die sich genauso um die Produkte der härtesten Wettbewerber kümmert. Und selbst die freundliche Dame am Empfang des Unternehmens ist immer öfter Angestellte des Unternehmens, das auch den gar nicht so freundlichen Wachmann zur Verfügung stellt. All diesen Menschen kann man nur wünschen, dass die Organisation, die ihr Gehalt bezahlt, ihnen ganz viel Identifikation und Orientierung bietet, denn für die Marken, als deren Agenten sie tagtäglich ihre Arbeit verrichten, werden sie immer Bürger zweiter Klasse bleiben. Niemand wird sie auf die Weihnachtsfeier einladen und niemand wird sie nach ihrer Meinung bezüglich der Philosophie und Praxis der Marke fragen. Und so verlieren viele Marken mit jedem weiteren »Outsourcing«, wie es auf Neudeutsch so schön heißt, also mit jedem weiteren Mitarbeiter, den eine Organisation auslagert, einen potenziell leidenschaftlichen Agenten, der sich ernsthaft und kritisch für den Markenzweck eingesetzt hätte.

Nun war bis hierher eher von ganz normalen Mitarbeitern die Rede. Wie steht es aber um die sogenannten »Führungskräfte«? Wird Führung eigentlich auch ausgelagert? Externe Manager einzusetzen wäre sicherlich kein Problem, solange sie von einem Anführer der Organisation mit einem klaren Auftrag versehen werden. Aber kann man auch die Führung selbst delegieren? Kann man es also Externen überlassen, die Philosophie und Praxis einer Marke zu bestimmen und damit dann die Mitarbeiter der Organisation zu führen?

Berater

Wer schon einmal in einem größeren Unternehmen eine Umstrukturierung miterlebt hat, hatte dabei mit hoher Wahrscheinlichkeit das Vergnügen mit Unternehmensberatern. Und egal ob diese sich als Strategie-Berater oder Management-Berater bezeichnen, scheinen sie doch immer im Dienste der Führung zu stehen und diese nicht selbst übernehmen zu wollen. Nun haben inzwischen in vielen großen Unternehmen auch die Auftraggeber der Berater früher einmal in einer Unternehmensberatung (vielleicht sogar derselben) gearbeitet, doch selbst diese lassen sich selten die direkte Führung ihrer Mitarbeiter aus der Hand nehmen. Was die indirekte Führung angeht, sieht es jedoch ganz anders aus. Hat man nämlich erst einmal für viele zigtausend Euro externe Berater beauftragt, dürfte es auch dem charismatischsten Anführer sehr schwer fallen, deren Empfehlungen zu ignorieren. Folglich werden Strategien, Prozesse und Strukturen umgesetzt, die ganz erheblich als indirekte Führung wirken. Natürlich hat die eigentliche Führung des Unternehmens die Entscheidung getroffen, die Berater überhaupt ins Haus zu holen und anschließend deren Empfehlungen umzusetzen, und ich möchte diese auch überhaupt nicht aus der Verantwortung dafür entlassen. Trotzdem scheint es eine gewisse Eigendynamik zu geben: Wer als Anführer einer Organisation (eines Unternehmens oder auch nur einer Abteilung) eigene Entscheidungen im Sinne seiner Marke trifft, macht sich angreifbar und geht ein persönliches Risiko ein. Dagegen geht auf Nummer sicher, wer renommierte Beratungsunternehmen ins Haus holt und ihren Standardrezepten folgt – selbst wenn der Erfolg später ausbleibt, hat man schließlich alles Erforderliche getan und sich kompetent beraten lassen.

Dabei darf man zumindest bezweifeln, ob externe Berater sich immer am Unternehmens- und Markenzweck ihres Auftraggebers orientieren. Ihr eigener Unternehmenszweck – das Geschäft mit der Beratung – profitiert schließlich nicht davon, die Probleme der Kunden ein für alle Mal zu lösen, sondern davon, immer neuen Beratungsbedarf zu generieren. Der Philosoph Alasdair MacIntyre würde sie damit wohl zu der Gruppe der Therapeuten zählen,[60] die seines Erachtens (genau wie die Ästheten und die Bürokraten) keinerlei Interesse an tugendhaftem Handeln haben. Ein Therapeut hört zu, erklärt das Verhalten seines Kunden anhand bestimmter Modelle und verordnet gelegentlich auch Maßnahmen. Damit vermittelt er das gute Gefühl, etwas getan zu haben, und der Betroffene kann auch nach außen seine Bemühungen dokumentieren. Wer jedoch einen Therapeuten aufsucht, ohne sich seines eigenen Zwecks und seiner Philosophie bewusst zu sein, der darf auch nicht hoffen, dass der Therapeut die richtige Praxis für ihn findet. Wenn unser Modell schlüssig ist, dann kann die richtige Praxis – egal ob im Leben eines Menschen oder im Dienste einer Marke – nur aus der Philosophie und dem Markenzweck entwickelt werden. Und das ist eine Führungsaufgabe, die wir weder Beratern noch anderen Therapeuten überlassen sollten.

Personaler

Wer als Eigentümer einer Marke seine Philosophie in die Praxis umsetzen möchte, braucht die richtigen Mitarbeiter. Und zwar Mitarbeiter, die sich für den Markenzweck begeistern können und gerne bereit sind, als Agenten der Marke tugendhaft im Sinne der Philosophie zu handeln oder dies zumindest zu lernen. Damit gehört die Auswahl der richtigen Mitarbeiter direkt nach der Entwicklung von Markenzweck und Markenphilosophie zu den wichtigsten Führungsaufgaben. Die Kanzlerin stellt ihr Kabinett zusammen. Der Aufsichtsrat bestellt die Vorstände. Und der Abteilungsleiter bestimmt seine Teamleiter. Niemand führt allein. Doch die Führungsverantwortung endet nicht bei der Auswahl weiterer Führungskräfte. Schließlich soll jeder

Mitarbeiter als überzeugter und zuverlässiger Agent auch ein Stück Mitverantwortung für die Praxis der Marke übernehmen. Der Mannschaftsführer wählt seine Mitspieler, die auf dem Platz eigenverantwortlich handeln und Entscheidungen treffen. Jede ihrer Handlungen prägt das Bild, das bei Außenstehenden von der Marke entsteht. Also kann es gar keine wichtigere Aufgabe für eine Führungskraft geben, als sich mit der Auswahl der richtigen Mitarbeiter zu beschäftigen.

Umso erstaunlicher, dass es inzwischen zum Alltag vieler Organisationen gehört, dass diese zentrale Führungsaufgabe anderen überlassen wird – zum einen der internen Personalabteilung, immer häufiger aber auch externen Personalberatern, den sogenannten »Headhuntern« oder »Recruitern«. Diese lassen sich dabei auch noch verstärkt von Software helfen, die die Lebensläufe der Bewerber nach bestimmten Kriterien durchforstet und schon mal eine Vorauswahl trifft. So fallen heute schon Kandidaten durch das Raster, die nicht die richtigen Abschlüsse oder Noten mitbringen, und wir dürfen uns darauf einstellen, dass in naher Zukunft alle möglichen Datenquellen angezapft werden, um Rückschlüsse auf unsere Eignung zu ziehen: »Der Algorithmus bestimmt die Karriere«.[61] Doch so nachvollziehbar es ist, dass riesige Organisationen bei der Besetzung von Standardpositionen irgendwie die Flut der Bewerber in den Griff kriegen müssen, so fatal wäre es, wenn dieselbe Logik auch in kleineren Organisationen um sich greift. Wer schon einmal mit einem extern beauftragten Personaler zu tun hatte, der ahnt, wie wenig diese von den Vorstellungen verstehen können, die der Eigentümer einer Marke von seinem zukünftigen Mitarbeiter hat. Und da sie selbst noch nie in der betreffenden Organisation gearbeitet haben, können sie auch wenig Erhellendes zur Philosophie oder Praxis der

Marke berichten. Was bleibt, sind Allgemeinplätze und der Austausch von technischen Anforderungen, die dann darüber entscheiden, ob der Bewerber durch das Raster fällt oder jemals der Person vorgestellt wird, für die er eigentlich arbeiten soll. Personalabteilungen können dabei helfen, den Prozess einer Ausschreibung und einer eingehenden Bewerbung zu steuern, und der Führungskraft beratend zur Seite stehen. Doch wer es sich als Eigentümer einer Marke nehmen lässt, die möglichen Agenten seiner Marke ausgiebig persönlich unter die Lupe zu nehmen, der wird seiner Führungsverantwortung nicht gerecht. Es geht schließlich nicht darum herauszufinden, was ein Bewerber in der Vergangenheit getan hat, sondern darum, ob er sich in Zukunft gerne dem Markenzweck widmen wird und zur Philosophie der eigenen Marke passt. Die Zeit, die man angeblich nicht hat, um darüber ein längeres oder ein weiteres Gespräch zu führen, wird man später mehrfach aufwenden müssen, um den Mitarbeiter auf die gewünschte Praxis einzuschwören.

Agenturen

Eigentlich sollte eine Agentur eine Organisation von Menschen sein, die als Agenten für andere Menschen oder auch als Agenten einer Marke handeln. So handelt ein Literaturagent für seine Autoren. Agenten von Schauspielern oder Sportlern handeln im Namen ihrer Schützlinge Verträge aus. Und Geheimagenten sind im Auftrag Ihrer Majestät unterwegs. Dabei dienen Agenten dem Zweck und der Philosophie ihres Auftraggebers, handeln in der Praxis jedoch eigenverantwortlich. Zu Zeiten der ersten *Mad Men* traf diese Beschreibung durchaus auch noch auf Werbeagenturen zu, doch inzwischen sind aus den meisten Agenturen Dienstleistungsunternehmen geworden, in denen auch einige Berater (siehe oben) arbeiten. Der Auftraggeber bestimmt als Eigentümer seiner Marke heute nicht mehr nur den Zweck und die Philosophie, sondern die Praxis gleich mit, und zwar bis ins Detail. Ein eigenständiges Handeln der Agentur würde eher als Kündigungsgrund gesehen als als Anzeichen dafür, dass ein Agent der Marke sich besonders für den Markenzweck engagiert. Besteht gute Führung eigentlich genau darin, seine Mitarbeiter zu eigenverantwortlichem Handeln zu erziehen, so erziehen die meisten Unternehmen ihre Agenturen zur Unmündigkeit. Die Agenturen tragen den Agenten eigentlich nur noch im Namen.

Wie kann es dann aber sein, dass ausgerechnet Agenturen immer wieder für sich in Anspruch nehmen, sie seien die »Lead-Agenturen« (auf Deutsch: »Führungs-Agenturen«) bestimmter Marken? Auf der einen Seite sind sie nicht einmal mehr Agenten, und gleichzeitig wollen sie die Führung übernommen haben, also Eigentümer der Marke sein? Sie ahnen es schon: Hier geht es um die ganz am Anfang beschriebene Vorstellung von »Markenführung«. Und da man Marken immer noch nicht führen kann, erklärt sich auch, was sich hinter den »Lead-Agenturen« verbirgt: Sie sind damit beauftragt, als Dienstleister darüber zu wachen, dass das Markenzeichen einer Marke an allen Berührungspunkten, die Außenstehende mit der Marke haben, korrekt eingesetzt wird und dass in der richtigen Tonalität und Bildsprache über die Marke gesprochen wird. Sie managen das Erscheinungsbild der Marke. Mit Führung hat das Ganze nichts zu tun, und das ist auch gut so.

Kultur
Im Gegensatz zu Prozessen und Strukturen ist die Kultur einer Organisation nicht das Ergebnis einzelner Entscheidungen ihrer Führung – zumindest nicht direkt. Im Gegensatz zur Natur ist die Kultur ja eigentlich schlicht die Summe

dessen, was Menschen hervorbringen und wie sie handeln. Wenn man also sagt, dass etwas zur Kultur eines Unternehmens gehört, so könnte man genauso gut sagen, es gehöre zur Praxis. Allerdings wird mit dem Begriff der Unternehmenskultur meist ein Aspekt der Praxis beschrieben, der sich gerade nicht an den Ergebnissen oder den Handlungen ablesen lässt. Es geht um das, was zwischen den Linien des Organigramms passiert, um die »weichen« Faktoren, den Umgang miteinander und das allgemeine Wohlbefinden der Mitarbeiter. Und das wiederum hängt eher davon ab, wie sich die Vorgesetzten als Anführer verhalten, als davon, welche Entscheidungen sie in ihrer Managementfunktion treffen. Es sind also durchaus zwei Unternehmen denkbar, die den gleichen Unternehmenszweck verfolgen, in den gleichen Strukturen und mit den gleichen Prozessen arbeiten und dennoch völlig unterschiedliche Kulturen entwickeln. Der Unterschied liegt in der Art und Weise der Führung oder, um es mit unserem Modell zu beschreiben, in der Philosophie der Marke für das Handlungsfeld Führung.

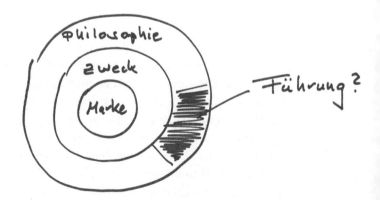

Bis hierher ging es um die Inhalte der Führung (Marken-zweck und Philosophie) und um deren Vermittlung, also die direkte und indirekte Erziehung zu einer markengerechten Praxis. Darüber hinaus stellt sich aber noch die Frage, wie es den Menschen, die geführt werden, eigentlich dabei geht. Was treibt sie an? Was macht ihnen Freude? Wovor haben sie Angst? Wie stehen sie zu ihren Kollegen? Und welchen Einfluss hat darauf die Führung, die ihnen widerfährt?

Dass verschiedene Unternehmenskulturen unterschiedliche Emotionen hervorrufen, überrascht uns nicht. Wir haben genug eigene Erfahrungen gemacht und genug Filme gesehen, um nachvollziehen zu können, dass militärischer Befehl und Gehorsam andere Empfindungen und Konflikte erzeugten als die »Hire and Fire«-Kultur eines amerikanischen Unternehmens oder die Beamtenmentalität in einer deutschen Verwaltung. Interessant daran erscheint mir jedoch, dass die Hirnforschung inzwischen große Fortschritte dabei gemacht hat, uns zu erklären, warum welche Empfindungen entstehen und welche Vorgänge im Gehirn dafür verantwortlich sind. Nun bin ich kein Hirnforscher und ich muss mich schon vorab für meine laienhafte Ausdrucksweise entschuldigen, aber soweit ich es richtig verstanden habe, ist es durchaus möglich, bestimmte Unternehmenskulturen der Dominanz bestimmter Hormone zuzuordnen. Da wäre zum einen das Dopamin, mit dem unser Gehirn uns belohnt, wenn wir ein Ziel erreicht oder etwas erledigt haben. Nach dem Glücksgefühl, das Dopamin uns verschafft, werden wir geradezu süchtig, und der Wunsch danach motiviert uns zu allen möglichen guten und weniger guten Handlungen. In Unternehmenskulturen, die diesen Antrieb nutzen, setzt die Führung auf kurzfristige Ziele, Bonussysteme und Wettbewerb. Alles dreht sich um den schnellen Kick und das Erfolgserlebnis. Typische Kandidaten für eine Dopamin-Kultur wären Investmentbanken oder Vertriebsorganisationen, und diese Beispiele deuten auch schon auf die Gefahren hin: Wem es nur um den Sieg und das darauf folgende Glücksgefühl geht, dem können der Markenzweck und die Philosophie einer Marke vollkommen egal sein – die Praxis folgt dem Dopamin. Für etwas anders gelagerte Glücksgefühle sorgen Endorphine. Das sind die Hormone, die dafür sorgen, dass wir Raum und Zeit vergessen und vollkommen in dem aufgehen, was wir gerade tun. Die Wirkung von Endorphinen kann so stark sein, dass sie uns sogar Schmerzen vergessen lassen (zum Beispiel beim Laufen) und wir regelrecht high davon werden. Auch nach diesem Kick kann man süchtig werden, und so prägen Endorphine insbesondere die Kultur von Organisationen, in denen viele kreative Menschen wie Künstler, Programmierer oder Wissenschaftler arbeiten.

Kulturen, für die Dopamin und Endorphin eine große Rolle spielen, laufen Gefahr, viele hochmotivierte Einzelkämpfer zu produzieren, während das Gemeinschaftsgefühl auf der Strecke bleibt. Was ihnen fehlt, ist die verbindende Wirkung von Serotonin und Oxytocin. Das Serotonin ist dafür verantwortlich, dass wir uns gut fühlen, wenn wir andere führen oder uns führen lassen. Es belohnt uns für eine starke Bindung zwischen dem Eigentümer einer Marke und ihren Agenten. Dagegen ist Oxytocin für das warme Gefühl verantwortlich, das wir empfinden, weil wir uns zu einer Gruppe gehörig fühlen. Es verbindet uns mit unseren Kollegen, den Mannschaftskameraden oder selbst den Leidensgenossen, die gemeinsam auf einen verspäteten Zug warten. Das Geheimnis einer gelungenen Unternehmenskultur ist es nun, die Wirkung dieser verschiedenen Hormone ins Gleichgewicht zu bringen. Wir brauchen Dopamin, damit wir zielgerichtet arbeiten, wir brauchen Endorphine, um besonders fokussiert und produktiv zu sein, wir brauchen Serotonin, damit Führung gelingen kann, und wir brauchen Oxytocin, damit wir gemeinsam stark sein können. Schwierig wird es immer dann, wenn einer der Stoffe in der Kultur zu dominant wird. Und das gilt genauso für eine übermäßig erfolgsorientierte Kultur wie für eine Kultur, in der alle begeistert, aber blind ihrem Anführer folgen, oder eine Kultur, in der man sich ganz behaglich in einem warmen Gemeinschaftsgefühl eingerichtet hat. Hier den richtigen Ausgleich zu finden ist eine zentrale Führungsaufgabe, und Gedanken dazu sollten Teil jeder Markenphilosophie sein.

Vertrauen

Damit überhaupt eine stabile Kultur entstehen kann, muss die wichtigste Grundvoraussetzung für jegliche Form der Führung gegeben sein: Vertrauen. Genauso wie ein Kind darauf vertrauen können muss, dass die Eltern es gut mit ihm meinen, müssen die Agenten einer Marke darauf vertrauen können, dass es die Eigentümer der Marke gut mit ihnen meinen. Ebenso wichtig ist das Vertrauen in die Kollegen und Geschäftspartner, mit denen man täglich zu tun hat. In einer Kultur, die statt von Vertrauen von Angst, Missgunst und Neid geprägt ist, bekommen wir es ansonsten ganz schnell mit einem weiteren Hormon zu tun: mit Cortisol – dem Stresshormon. Schon in der Savanne war das Cortisol für den lebensnotwendigen Fluchtreflex zuständig. Irgendetwas stimmte nicht, es war »etwas im Busch« und das Gehirn versetzte den ganzen Menschen in einen Zustand erhöhter Aufmerksamkeit. Diesen Zustand über längere Zeit aufrechtzuerhalten kostet viel Kraft, wir sind gestresst. Stress macht krank und Stress ist keine Frage der Überlastung, sondern eine Folge mangelnden Vertrauens. Wir fühlen uns nicht sicher und wir sind uns nicht sicher, dass wir unseren Kollegen und Vorgesetzten vertrauen können. Und während die anderen Hormone in der richtigen Dosierung und im richtigen Zusammenspiel durchaus positiv wirken, richtet Cortisol zumindest in der Arbeitswelt nur unnötigen Schaden an, den wir als Anführer unbedingt von der Organisation und den Menschen, mit denen wir zusammenarbeiten, abwenden sollten.

Simon Sinek beschreibt in seinem Buch mit dem programmatischen Titel »*Leaders Eat Last*«[62] (auf Deutsch: »Anführer essen zuletzt«) wie Vertrauen in die Führung und innerhalb einer Organisation entsteht. Anführer sollten sich eben nicht am Bild des Alphatieres orientieren, das das beste Stück Fleisch für sich in Anspruch nimmt, sondern sie sollten einen Schritt zurücktreten und erst an sich denken, wenn für alle anderen Mitglieder der Gemeinschaft gesorgt ist. Das Signal, das von einem guten Anführer ausgeht, lautet: »Macht euch keine Sorgen, ich bin für euch da, euch kann nichts passieren.« Damit dieses Signal ankommen kann, genügt es nicht, Erklärungen abzugeben (das Denken), sondern das Vertrauen muss in der Praxis (dem Handeln) nach und nach entstehen. Und so schwierig ist das gar nicht, denn im Grunde sind wir Menschen sehr einfach gestrickt: Wir vertrauen dem Vertrauten. Damit Vertrauen entstehen kann, müssen Anführer Zeit mit ihren Mitarbeitern verbringen. Vertrauen braucht Gewöhnung und Nähe, und die entsteht weder per E-Mail noch am Telefon. Vor allem müssen Anführer sich das Vertrauen aber durch ihre Entscheidungen und Handlungen verdienen: Indem sie eben nicht mit Druck führen und mit Entlassungen drohen, sondern alles in ihrer Macht Stehende unternehmen, um für das Wohl ihrer Mitarbeiter zu sorgen. Eine Gemeinschaft von Mitarbeitern, die sich dessen sicher sein kann, wird untereinander keine Kraft darauf verschwenden müssen, sich persönlich zu profilieren, sondern kann sich ganz auf den Markenzweck konzentrieren.

Freiräume

In einer Kultur des Vertrauens können die Mitarbeiter sich frei entfalten, wenn die Anführer die dafür erforderlichen Freiräume schaffen. Der Zweck und die Philosophie geben dabei den Rahmen vor, innerhalb dessen die Agenten einer Marke eigenverantwortlich eine Praxis entwickeln können – wenn sie denn wollen. Mit Sicherheit gibt es auch heute noch Arbeitnehmer, die ganz froh sind, wenn ihnen ganz genaue Handlungsanweisungen gegeben werden, doch die meisten Menschen (und nicht nur die Generation Y) dürften nicht eine lange und mühsame Ausbildung durchlaufen haben, um an ihrem ersten Arbeitstag das Denken einzustellen. Für sie gilt, wie in unserem Modell, dass der Weg zum Glück nur über das gute Denken und das gute Handeln führen kann. Und das bedeutet in der Praxis, dass sie die Philosophie der Marke selbst nachvollziehen und daraus selbst eine Praxis ableiten wollen, der sie sich dann umso engagierter und überzeugter widmen können. Damit es so weit kommen kann, müssen ihre Anführer ihnen die nötigen Freiheiten und Freiräume gewähren.

An erster Stelle gehören dazu zeitliche Freiräume, die es überhaupt erst möglich machen, die eigene Praxis zu reflektieren. Unsere Vorfahren saßen abends am Feuer, weil es dunkel war und es nichts mehr zu tun gab, außer den Tag Revue passieren zu lassen. So haben sie sich vergegenwärtigt, was gut war, und gemeinsam Geschichten über ihr Leben entwickelt, an denen sie sich orientieren konnten. Uns würde es heute auch wieder gut tun, wenn regelmäßig nicht nur das Licht, sondern gleich all unsere Elektronik ausfiele und wir zur Ruhe und Reflexion gezwungen wären – vielleicht würde so manches »haben wir immer so gemacht« schneller überwunden werden. Damit wir frei denken können, brauchen wir allerdings auch buchstäblich

..

Raum. Entweder bieten die Räumlichkeiten einer Organisation den Agenten genug Freiraum, um allein und untereinander die richtige Praxis zu reflektieren, oder es sollte zur Kultur gehören, dass Mitarbeiter eigenverantwortlich entscheiden können, an welchem Ort sie dem Markenzweck gerade am besten dienen können. Diesem Prinzip entspricht weder die Fixierung auf einen festen Arbeitsplatz und feste Arbeitszeiten noch der blinde Glaube daran, dass Heimarbeit in jedem Fall unseren Arbeitsalltag verbessert. Vielmehr kommt es darauf an, Räume zu schaffen, die nicht nur dem spezifischen Markenzweck und der Philosophie entsprechen, sondern auch das Miteinander der Agenten der Marke befördern.

Freiräume zum Denken erfordern Freiräume des Handelns, die es ermöglichen, eine neue Praxis auch auszuprobieren und dabei Fehler zu machen. Der Umgang mit Fehlern stellt dabei im deutschsprachigen Kulturraum wohl immer noch eine der größten Hürden dar. Auch wenn es ein Klischee ist und Ausnahmen natürlich die Regel bestätigen, kann man doch immer wieder feststellen, dass Scheitern bei uns als Makel angesehen wird, während es vor allem in der amerikanischen Kultur als ehrenwerter Versuch abgehakt wird. In vielen amerikanischen Unternehmen gehört es explizit zur Kultur, dass man eher erst handelt und später notfalls um Verzeihung bittet, als vorab um Erlaubnis zu fragen. Bei uns dürfte der Normalfall eher sein, dass zunächst lange um das richtige Denken und die Zustimmung des Chefs gerungen wird, bevor ein Mitarbeiter etwas Neues ausprobieren darf, nur um dann hinterher mit einem »Habe ich Ihnen ja gleich gesagt« belohnt zu werden. Dagegen ermuntern gute Anführer ihre Mitarbeiter dazu, die Initiative zu ergreifen, und lassen sie aus Fehlern lernen, ohne deswegen tatenlos zuzuschauen. Autofahren lernen wir schließlich auch nur, indem wir uns selbst ans Steuer setzen, auch wenn der Fahrlehrer zur Not immer noch ein zweites Bremspedal hat.

Sanfte Anstöße

Trotz aller Freiräume und selbst in einer Kultur des Vertrauens gelingt es Menschen nicht immer, ihr eigenes Denken oder die Philosophie einer Marke auch in das entsprechende Handeln umzusetzen. Da wir nicht die rationalen Wesen sind, als die sich die Wirtschaftswissenschaften uns lange vorgestellt haben, essen wir zu viel, rauchen immer noch oder schaffen es wieder nicht, das Fahrrad zu nehmen. Und auch im Arbeitsalltag mangelt es nicht an guten Vorsätzen oder dem Wissen, was man alles anders machen könnte, müsste oder sollte. In einer autoritären Unternehmenskultur wäre das kein Problem, solange die Führung die richtigen Entscheidungen trifft und diese auch durchsetzt. Doch was kann die Führung in einer Kultur tun, die von Vertrauen und Selbstverantwortung geprägt ist, wenn es nicht gelingt, umzusetzen, was eigentlich alle für richtig hielten?

Die beiden amerikanischen Wissenschaftler Richard Thaler und Crass Sustein schlagen mit dem Begriff *Nudge*[63] (auf Deutsch: »Schubs«) einen dritten Weg zwischen starren Regeln und völliger Freiheit vor. Der Gedanke ist inzwischen schon recht bekannt geworden, dennoch möchte ich ihn Ihnen noch einmal in aller Kürze als Mittel der Führung ans Herz legen. In einer Kultur der sanften Anstöße werden gute Entscheidungen dadurch befördert, dass Alternativen oder Handlungsoptionen so präsentiert werden, dass sie uns fast automatisch die bessere Entscheidung treffen lassen. Wir wollen alle Papier sparen, aber je weiter der Drucker entfernt steht, desto leichter fällt es uns, auf unnötige Ausdrucke zu verzichten. Wir wollen alle mit dem Fahrrad zur Arbeit kommen, aber wir können uns leichter dazu durchringen, wenn die Fahrradstellplätze komfortabler zu erreichen sind als das Parkhaus. Wir wissen alle, dass wir an der Abteilungsrunde teilnehmen sollten, doch es fällt uns leichter, nicht zuzusagen, als wenn wir explizit absagen müssten. Hier wird nichts verboten und niemand entmündigt, aber es ist ein kleines bisschen einfacher, sich tugendhaft im Sinne der Philosophie der Marke zu entscheiden. Dass dieses Prinzip auch bei ganz grundlegenden Fragen der Führung funktioniert, zeigt sich, wenn man es auf die Budgetplanung anwendet: Statt die Planung wie üblich ins Verhältnis zu den Vorjahren zu setzen, verlangt die Methode der sogenannten »Nullbasisbudgetierung«, dass alle Ausgaben jedes Jahr neu begründet und priorisiert werden. Der Entscheidungsspielraum des Mitarbeiters wird dadurch nicht eingeschränkt, aber es wird verhindert, dass aus Gewohnheit immer wieder die gleichen Handlungen geplant werden. Wir sind alle nur Menschen und es ist sicher nichts dagegen einzuwenden, dass unsere Anführer unsere kleinen Schwächen und Eigenarten ausnutzen, um uns einen freundschaftlichen Schubs in die richtige Richtung zu geben. Gute Anführer werden so zu Architekten unserer Möglichkeiten. Sie bieten uns verschiedene Wege an, überlassen uns aber die Wahl und behalten im Auge, wo Trampelpfade entstehen.

Freundschaft

Beim Thema Kultur muss ich zum Schluss noch einmal auf die »Work-Life-Balance« zurückkommen. Was sagt es eigentlich über unser Verhältnis zu unseren Kollegen und Vorgesetzten aus, wenn wir diese nicht zu unserem Leben zählen? Immerhin verbringen wir ja häufig mehr Zeit mit ihnen als mit unseren Freunden oder unserem Partner. Und das Oxytocin, das unser Gehirn ausschüttet, wenn wir uns in einer Gruppe gut aufgehoben fühlen, soll ja auch gut für unser Wohlbefinden sein. Wäre es da nicht am besten, wenn wir nicht nur Kollegen, sondern auch alle gute Freunde wären? Oder genügt es schon, wenn wir professionell miteinander umgehen und uns wenigstens nicht gegenseitig in den Rücken fallen? Viele Arbeitnehmer haben sich inzwischen derart an ein eher distanziertes Verhältnis zu ihren Kollegen gewöhnt, dass der Gedanke, diese zu ihren Freunden zu zählen, ihnen völlig absurd erscheint. Und das wiederum liegt wahrscheinlich daran, dass sie unter Freundschaft eine enge persönliche Beziehung verstehen, die keinem Zweck außer der Freundschaft selbst dient.

Wenn man jedoch (mit Aristoteles) unter Freundschaft versteht, dass zwei Menschen sich um einen gemeinsamen Zweck, nämlich das Glück, bemühen, dann sieht die Sache schon ganz anders aus. Denn wenn das Glück gutes Handeln braucht und das Handeln als Arbeitnehmer einen großen Teil unseres Lebens bestimmt, dann sollten wir uns gerade bei der Arbeit darum bemühen, gute Freunde zu finden. Freundschaft in diesem Sinne ist eine Zweckgemeinschaft – nicht mehr, aber auch nicht weniger. Dass der »Kumpel« im Bergbau ein anderes Wort für Freund ist, erinnert uns daran, dass es einmal selbstverständlich war, dass in einer Gemeinschaft, die häufig auch noch eine Gemeinde war, zusammen gearbeitet, gelebt, gelitten und gefeiert wurde. Deshalb sind noch lange nicht alle Kumpel persönlich miteinander befreundet – genauso wenig wie die »Elf Freunde«, die zusammen auf einem Fußballplatz stehen. Doch sie sind, in ihrem Einsatz für den Markenzweck und im Geiste der Philosophie ihrer Marke, sowohl miteinander als auch mit ihren Anführern befreundet. Diese Art der Freundschaft wird in den Organisationen und Unternehmen, in denen wir arbeiten, immer seltener, und auch das Auslagern von

Arbeitsplätzen, die hohe Fluktuation der Mitarbeiter und die Rolle von externen Beratern machen es auch nicht einfacher, sie aufrechtzuerhalten. Aber es lohnt sich immer noch, sich als Anführer dafür einzusetzen, dass unter den Mitarbeitern Freundschaft entstehen kann. Und damit meine ich nicht, dass man seine Mitarbeiter regelmäßig auf »Team-Building-Events« oder sonstige Spaßveranstaltungen schleppt, sondern dass man ihnen Gelegenheit gibt, gemeinsam eigenverantwortlich, freudvoll und tugendhaft an einer Sache zu arbeiten, die einem guten Zweck dient – dem Markenzweck. Wenn man dann noch in schwierigen Situationen und Zeiten für sie da ist und sich für sie einsetzt, hat man auch schon alles getan, was in der Macht eines Anführers steht. Und das wäre doch schon eine ganze Menge.

Digitale Herausforderungen

Rund zwanzig Jahre ist es inzwischen her, dass Marken wie »Netscape«, »Amazon« oder »eBay« zur Welt gekommen sind und sich aufmachten, unseren Alltag für immer zu verändern. Das Internet an sich ist noch älter und auch das World Wide Web entstand noch vor dem Fall der Berliner Mauer. Doch auch nach einem Vierteljahrhundert haben viele Organisationen und ganze Branchen immer noch keine tragfähigen Antworten auf die Herausforderungen entwickelt, die diese digitale Revolution mit sich gebracht hat. Die Marke »Google« ist zwar noch keine zwanzig Jahre alt und »Facebook« gerade einmal gute zehn Jahre, doch auch das kann eigentlich keine Entschuldigung dafür sein, dass insbesondere in der Verlagswelt eine ganze Führungsgeneration versagt und damit die Zukunft des Journalismus aufs Spiel gesetzt hat. Doch auch anderen Branchen steht noch eine »Disruption« (auf Deutsch: »Störung« oder »Bruch«)

ihres Geschäftsmodells bevor. Ob es deren Anführern besser gelingt, ihre Organisationen zukunftsfähig zu erhalten, wird nicht zuletzt davon abhängen, ob sie einen Markenzweck und eine Philosophie entwickeln können, die auch unter veränderten Rahmenbedingungen funktionieren. Wie diese aussehen müssten, ist eigentlich längst kein großes Geheimnis mehr. Holt man heute eine alte Präsentation aus der Schublade und schaut sich an, welche Prognosen bereits Ende der 90er-Jahre zur Zukunft des mobilen Internets, des Online-Handels oder der sozialen Medien kursierten, so wundert man sich doch, wie wenig sich eigentlich verändert hat. Natürlich entwickelt die Leistungsfähigkeit unserer Geräte und Netzwerke sich (wie vorhergesagt) dramatisch weiter, doch die Auswirkungen auf die Geschäftsmodelle der Unternehmen und das Nutzungsverhalten der Verbraucher sind weitgehend absehbar und bekannt.

Deshalb interessieren mich an dieser Stelle auch weniger die inhaltlichen Herausforderungen, denen sich die Anführer unserer Organisationen zu stellen haben, als die Auswirkungen, die die digitale Revolution auf die grundlegende Fähigkeit zur Führung hat. Was bedeutet die Digitalisierung aller Arbeits- und Lebensbereiche für die Orientierung an einem Markenzweck und einer Philosophie? Wie verändert die digitale Kommunikation das Verhalten und das Verhältnis zwischen Eigentümern und Agenten einer Marke? Oder wie verändert die Technologie, mit der wir uns umgeben, unser Denken, das ja immer noch Voraussetzung für gutes Handeln ist? Mit den sogenannten »Digital Natives« (auf Deutsch: »den digital Geborenen«) zieht inzwischen eine Generation in unsere Organisationen ein, die eine Arbeitswelt der analogen Akten und Memos gar nicht mehr kennengelernt hat. Für sie ist der Umgang mit digitalen Werkzeugen so normal, wie es für die Generation davor der Griff zum Telefon war. Doch selbst die älteren Mitarbeiter und Führungskräfte können sich mittlerweile ein Arbeiten ohne E-Mail, Google, Smartphone und den ständigen Zugriff auf alle möglichen Daten und Informationen nicht mehr vorstellen. Allen gemeinsam ist, dass sie ihr Verhalten kaum in Frage stellen, schließlich wird überall so gearbeitet. Und seit überall so gelebt und gearbeitet wird, lassen sich auch die Auswirkungen absehen, die die Digitalisierung auf unsere Fähigkeiten und unser Gehirn haben dürfte. Autoren wie beispielsweise Nicholas Carr[64], Jaron Lanier[65] oder Evgeny Morozov[66] haben sich verdient darum gemacht, den gewaltigen Chancen auch die Risiken der Digitalisierung gegenüberzustellen. Ob wir in der Zukunft endgültig jegliche Orientierung verlieren oder es uns gelingt, die Digitalisierung für den Fortschritt und ein besseres menschliches Miteinander nutzbar zu machen, wird im Wesentlichen eine Frage der Führung sein. Lassen wir uns von der Technologie führen oder führen wir mit Hilfe der Technologie?

Transparenz

Wer früher mit der Bahn fuhr, musste schon auf die Uhr schauen, um festzustellen, dass der Zug Verspätung hatte. Heute wird man vor jedem Bahnhof auf die Minute genau über den aktuellen Stand der Verspätung und sogar über die vermeintlichen Gründe dafür informiert – bis zum »Personenschaden«. Das Ergebnis bleibt das gleiche – wir kommen immer noch zu spät – aber die Bahn demonstriert uns eindrucksvoll, dass sie einen ihrer Werte hochhält. »Transparenz« lautet das Zauberwort. Und wie es mit den Werten eben so ist, ist auch Transparenz ein Begriff, der äußerst interpretationsfähig ist. Eigentlich verbirgt sich dahinter ja ein guter Gedanke: Transparenz soll dafür sorgen, dass Personen und Organisationen keine dunklen Geheimnisse haben können. Sonnenlicht sei das beste Desinfektionsmittel, heißt es dann im Kampf gegen Korruption, Vetternwirtschaft oder alle möglichen Formen von Betrug, staatlichen Übergriffen oder Umweltverschmutzung. Doch was für die Sonne gilt, gilt auch für die Transparenz: Zu viel davon kann genauso schädlich sein wie zu wenig. Genauso wie wir zu wenig Informationen haben können, um uns in der Welt zurechtzufinden und uns oder andere zu führen, können wir auch in einer Flut von nutzlosen Informationen ertrinken. Es wäre also eine lobenswerte Tugend, wenn die Agenten einer Marke uns zum richtigen Zeitpunkt mit allen für uns relevanten Informationen versorgen würden, aber Transparenz an sich hat noch keinen Wert.

Doch stellt sich uns als Eigentümern oder Agenten einer Marke heute überhaupt noch die Frage, welche Informationen wir veröffentlichen und welche nicht? Wollen Informationen nicht frei sein? Zumindest war das einmal das wohl etwas naive Versprechen zu Beginn der digitalen Revolution. In Wirklichkeit ist es auch und gerade in der digitalen Welt eine Frage der Macht, wer Zugang zu welchen Informationen erhält. Die Aktivitäten der amerikanischen NSA blieben so lange unbemerkt, bis sich ein mutiger Agent der Marke gegen die geballte Macht der Geheimdienste auflehnte. Und auch das konnte nur gelingen, weil er die technischen Fähigkeiten hatte, um seinerseits die Kontrolle über seine Informationen zu behalten. Staaten und Unternehmen haben sehr schnell gelernt, ihre Informationen auch in der digitalen Welt zu schützen. Ganz im Gegensatz zu uns Bürgern und Verbrauchern, die wir scheinbar freiwillig die Macht über unsere intimsten Informationen aus den Händen gegeben haben. Bewusst oder unbewusst haben wir uns einseitig zur Transparenz verpflichtet und jede unserer Bewegungen, Kaufentscheidungen oder Meinungsäußerungen offengelegt. Lässt sich diese Entwicklung aufhalten? Wohl kaum, da es nun mal der tiefsten Logik digitaler Technologie entspricht, dass sie jede Interaktion registriert, speichert und analysiert. Von einem digitalen System zu verlangen, es möge etwas vergessen, ist ungefähr so aussichtsreich wie einem Menschen zu sagen, er möge jetzt bitte nicht an einen Elefanten denken. Wir können digitale Marken (und alle Marken werden über kurz oder lang zu digitalen Marken) nicht sinnvoll dafür kritisieren, was sie *sind*, aber wir können sehr wohl ihre Eigentümer und Agenten dafür kritisieren, was sie *tun*. Jede Marke braucht deshalb eine Philosophie des Umgangs mit den Informationen, die sie über Außenstehende sammelt. Und damit diese entwickelt werden kann, muss in der Führung jeder Organisation – von der Bundesregierung bis zum mittelständischen Betrieb – zumindest genug Sachverstand vorhanden sein, um den Experten in der Organisation die richtigen Fragen zu stellen. Eine transparente Philosophie, die wiederum in einer leicht verständlichen Sprache verfasst sein müsste, würde es dann auch den Außenstehenden ermöglichen, zu entscheiden, welchen Organisationen sie welche Informationen anvertrauen wollen.

Augenhöhe

Glücklicherweise haben die digitalen Medien auch den Außenstehenden der Marken neue Macht verliehen. Zum einen ist es viel weniger aufwendig geworden, sich über das Handeln einer Organisation zu informieren und sich mit anderen Außenstehenden zu verbünden, die die gleichen Interessen verfolgen. Und zum anderen bieten die sozialen Medien Außenstehenden ganz neue Möglichkeiten, sich Gehör zu verschaffen. Die Kräfte in unserem Markendreieck haben sich verschoben.

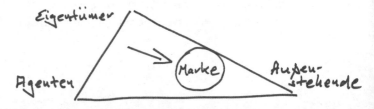

Die einstmals passive Seite des Dreiecks ist laut geworden und nimmt, auf Augenhöhe mit den Eigentümern und den Agenten, Einfluss auf die Wahrnehmung der Marke. Außenstehende müssen heute keine Leserbriefe mehr schreiben und hoffen, dass diese überhaupt jemand liest oder gar veröffentlicht. Sie nutzen Bewertungsportale und Foren, Rezensionen bei Amazon, insbesondere aber Facebook oder YouTube, um ihre Sicht eines Produkts oder des Verhaltens der Agenten einer Marke kundzutun. Glühende Liebeserklärungen an eine Marke können dabei genauso viele Menschen erreichen wie die gefürchteten »Shitstorms«, für die es interessanterweise überhaupt kein deutsches Wort gibt. Oft sind es dabei einzelne Kunden, unzufriedene Mitarbeiter oder kleine Gruppen, denen es mit Glück und Geschick gelingt, in den sozialen Medien oder Netzwerken und darüber hinaus große Aufmerksamkeit auf die Philosophie und Praxis einer Marke zu lenken. In der Regel tragen sie dabei ihre Wertvorstellungen, beispielsweise zum Tierschutz, zu sozialen Fragen oder zu den Grenzen des guten Geschmacks, an die Marke heran, ohne sich lange damit aufzuhalten, ob die Eigentümer der Marke diese überhaupt teilen. Das Mittel des Shitstorms ist die Skandalisierung, und die kann sich nicht lange mit einem sachlichen Austausch von Standpunkten aufhalten. Skandale dieser Art stellen die Führung einer Organisation doppelt auf die Probe: Zum einen zeigt sich jetzt, ob sie für ihre Marke eine klare und verständliche Philosophie formuliert hat, die auch in die Praxis umgesetzt wird. Zum anderen müssen die Anführer beweisen, dass sie auch bereit sind, für diese Philosophie und die Agenten ihrer Marke einzutreten. Wer als Anführer seine Hausaufgaben gemacht hat, kann, selbst wenn tatsächlich ein Fehler gemacht worden sein sollte, zu seinen Mitarbeitern und zur Philosophie der Marke stehen und abwarten, bis der Sturm sich verzogen hat. Wem es jedoch in der Führung an Klarheit mangelt, der kann weder auf den Druck von außen angemessen reagieren noch sich das Vertrauen seiner Mitarbeiter verdienen.

Selbstdarstellung

Der Kanadier Don Tapscott hat einige der aufschlussreichsten Bücher und Studien zur Digitalisierung von Gesellschaft und Wirtschaft veröffentlicht.[67] Von ihm stammt zum Thema Transparenz sinngemäß der Satz, wenn man schon nackt herumlaufen müsse, dann solle man besser auf seine Figur achten. Was er damit zum Ausdruck bringt, unterstreicht noch einmal die besondere Bedeutung, die Markenzweck und Philosophie in digitalen Zeiten zukommt. Das Denken und Handeln der Eigentümer und Agenten einer Marke wird ununterbrochen gemustert, gnadenlos kritisiert und an Schönheitsidealen gemessen, die möglicherweise genauso unrealistisch sind wie jene, an denen wir selbst vor dem Spiegel verzweifeln. Führt diese Nacktheit zu einer ehrlichen Bestandsaufnahme und dazu, dass die Eigentümer Philosophie und Praxis der Marke überprüfen und gegebenenfalls anpassen, kann man dies nur begrüßen. Das wäre dann genau die Form der kritischen Auseinandersetzung, die ich mir zwischen Außenstehenden und Agenten einer Marke erhoffe.

Gleichzeitig wissen wir aber auch, dass Marken und Menschen, die ständig dem Licht der Öffentlichkeit ausgesetzt sind, sich gerne von ihrer besten Seite zeigen und zur Not auch mal auf Schönheitsoperationen zurückgreifen, wenn Figur und Fitness nicht mehr dem Ideal entsprechen. Organisationen beschäftigen von jeher Agenturen und Berater, die helfen sollen, ihr Image zu verbessern. Stars und Sternchen aus Kultur, Unterhaltung und Politik arbeiten ununterbrochen daran, wie sie in Presse und Öffentlichkeit erscheinen. Das ist alles nicht neu. Neu ist dagegen, dass wir seit dem Aufkommen der sozialen Netzwerke alle zu Personen des öffentlichen Lebens geworden sind. Egal ob privat auf Facebook oder beruflich in Netzwerken wie XING oder LinkedIn, wir arbeiten ständig an der Optimierung unserer Selbstdarstellung. Wir äußern uns zu allen möglichen Themen, teilen Inhalte, die wir für richtig, schön oder wichtig halten, besuchen Konferenzen, tunen Lebensläufe, pflegen unser Netzwerk, schmücken uns mit prominenten Kontakten und finden es gut, schlimme Krankheiten zu besiegen. Kurz: Wir verwenden immer mehr Zeit darauf, unser öffentliches Profil zu pflegen und zu schärfen. Und diese Logik hat längst auch Einzug in den Alltag unserer Organisationen gehalten, wo jeder E-Mail-Verkehr und jedes Meeting eine weitere Chance zur Selbstdarstellung bietet. Doch machen wir uns nichts vor. Aufmerksamkeit auf ein Problem zu richten oder einen Gedanken überall bekannt zu machen ersetzt nicht den Einsatz für die Sache selbst.

Ganz egal ob es um einen guten Zweck oder den Zweck unserer Marke geht: Am Ende kommt es nicht auf das gute Denken, sondern auf das gute Handeln an. Die Kraft, die Agenten einer Marke darauf verwenden, digital oder persönlich zu demonstrieren, was für tolle Denker sie sind, fehlt ihnen hinterher zum Handeln. Gerade in unseren digitalen Zeiten sollte die Führung einer Organisation deshalb regelmäßig daran erinnern, worauf es wirklich ankommt: »Nicht reden, machen!«

Daten

Führung hat zu allen Zeiten bedeutet, Entscheidungen auch auf Basis unvollständiger Informationen zu treffen. Die Fähigkeit dazu gilt geradezu als Kernkompetenz, die einen echten Anführer von einem reinen Manager unterscheidet.

Der Manager versucht so lange bessere Informationen über die Vergangenheit zu bekommen, bis eine Entscheidung gut begründbar und überprüfbar ist und sich für die Gegenwart fast von selbst trifft. Da Führung jedoch in die Zukunft gerichtet ist und Zukunft immer Unsicherheit in sich birgt, müssen Anführer ihrem eigenen Urteil vertrauen und bereit sein, auch dann die Richtung vorzugeben, wenn es noch keine guten Landkarten gibt. Das heißt aber nicht etwa, dass Führung nur aus dem Bauch heraus erfolgen sollte. Ganz im Gegenteil: Ein guter Anführer wird alle zur Verfügung stehenden Informationen aufnehmen, interpretieren und in seine Entscheidung einfließen lassen. Insbesondere wird er sich aber nicht damit zufriedengeben, leicht zugängliche Informationen zu verarbeiten, sondern er wird neue Fragen stellen und sich um bessere Informationen bemühen. Gute Manager haben die richtigen Antworten, gute Anführer stellen die richtigen Fragen – das war schon immer so, und daran hat sich auch in unserer digitalisierten Welt nichts geändert.

Was sich allerdings durch die Digitalisierung grundlegend verändert hat, ist die Verfügbarkeit von Daten. Der Begriff »Big Data« (auf Deutsch in etwa: »Daten im großen Maßstab«) geistert seit einigen Jahren mehr oder weniger verstanden durch die Organisationen und erzeugt diffuse Hoffnungen und Sorgen. Grund zur Sorge haben dabei eigentlich neben Datenschützern nur die Marktforscher alter Schule. Sie haben wir bisher gebraucht, um vermeintliche Informationen über Sachverhalte zu bekommen, die sich unserer direkten Beobachtung entzogen. So wie wir auf Stichproben zurückgreifen mussten, um die Wasserqualität oder die Zuverlässigkeit eines Bauteils zu überprüfen, präsentierten die Markt- und Meinungsforscher uns Stichproben aus der Bevölkerung, um zu prüfen, wie ein Produkt oder ein Kandidat beim Publikum ankommt. Mit Big Data endet diese Ära der repräsentativen Marktforschung. Wir müssen uns in Zukunft nicht mehr mit zweifelhaft ausgewählten Stichproben begnügen, sondern können Daten in ihrer Gesamtheit erfassen und verarbeiten. In digitale Produkte und Dienstleistungen – vom Auto über den Fernseher bis zum Fahrkartenautomaten – ist diese neue Art der Marktforschung bereits eingebaut. Jeder Klick und jeder Knopfdruck wird festgehalten und für die spätere Auswertung gespeichert. Mit unseren Smartphones helfen wir dabei kräftig mit, und wo die direkte Interaktion fehlt, helfen Kameras und Sensoren, jede Aktion zu registrieren. Wir müssen Menschen nicht mehr fragen, was sie denken oder fühlen, sondern wir können ihr Handeln und ihren Umgang mit Objekten in seiner Gesamtheit erfassen. Dass diese Zukunft für uns alle durchaus Risiken birgt, die wir nicht unterschätzen sollten, versteht sich von selbst. Für die Anführer einer Organisation bedeutet sie aber in erster Linie, dass Informationen kein knappes Gut mehr sein werden. Alles wird messbar. Umso mehr wird es darauf ankommen, die richtigen Fragen zu stellen und die Antworten richtig zu interpretieren.

Messbarkeit

»Was man nicht messen kann, kann man auch nicht managen.« Oder auch: »Was man nicht messen kann, kann man nicht verbessern.« Sollten diese Sätze, die so oder so ähnlich verschiedenen Management-Gurus zugeschrieben werden,[68] stimmen, so folgt daraus zum einen, dass man weder Marken noch Menschen managen kann, sondern nur die Prozesse, die Menschen als Agenten von Marken vollziehen. Zum anderen erklärt sich aber auch, warum Manager versuchen, alles Mögliche – bis zum Glücksempfinden der Menschen eines Landes – messbar zu machen: nämlich um es eben doch managen zu können. Manager suchen ständig nach den Stellschrauben, an denen man drehen kann, um einen Prozess oder das Ergebnis, das am Ende eines Prozesses steht, zu verbessern. Indem sie dabei festlegen, woran sie den Erfolg ihres Handelns messen (meistens an der Effizienz), blenden sie gleichzeitig alle anderen Effekte, die das Drehen an den Schrauben auch hat, die aber nicht messbar sind oder nicht gemessen werden, systematisch aus. So kann beispielsweise eine Ausgliederung ganzer Abteilungen kurzfristig messbar die Personalkosten senken. Welche Auswirkungen eine solche Managemententscheidung auf die Qualität der Produkte, die Zufriedenheit der Mitarbeiter oder die Kultur des Unternehmens haben wird, ist aber nicht messbar und kann leicht übersehen werden. Dessen sind sich aufmerksame Manager auch bewusst, doch ihre Antwort darauf besteht in der Regel darin, noch mehr Faktoren einzubeziehen und noch mehr messen zu wollen. Das Ergebnis sind dann beispielsweise sogenannte »Balanced Scorecards« (auf Deutsch in etwa: »ausgeglichene Spielberichte«), mit denen in aufwendigen Verfahren auch die Interessen der Agenten und Außenstehenden einer Marke erfasst und für Entscheidungen nutzbar gemacht werden sollen. Diese Erweiterung des Blickwinkels ist durchaus zu begrüßen, sie beseitigt jedoch auch nicht den grundsätzlichen blinden Fleck des Prinzips der Messbarkeit: Was sich messen lässt, liegt zwangsläufig in der Vergangenheit. Und so machen sich Manager anhand der Kennzahlen, die ihnen zur Verfügung stehen, ein Bild von der Vergangenheit, das sie mehr oder weniger verbessert in die Zukunft fortschreiben wollen. Als Verbesserung kann also auch nur wahrgenommen werden, was die Messbarkeit und Vergleichbarkeit mit der Vergangenheit nicht gefährdet. Wie sollte man sonst hinterher die Richtigkeit der getroffenen Entscheidungen belegen? Echter Fortschritt und Führung gehen anders.

Anführer – und ich möchte noch einmal daran erinnern, dass es sich dabei durchaus um dieselbe Person handeln kann, die auch als Manager wirkt – haben einen vollkommen anderen Zugang zu Daten und zur Messbarkeit von Ergebnissen. Auch sie wollen sich nicht nur auf ihr Bauchgefühl verlassen, aber wer führt, der denkt für die Zukunft, das heißt, er entwickelt ein Bild davon, wo die Reise hingehen soll. Welche Bedeutung soll die Marke in Zukunft im Leben der Außenstehenden haben? Mit welcher Philosophie sollen welche Produkte entstehen? Wie soll es den Agenten der Marke dabei gehen? In welchen Regionen soll die Marke erfolgreich sein? Und wer sich aus dieser Perspektive Daten nähert, der interessiert sich nicht für das, was in der Vergangenheit gemessen wurde, sondern für die Faktoren, die ihm Hinweise auf den richtigen Weg zum Ziel geben können. Er möchte wissen, welche Faktoren für den Erfolg seiner Marke in einer neuen Region tatsächlich ausschlaggebend sind. Er möchte wissen, welche Faktoren für das Wohlbefinden seiner Mitarbeiter verantwortlich sind. Oder er möchte vielleicht wissen, welche Faktoren tatsächlich zu einer Kaufentscheidung beitragen. Manager nutzen Daten zum Messen und Vergleichen, Anführer suchen darin nach Erkenntnis und Inspiration. Und dabei können ihnen heute die enormen Datenmengen und die immer leistungsstärkere Software zu deren Auswertung tatsächlich viel besser helfen als es die Ergebnisse traditioneller Marktforschung jemals konnten.

Statistik
Viel hilft viel. Wer Daten mit dem Ziel analysiert, etwas Neues zu entdecken, der möchte, dass die Datenbasis so groß wie möglich ist und dass so viele Faktoren berücksichtigt werden wie irgend möglich. Ersteres sorgt dafür, dass das Ergebnis wirklich repräsentativ ist: Während man frü-

••

her mit Stichproben arbeiten musste, weil man sonst schlicht in einem Berg unsauber ausgefüllter Formulare ertrunken wäre, erlaubt es »Big Data« heute grundsätzlich, mit der Gesamtheit aller Daten zu arbeiten. Viele Faktoren berücksichtigen zu können hilft dann dabei, Fehlschlüsse zu vermeiden und auch noch die wildesten Hypothesen statistisch überprüfen zu können. Das Zauberwort dabei lautet »Korrelation«, was so viel bedeutet wie dass zwei oder mehr Faktoren auffällig häufig zusammen auftreten. Ein einfaches Beispiel: Nehmen wir an, Sie sind der Eigentümer einer Eismarke. Um besser zu verstehen, wer Ihr Eis eigentlich kauft, beauftragen Sie einen Analysten, der Zugriff auf sämtliche Daten einer großen Einzelhandelskette hat. Außerdem füttert dieser seine Datenbank mit Wetterdaten, den Ergebnissen der Fußball-Bundesliga, dem Fernsehprogramm und allen möglichen anderen scheinbar zusammenhanglosen Daten aus unterschiedlichen Quellen. Und siehe da, neben allen möglichen Banalitäten (bei schönem Wetter wird allgemein mehr Eis gekauft) stoßen Sie auf Zusammenhänge, mit denen Sie niemals gerechnet hätten. Erstens: Bei schlechtem Wetter verkauft sich Ihr Eis deutlich besser als das Ihrer Wettbewerber. Zweitens: Immer da wo die Heimmannschaft verliert, gehen die Verkäufe am nächsten Tag durch die Decke. Drittens: Läuft abends ein großes Drama im Fernsehen, wird morgens schon das Eis aus den Regalen gerissen. Wer hätte es gedacht: Ihre Eismarke stellt sich als echter Trostspender heraus. Vielleicht Ihr neuer Markenzweck?

Was das mit Führung zu tun hat? Die Bewertung und Einordnung von Daten wird für die Führung von Organisationen in Zukunft eine immer größere Rolle spielen. Agenten und Außenstehende einer Marke werden noch stärker als heute versuchen, die Eigentümer der Marke mit allen möglichen Zahlen von allen möglichen Handlungen zu überzeugen. Das Bauchgefühl wird nicht mehr ausreichen, um junge Mitarbeiter zu führen, die es gelernt haben, Entscheidungen nicht aus Erfahrung oder auf Rat eines Experten, sondern auf der Basis errechneter Wahrscheinlichkeiten zu treffen. Deshalb wird es immer wichtiger, dass Anführer in der Lage sind, historische Zahlen, Daten und Statistiken einzuordnen, sich selbst einen Eindruck zu verschaffen und die richtigen Fragen zu stellen. Früher hieß es, man solle keiner Statistik trauen, die man nicht selbst gefälscht habe. Heute muss niemand mehr Statistiken fälschen, es genügt völlig, aus der riesigen Datenflut die Daten herauszunehmen und in einen Zusammenhang zu stellen, die den eigenen Standpunkt untermauern. Die Anführer von morgen müssen nicht nur in der Lage sein, derartige Manöver zu durchschauen, sondern sollten bestenfalls selbst ein gewisses Maß an Freude und Neugier im Umgang mit Daten entwickeln.

In transparenten Organisationen wird es keinen Informationsvorsprung mehr geben, mit dem man einen Führungsanspruch rechtfertigen könnte. Umso mehr wird es auf einen weisen Umgang mit den verfügbaren Informationen ankommen. Wie man in der ersten Stunde der Einführung in die Statistik lernt, darf man Korrelation nicht mit einem kausalen Zusammenhang verwechseln. Daten können uns immer nur verraten, was der Fall *ist*, nicht aber warum. Und was sein *soll*, bleibt immer noch eine Frage der Führung. Zu dieser Führungsverantwortung wird es auch gehören, Agenten und Außenstehende der Marke vor den Verallgemeinerungen der Wahrscheinlichkeitsrechnung zu schützen und den einzelnen Menschen im Auge zu behalten. Selbst wenn es rechnerisch unwahrscheinlich ist, dass ein Kunde einen Kredit zurückbezahlt, unfallfrei fährt oder die

Wohnung ordentlich behandelt, sollte es doch zur Philosophie jeder Marke gehören, dass der Einzelfall geprüft und nach einer individuellen Lösung gesucht wird. Genauso sollten wir im Umgang mit Bewerbern und Mitarbeitern nie vergessen, dass auch die besten Daten nur ein Abbild der Vergangenheit sind. Als Eigentümer einer Marke sollten wir die Fähigkeit haben, mit der Hilfe von Daten zu führen, ohne uns von den Daten führen zu lassen.

Achtsamkeit

Die Praxis der *Achtsamkeit* kommt ursprünglich aus der buddhistischen Tradition und ist ein wichtiger Bestandteil meditativer Praktiken. In der westlichen Welt ist der Begriff in den letzten Jahrzehnten vor allem durch die Arbeit von Jon Kabat-Zinn[69] bekannt geworden, der die Achtsamkeitsmeditation in die Schmerztherapie einführte und empfiehlt, sie zu nutzen, um besser mit Angstzuständen und Stress klarzukommen. Nun bin ich weder Buddhist noch Therapeut und habe auch gar nicht vor, Ihnen eine formale Meditation als Weg zu besserer Führung zu empfehlen. Allenfalls möchte ich Sie zu einem ganz formlosen Innehalten anregen, das dazu dienen soll, dass wir als Eigentümer oder Agenten einer Marke unser Handeln besser reflektieren und bessere Entscheidungen treffen. Eine solche bewusste Besinnung wird umso wichtiger, weil die digitalisierte Umgebung, in der wir uns bewegen, alles daransetzt, unsere Aufmerksamkeit auf sich zu ziehen. Ablenkung erschwert Orientierung, und wenn Führung Orientierung bieten will, dann muss sie zuallererst den Kampf um die Aufmerksamkeit gewinnen.

Der Autor Frank Berzbach hat sich in seiner *Anregung zu Achtsamkeit*[70] damit beschäftigt, was es bedeutet, ein kreatives Leben zu führen. Um darauf aufzubauen, könnte man

durchaus argumentieren, dass Führung eine überaus kreative Aufgabe ist. Mir geht es im Folgenden aber eher darum,
dass, wer andere führen will, zunächst einmal in der Lage
sein muss, sich selbst zu führen. Führung ist zu allererst
Lebensführung. Erst wenn es Anführern selbst gelingt,
bewusste Entscheidungen im Sinne der Philosophie ihrer
Marke zu treffen und gemäß den Tugenden, die für ihre
Marke gelten sollen, zu handeln, können sie dies auch glaub-
würdig von anderen verlangen. Dabei geht es jedoch um
mehr als nur darum, ein gutes Vorbild in der Sache zu sein.
Ziel der Führung soll es schließlich nicht einfach sein, dass
die Geführten ihre Anführer nachahmen, sondern dass sie
auf Basis des Zwecks und der Philosophie einer Marke eigenverantwortlich handeln und entscheiden. Zur »Kunst gut zu
führen« muss es also gehören, vorzuleben und zu vermitteln, wie man als Agent einer Marke vom guten Denken zum
guten Handeln gelangt. Dazu möchte ich Ihnen für den Alltag der Führung in unseren Organisationen drei Prinzipien
ans Herz legen, die dem Gedanken der Achtsamkeit verbunden sind, ohne dass ich die Begriffe im Sinne irgendeiner
buddhistischen oder sonstigen Schule verwenden würde:
Aufmerksamkeit (Sind wir bei der Sache?), Fokus (Beschäftigen wir uns mit der richtigen und wichtigsten Sache?) und
Bewusstsein (Was beeinflusst unser Denken und entspricht
es unserer Philosophie?).

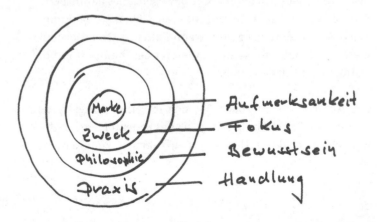

Da Sie es bis hierher geschafft haben, gehören Sie offenbar zu den Menschen, denen es noch gelingt, ganze Bücher zu lesen. Doch wir werden immer weniger, und vermutlich fällt es auch Ihnen immer schwerer, sich längere Zeit auf einen Text zu konzentrieren. Warum das so ist und welche Auswirkungen es auf unsere Fähigkeiten hat, hat Nicholas Carr in seinem Buch »*The Shallows*«[71] beschrieben, das auf Deutsch eigentlich »Seichte Wasser« heißen müsste. Er stellt darin anschaulich dar, wie digitale Medien unser Gehirn verändern: Ein gedrucktes Buch zwingt uns, den Gedanken eines Autors kontinuierlich zu folgen, und lässt uns das Gelesene dadurch zu tiefem Verständnis verarbeiten. Digital aufbereitete Medien machen uns dagegen ständig alternative Angebote. Auf einer Website schreien Links und Werbe-Banner ständig »Klick mich!«, das E-Mail-Programm meldet neue Mails, das Antivirus-Programm verlangt nach einem Update und im Hintergrund läuft immer noch der Chat mit der Freundin. Und was am stationären Rechner schon anstrengend genug war, begleitet uns jetzt dank Laptops und Smartphones überall hin, und das Tag und Nacht. Dass wir den Ablenkungen so schlecht widerstehen können, hat wieder mit dem Dopamin zu tun, mit dem unser Gehirn uns belohnt, wenn wir eine noch so kleine Aufgabe erfolgreich erledigt haben. Und so sind wir buchstäblich süchtig danach geworden, auf die niemals endenden Aufgaben zu reagieren, die uns unsere digitalen Begleiter ununterbrochen stellen. Wir klicken, texten und »whatsappen«, werden ganz verrückt vor Glück darüber, wie viel wir auf einmal erledigen können, und merken gar nicht, dass eigentlich nicht viel hängengeblieben ist. Und dann kommen die Entzugserscheinungen. Denn nichts anderes erleben wir, wenn wir uns mal wieder einem Buch zuwenden, versuchen einen ganzen Spielfilm zu schauen oder ein ernsthaftes Gespräch zu führen. Uns fehlt der nächste Kick und wir starren sehnsüchtig auf unser Smartphone. Hat es nicht gerade gebrummt?

Die gute Nachricht: Genauso schnell wie wir unser Gehirn darauf trainieren konnten, auf jede Ablenkung zu reagieren, können wir auch wieder lernen, unsere Aufmerksamkeit ganz auf eine Sache zu richten. Wir müssen es nur üben. Es ist wie mit allen anderen Tugenden auch: Das Handeln bestimmt den Charakter. Wenn wir wieder bessere Leser werden wollen, müssen wir wieder mehr lesen. Wenn wir wieder bessere Zuhörer werden wollen, müssen wir wieder besser zuhören. Und wenn wir in Besprechungen bei der Sache sein wollen, müssen wir eben dafür sorgen, dass wir auch bei der Sache bleiben. Aufmerksamkeit ist eine Sekundärtugend, die unabhängig vom Markenzweck zweifellos zur Philosophie jeder Marke gehören sollte. Wie sollten wir jemals einer Sache dienen, wenn wir noch nicht einmal bei der Sache sind? Zahllose Studien haben mittlerweile bewiesen, dass das sogenannte »Multitasking« ein Mythos ist.[72] Unser Gehirn hat zwar, dank des digitalen Trainings, gelernt, blitzschnell zwischen verschiedenen Aktivitäten hin und her zu schalten, doch darunter leidet die Qualität jeder einzelnen Aktivität, und in der Summe sind wir weniger leistungsfähig, als wenn wir uns nacheinander jeweils einer Sache widmen würden. Die Verantwortung dafür, dass in einer Organisation gemäß den Tugenden der Marke gehandelt wird, tragen die Anführer, an denen es auch wäre, die ihnen Anvertrauten in diesem Sinne zu erziehen. Doch jeder Agent einer Marke darf sich jederzeit auf die Philosophie der Marke berufen und die volle Aufmerksamkeit seiner Kollegen, Vorgesetzten und Geschäftspartner erwarten und einfordern.

..

In unser aller Berufsalltag wäre die typische Situation dafür das »Meeting« – auch wieder so ein englischer Begriff, der sich bei uns eingeschlichen und eine verräterisch andere Bedeutung mit sich gebracht hat. Zweck eines »Meetings« ist es wortwörtlich, sich zu treffen, Zweck einer Besprechung sollte es sein, etwas zu besprechen und auf Basis des Gesprächs etwas zu beschließen, das dann auch zu Handlungen führt. Und so eine Besprechung – vom Mitarbeitergespräch bis zur Vorstandspräsentation – erfordert nun mal die volle Aufmerksamkeit aller Anwesenden. Nicht ohne Grund bittet der Chef in alten Filmen seine Sekretärin immer, die Tür zu schließen, und verabschiedet sie mit dem Hinweis: »Wir möchten bitte nicht gestört werden.« Zu den heutigen Meetings scheint die Störung dagegen zu gehören wie das Wasser oder die trockenen Kekse. In Wirklichkeit sind Teilnehmer, die nur mit einem Ohr dem Gespräch lauschen und gleichzeitig auf ihren Laptop starren oder mit ihrem Telefon hantieren, in einer Besprechung aber entweder fehl am Platz oder es mangelt ihnen an der nötigen Fähigkeit zur Aufmerksamkeit. Und wie wir von Clay Shirky (»Bildschirme stören wie Passivrauchen«) gelernt haben, stehen sie damit auch noch der Aufmerksamkeit der anderen Teilnehmer im Wege. Wer also als Eigentümer oder Agent einer Marke seiner Verantwortung gerecht werden will, der sorgt dafür, dass Aufmerksamkeit wieder zu einer gelebten und geschätzten Tugend wird: Laptop zu, Telefon aus, zuhören, mitdenken und mitreden oder sich ruhig verhalten – dann klappt es auch mit dem guten Denken und alle kommen pünktlich nach Hause.

Fokus

Wenn Aufmerksamkeit Grundvoraussetzung für gutes Denken ist, dann ist Fokussierung die Voraussetzung für gutes Handeln. Zu fokussieren bedeutet, aus allen Handlungsmöglichkeiten diejenige auszuwählen, die zum gegebenen Zeitpunkt dem Zweck des Handelns am besten dient. Auf unser Modell übertragen heißt das zunächst, dass die Agenten einer Marke ihr Handeln immer wieder am Markenzweck ausrichten und messen. Dabei dient in der Praxis natürlich nicht jede Handlung unmittelbar dem Markenzweck. Doch jede Handlung lässt sich darauf hinterfragen, ob sie optimal ihrem unmittelbaren Zweck dient, der dann dem nächsten und wieder dem nächsten Zweck dient, bis man schließlich beim eigentlichen Markenzweck ankommt – so wie bei den russischen Puppen.

Fokussierung hilft bei der Führung, weil sie dazu zwingt, Prioritäten zu setzen. Genauer gesagt, eine Priorität zu setzen, denn in einem Zeitraum (einem Geschäftsjahr, einem Quartal, einer Woche oder einem einzelnen Moment) kann es immer nur genau eine Priorität geben. Ein Anführer, der für sich und die Organisation, die er führt, mehrere Prioritäten gleichzeitig setzen wollte, hätte den Fokus verloren und die Agenten seiner Marke um die nötige Orientierung für ihr Handeln gebracht. Dagegen nutzt ein guter Anführer jede Gelegenheit und insbesondere jedes Meeting seiner Organisation, um – Aufmerksamkeit vorausgesetzt – seinen Mitarbeitern zu helfen, sich und ihr Handeln wieder zu fokussieren und sich einzig und allein daran zu orientieren, was dem Zweck der Marke am meisten nützt. Der Nutzen für die Marke kann dabei langfristig sein, aber der Fokus gilt immer der nächsten Handlung im Hier und Jetzt. Ist diese abgeschlossen, wird neu fokussiert und die volle Aufmerksamkeit gilt der nächsten Handlung. Aus dem Zweck ergibt sich die Priorität und die Priorität führt zu Produktivität. Wie schwierig es sein kann, derart konsequent Prioritäten zu setzen und danach zu handeln, erleben wir alle bei unserer eigenen Lebensführung. Von der Berufs- über die Partnerwahl bis zu ganz alltäglichen Entscheidungen ist es bei allem fokussierten Nachdenken nicht immer klar, welche Handlung in einer gegebenen Situation unserem Zweck (dem Lebensglück) am besten dienen würde. Eins wissen wir jedoch auch aus eigener Erfahrung: Kein Fokus ist auch keine Lösung. Wer alles ein wenig macht, aber nichts richtig, der wird am Ende keinem Zweck mit ganzer Kraft gedient haben.

Bewusstsein

Nehmen wir an, eine kleine Organisation – nennen wir ihre Marke die »Abteilung« – fokussiert unter der Führung ihres Abteilungsleiters eine konkrete Aufgabe (das Projekt) und ist bereit, sich dieser mit voller Aufmerksamkeit zu widmen. Jetzt geht es für den Eigentümer und die Agenten der Marke daran, viele kleine und große Entscheidungen zu treffen, aus denen genauso viele kleine und große Handlungen folgen sollen. Damit die Handlungen aber auch vollzogen werden können und das Projekt ein Erfolg im Sinne des Markenzwecks werden kann, gilt es die Entscheidungen ganz bewusst zu treffen. Zum einen natürlich im vollen Bewusstsein für das *Soll* des Markenzwecks und der Philosophie der Marke »Abteilung«, die sich auf vielen Handlungsfeldern nach der Philosophie der übergeordneten Unternehmensmarke richtet. Zum anderen bedarf es aber auch

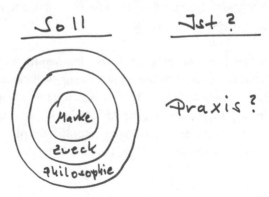

eines Bewusstseins für das *Ist*, also für die bisherige Praxis, die Erfahrungen, Erwartungshaltungen, Ängste und Hoffnungen der Menschen innerhalb und außerhalb der Organisation.

Mit diesem Spannungsfeld zwischen den Idealen der Marke und dem tatsächlichen Denken und Handeln ihrer Agenten und Außenstehenden muss sich jeder Eigentümer einer Marke auseinandersetzen, um seine Organisation erfolgreich im Sinne der Marke führen zu können. Es wird sich für ihn immer wieder lohnen, einen Schritt zurückzutreten und sich den Ist-Zustand seiner Marke und die Befindlichkeiten ihrer Agenten ganz bewusst vor Augen zu führen. Woran liegt es, dass die bisherige Praxis der Abteilung nicht der Philosophie der Marke entsprochen hat? Entspricht der von mir formulierte Markenzweck der Erwartungshaltung der Agenten und der Außenstehenden, die in den Nachbarabteilungen arbeiten? Kennen und teilen überhaupt alle Agenten die Philosophie der Marke? Was hindert die Mitarbeiter daran, aufmerksam und fokussiert zu sein? Auf welche Widerstände stoßen wir strukturell oder bei Außenstehenden, wenn wir versuchen, unsere Praxis im Sinne der Philosophie zu verbessern? Passt unsere Philosophie zur Kultur des Unternehmens? Die Liste der Fragen ließe sich beliebig fortsetzen, und selbst der beste Anführer wird nicht alle Antworten kennen – aber er wird sich sehr bewusst die richtigen Fragen stellen.

Und auch die Agenten der Marke können ihr Denken und Handeln bewusst hinterfragen, bevor sie Entscheidungen für das nächste Projekt treffen: Kennen und verstehen wir die Philosophie unserer Marke? Fühlen wir uns dem Zweck und den Tugenden der Marke persönlich verpflichtet? Und wenn nein: Warum eigentlich nicht? Vertrauen wir unserer

..

Führung und haben wir das Gefühl, dass sie uns vertraut? Welche Prozesse und Strukturen stehen einem besseren Handeln im Sinne des Markenzwecks im Weg? Entspricht die Entscheidung, die ich gerade eben getroffen habe, eigentlich der Philosophie der Marke? Warum ist mir das egal? Solche und ähnliche Fragen kann sich jeder Agent einer Marke ganz allein stellen oder er kann sie mit seinen Kollegen bei der ganz am Anfang erwähnten Tasse Tee diskutieren. Vielleicht entwickeln die Eigentümer und Agenten der Marke auch ein gemeinsames Ritual, das ihnen dabei hilft, sich immer wieder an der Marke zu orientieren und sich bewusst mit Anspruch und Wirklichkeit der Marke auseinanderzusetzen. So ein Ritual kann eine tägliche Tasse Tee sein, ein gemeinsamer Spaziergang oder eine regelmäßige Auszeit an einem besonderen Ort. Wichtig ist nur, dass das Ritual es den Beteiligten erlaubt, sich ihr eigenes Denken und Handeln ganz in Ruhe bewusst zu machen und in einer vertrauensvollen Atmosphäre mit den anderen Agenten der Marke zu erörtern – im Sinne der Freundschaft im Dienste eines gemeinsamen Zwecks.

Führung scheitert niemals daran, dass kritische Fragen zum Verhältnis von Denken und Handeln gestellt werden, sondern sie ist schon gescheitert, wenn diese Fragen nicht mehr gestellt werden. In der Psychologie spricht man von kognitiver Dissonanz, wenn Entscheidungen und Handlungen nicht mit den eigenen Gefühlen und Überzeugungen übereinstimmen. Eine solche Dissonanz empfindet jeder Mensch als unangenehm. Sie steht unserem Glück im Wege, das doch gerade davon abhängt, dass wir auf Basis eines guten Denkens auch gut handeln. Erst das Bewusstsein dafür, dass es an vielen Stellen in der Organisation Widerstände und Widersprüche gibt, die dem Glück vieler Mitarbeiter im Wege stehen, erlaubt es den Anführern unserer

Organisationen, Denken und Handeln zu überprüfen und wieder in Einklang zu bringen. Wer also als Agent oder Außenstehender schwierige, aber konstruktive Fragen zur Philosophie und Praxis einer Marke stellt, der leistet einen wertvollen Beitrag zur Führung. Das ist zumindest der Anspruch und die Hoffnung dieses Buches und der Geist, in dem ich für den dritten Teil eine ganze Reihe von Fragen zusammengestellt habe, die wir uns und den Eigentümern von Marken in verschiedenen Situationen stellen können.

Marken und Menschen

...

Für Marken handeln

Vom Vorstand bis zum Teamleiter tragen Führungskräfte in unseren Organisationen eine formale Verantwortung dafür, dass das Handeln ihrer Mitarbeiter dem Denken ihrer Marke entspricht. Doch auch die Mitarbeiter selbst können und sollten – schon aus eigenem Interesse – eine Mitverantwortung übernehmen. In der Praxis tun dies häufig altgediente Agenten einer Marke, an denen sich wiederum jüngere oder neu hinzugekommene Agenten orientieren. Diese Anführer, die ohne Titel und ohne formale Verantwortung für den Zweck und die Philosophie der Marke eintreten und deren Tugenden vorleben, haben für das Gelingen einer Marke und damit für den Erfolg der dahinterstehenden Organisation einen Wert, den wir gar nicht hoch genug schätzen können. Wenn gerade sie die Entscheidungen oder den Führungsstil ihrer Vorgesetzten hinterfragen, kann dies ein guter Hinweis darauf sein, dass das Handeln unter Umständen nicht mehr dem Denken der Marke entspricht.

Sowohl derartige Anführer, aktuelle oder potenzielle Mitarbeiter einer Organisation, aber auch externe Berater und Geschäftspartner brauchen Klarheit und Orientierung damit sie ihre ganze Kraft in den Dienst einer Marke stellen können. Sie müssen das Denken der Marke verstehen, damit sie im Sinne der Marke gut handeln können. Und sie wollen gut handeln, weil sie damit nicht nur der Marke, sondern eben auch ihrem ganz persönlichen Glück dienen. Wer formal Verantwortung für eine Organisation trägt, tut deshalb gut daran, den Wunsch seiner Mitarbeiter und Partner nach Orientierung nicht als Bedrohung der eigenen Autorität, sondern als wohlwollenden Beitrag zur Führung zu verstehen.

Als Mitarbeiter

Im Idealfall übernehmen alle Mitarbeiter einer Organisation ein Stück Mitverantwortung, setzen sich kritisch mit den Eigentümern der Marke auseinander und entwickeln als Agenten der Marke eine Praxis, die dem Markenzweck dient und der Philosophie der Marke entspricht. Solche Mitarbeiter werden selbst ein Stück weit zum Anführer und führen sich in einer funktionierenden Organisation gegenseitig. Doch es ist auch aller Ehren wert, wenn Menschen, die in unseren Organisationen arbeiten, sich entscheiden, in ihrem Leben an anderer Stelle Verantwortung zu übernehmen. Auch und gerade diese Mitarbeiter haben einen Anspruch darauf, dass ihnen das Denken der Marke so klar und verständlich vermittelt wird, dass sie gut im Sinne der Marke handeln können. Für sie kommt es in erster Linie darauf an, die Praxis der Marke zu verstehen – wohlgemerkt zu verstehen und nicht nur zu kennen. Jeder Mitarbeiter hat einen Anspruch darauf, dass ihm erklärt wird, wie die Praxis auf dem Handlungsfeld, das ihn betrifft, dem Markenzweck dient und inwieweit sie der Philosophie der Marke entspricht. Nur wer versteht, warum er etwas tut (gutes Denken), kann schließlich gut handeln und damit seinem Glück als persönlichem Zweck dienen. Auf dem Weg dahin kann es helfen, die folgenden Fragen zu stellen und bei

...

Bedarf mit seinen Kollegen und Vorgesetzten zu besprechen:

- An welcher Marke soll ich mich orientieren?
- Welchem Zweck dient diese Marke?
- Welche Handlungsfelder der Marke betreffen mich oder sind mir wichtig?
- Kenne und verstehe ich die Philosophie der Marke in Bezug auf diese Handlungsfelder?
- Kenne und verstehe ich die Gesetze und Tugenden der Marke, an denen sich mein Handeln orientieren soll?
- Verstehe ich die Philosophie und Praxis in Bezug auf das Handlungsfeld, in dem ich selbst arbeite?
- Entspricht meine Praxis der genannten Philosophie?
- Was steht einem Handeln im Sinne der Philosophie im Wege?
- Habe ich konkrete Vorschläge dafür, wie wir in meinem Handlungsfeld dem Markenzweck besser dienen oder der Philosophie der Marke besser gerecht werden könnten?

Als Anführer

Wer sich voll mit einer Marke identifiziert, ist bereit, nicht nur selbst dem Denken der Marke entsprechend zu handeln, sondern dieses Denken und Handeln auch anderen Agenten und Außenstehenden der Marke zu vermitteln. Dazu genügt es nicht, die Philosophie der Marke für das eigene Handlungsfeld zu verstehen und entsprechend in die Praxis umzusetzen, sondern es bedarf eines ganzheitlichen Verständnisses der Marke. Um dieses zu erreichen und sich die Marke zu eigen zu machen, kann es hilfreich sein, sich die folgenden Fragen zu stellen und gegebenenfalls mit den verantwortlichen Führungskräften zu diskutieren:

- Kann ich den Zweck der Marke in wenigen Worten auf den Punkt bringen?
- Identifiziere ich mich mit diesem Markenzweck und kann ich andere dafür begeistern?
- Verstehe ich die Philosophie der Marke in Bezug auf die wichtigsten Handlungsfelder?
- Kenne und unterstütze ich die Gesetze und Tugenden, die in Bezug auf das Handeln für die Marke gelten sollen?
- Gehe ich mit gutem Beispiel voran?
- Gibt es Geschichten, Rituale und gute Vorbilder, die mir dabei helfen, den Zweck und die Philosophie der Marke zu vermitteln?
- Kann ich mit meinen Kollegen eigenverantwortlich eine Praxis im Dienste der Marke entwickeln und entsprechend der Philosophie der Marke in die Tat umsetzen?
- Kenne ich den Fokus, den die Führung unserer Organisation setzen möchte?
- Erlauben die Rahmenbedingungen (Budgets, Prozesse, Strukturen) in der Organisation ein Handeln im Einklang mit dem Fokus und der Philosophie der Marke?
- Welche Rückmeldungen erreichen mich von anderen Agenten und Außenstehenden der Marke und kann ich diese den Eigentümern der Marke vermitteln?
- Habe ich konkrete Vorschläge dafür, wie wir dem Markenzweck besser dienen oder der Philosophie der Marke besser gerecht werden könnten?

Als Bewerber

Das größte Unglück droht im Berufsleben, wenn man für eine Organisation arbeitet, mit deren Marke man sich nicht identifiziert, mit deren Philosophie man nicht einverstanden ist oder für deren Praxis man vielleicht gar nicht geeignet ist. So manche Berufung oder prestigeträchtige Position kann sich ganz schnell als Albtraum herausstellen, wenn

...

die Praxis als Agent dieser Marke den Vorstellungen, die man als Außenstehender davon hatte, ganz und gar nicht entspricht. Umso wichtiger ist es bei der Berufswahl oder wenn es um eine konkrete Stelle geht, zumindest zu versuchen, sich ein Bild von der Marke zu machen, deren Agent man werden würde. Dabei sollte man nie vergessen, dass die Vertreter einer Organisation, mit denen man spricht, durchaus motiviert sein können, ein Bild der Marke zu zeichnen, das nicht der Realität entspricht, weil sie Sie für die Organisation gewinnen wollen. Das muss nicht schlimm sein, solange sich dahinter ein ehrlicher Anspruch verbirgt, doch Taten sprechen lauter als Worte. Versuchen Sie deshalb lieber, sich selbst ein realistisches Bild von der Praxis der Marke zu machen, und fragen Sie sich ehrlich, ob diese Praxis für Sie auf ein gutes Denken schließen lässt und ein gutes Handeln ermöglicht, mit dem Sie glücklich werden können.

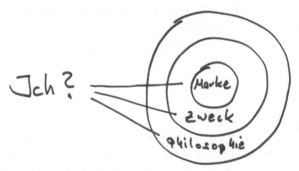

Bei der Entscheidungsfindung kann es helfen,
sich die folgenden Fragen zu stellen:

· Für welche Marke würde ich unmittelbar arbeiten?
· Welchem Zweck dient diese Marke
  und wie verhält sich dieser Zweck eventuell zum Zweck
  einer übergeordneten Marke?

- Kann ich mir vorstellen, diesem Zweck einen erheblichen Teil meines Lebens zu widmen?
- Auf welchen Handlungsfeldern bestimmt der Eigentümer der Marke, für die ich arbeiten würde, die Philosophie und auf welchen Handlungsfeldern gilt die Philosophie einer übergeordneten Marke?
- Welche dieser Handlungsfelder sind für mich persönlich besonders wichtig?
- Kenne ich die Philosophie der Marke in Bezug auf diese Handlungsfelder und kann ich mich damit identifizieren?
- Kenne ich die Gesetze und Tugenden, an denen sich die Agenten der Marke orientieren sollen?
- Entspricht die Praxis der Marke – soweit ich dies von außen erkennen oder in Erfahrung bringen kann – der Philosophie, die mir von Vertretern der Organisation präsentiert wird?
- Identifizieren sich die Agenten der Marke (meine zukünftigen Kollegen), die ich kenne, mit dem Zweck und der Philosophie der Marke?
- Lassen die Rahmenbedingungen (Budgets, Prozesse, Strukturen) es zu, dem Markenzweck optimal zu dienen und der Philosophie gerecht zu werden?

Als Externer

Damit externe Dienstleister, Partner oder Berater dem Zweck einer Marke effektiv dienen können, muss zwischen Auftraggeber und Auftragnehmer Klarheit über den Markenzweck und die Philosophie für das Handlungsfeld herrschen, auf dem die Externen wirken sollen. Doch obwohl diese Klarheit im beiderseitigen Interesse liegt, kann in der Praxis eine Menge schiefgehen. Zum einen dienen Externe verständlicherweise immer zunächst dem Zweck ihrer eigenen Marke und erst dann der Organisation und der Marke ihres Auftraggebers. Zum anderen kommt es häufig vor,

...

dass der Auftraggeber einen ganz anderen, persönlichen Zweck verfolgt als den, auf den er seine externen Partner bei der Beauftragung verpflichtet. Umso wichtiger ist es für Externe, bei der Auftragsübernahme zu klären, was von ihnen erwartet wird und woran sie sich orientieren können. Dabei kann es helfen, sich bei der Erstellung eines Angebots die folgenden Fragen zu stellen:

- Welcher Marke Eigentümer ist eigentlich unser Auftraggeber?
- Welchem Zweck dient diese Marke und wie verhält sich dieser Zweck zu anderen über- oder nebengeordneten Marken in der Organisation?
- Haben wir als Außenstehende das gleiche Bild dieser Marken wie unser Auftraggeber?
- Wollen wir uns dem Markenzweck mit vollem Einsatz widmen?
- Für welche Handlungsfelder kann unser Auftraggeber als Eigentümer seiner Marke eigenständig eine Philosophie festlegen?
- Fällt unsere Aufgabe in eines dieser Handlungsfelder oder sollten wir mit dem Eigentümer einer übergeordneten Marke sprechen?
- Verstehen und teilen wir die Philosophie der Marke in Bezug auf unser Handlungsfeld?
- Haben wir das gleiche Verständnis von den Gesetzen und Tugenden, die für unser Handeln gelten sollen?
- Erlauben es die Rahmenbedingungen (Budgets, Prozesse, Strukturen), dem Markenzweck im Sinne der Philosophie der Marke zu dienen?
- Genießen wir das nötige Vertrauen und haben wir Zugang zu den nötigen Daten und Informationen, um dem Markenzweck effektiv dienen zu können?
- Orientieren sich unsere Ziele und gegebenenfalls eine

leistungsbezogene Bezahlung am Markenzweck und der Philosophie der Marke?

Jeder Agent einer Marke kann dazu beitragen, dass aus *Meetings* wieder Besprechungen werden, die einem Zweck dienen und in denen Entscheidungen getroffen werden, die im Einklang mit der Philosophie der Marke stehen. Alle Klagen darüber, Meetings seien Zeitfresser und wenig effizient, zeugen lediglich davon, dass es ihnen normalerweise an Qualität mangelt, während ihre Anzahl, trotz aller Möglichkeiten der digitalen Medien, in unseren Organisationen kaum zurückgegangen ist. Denn tatsächlich kann es zwischen Menschen keine bessere und direktere Form der Kommunikation geben als den persönlichen Austausch von Standpunkten, mit dem Ziel, unmittelbar eine Entscheidung herbeizuführen. Wer zu einer Besprechung einlädt oder diese führt trägt dafür die Hauptverantwortung, doch auch alle anderen Teilnehmer dürfen fragen:

- Welcher Marke dient dieses Meeting und um welches Handlungsfeld geht es?
- Sind die richtigen Agenten der Marke beteiligt und sind alle Beteiligten bei der Sache? (Aufmerksamkeit)
- Hat das Thema der Besprechung Priorität für den betroffenen Zeitraum? (Fokus)
- Sind sich alle Beteiligten des Markenzwecks und der Philosophie bewusst oder bedarf es einer Erinnerung oder Klärung?
- Haben wir ein klares Bild der Ausgangssituation, sind wir unvoreingenommen und können wir die Folgen unserer Entscheidungen absehen? (Bewusstsein)
- Haben wir die nötigen Daten, Fakten und Informationen, um eine Entscheidung treffen zu können?

...

- Dient die Handlung, für die wir uns entscheiden, dem Markenzweck und entspricht sie der Philosophie der Marke für unser Handlungsfeld?
- Hat unsere Entscheidung Auswirkungen auf andere Handlungsfelder und müssen wir entsprechend andere Agenten unserer Marke informieren?

Mit Marken führen

Hoffentlich ist es mir inzwischen gelungen, Sie davon zu überzeugen, dass es nie darum gehen sollte, Marken zu führen, sondern immer darum, Marken als Mittel zur Führung von Menschen und Organisationen zu nutzen. Und wer Verantwortung für eine große oder auch noch so kleine Organisation trägt, hat die Möglichkeit, die Marke, die für die Organisation stehen soll, zu gestalten.

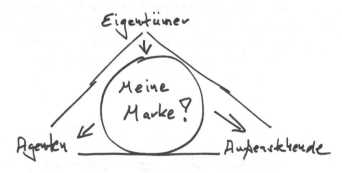

Ein klarer Markenzweck und eine handlungsorientierte Philosophie bieten den Mitarbeitern einer Organisation die nötige Orientierung und erlauben es ihnen, eigenständig eine Praxis zu entwickeln, die dem Zweck und der Philosophie der Marke entspricht. Der Grad der Freiheit bei der Gestaltung der Marke hängt ganz wesentlich von der Rolle des Anführers in der Organisation ab. Der Gründer und alleinige Gesellschafter eines Start-ups hat sicherlich einen größeren Gestaltungsspielraum als das einzelne Mitglied eines Aufsichtsrats oder ein Teamleiter in einem großen Konzern. Was sie verbindet, ist die Führungsverantwortung für die Menschen in ihrer Organisation. Was sich unterscheidet, sind die Fragen und Herausforderungen, vor denen sie als Eigentümer ihrer jeweiligen Marke stehen.

Als Gründer

Wer darüber nachdenkt, sich selbständig zu machen, ein Start-up, einen Verein oder eine Partei zu gründen, hat bereits eine Marke im Kopf, deren Zweck zunächst untrennbar mit der eigenen Motivation verbunden ist. Ohne diesen ersten Impuls – das *Warum* der Gründer – würden keine neuen Organisationen entstehen. Doch damit aus einer Idee eine gelungene Marke und eine gesunde Organisation werden kann, darf der Zweck nicht nur dem persönlichen Antrieb der Gründer entsprechen, sondern muss auch Agenten (Mitarbeiter oder Mitglieder) und Außenstehende (Investoren, Medien, Kunden) der Marke überzeugen. Und so besteht die erste und wichtigste Herausforderung, vor der Gründer stehen, immer darin, sich ein wenig zurückzunehmen und die Marke auf eigene Füße zu stellen.

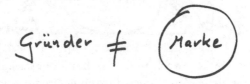

Dabei kann es helfen, die folgenden Fragen zu beantworten:

- Was ist der Zweck unserer Marke?
- Ist dieser Markenzweck geeignet, Agenten (insbesondere Mitarbeiter) zu motivieren?

...

- Ist dieser Markenzweck für Außenstehende (insbesondere Kunden) attraktiv und relevant?
- Wenn ja, für welche und woher wissen wir das?
- Können wir eine überzeugende Geschichte über unsere Marke erzählen?
- Was sind unsere wichtigsten Handlungsfelder?
- Haben wir eine klare Philosophie in Bezug auf diese wichtigsten Handlungsfelder?
- Ist diese Philosophie in sich stimmig und wirtschaftlich tragbar?
- Entspricht die Philosophie der Erwartungshaltung der Außenstehenden (Kunden, Investoren)?
- Sind unsere persönlichen Anreize und Ziele im Einklang mit dem Zweck und der Philosophie unserer Marke?

Als Unternehmer

Im Gegensatz zu angestellten Managern haben Unternehmer, die gleichzeitig Eigentümer der Marke und der dahinterstehenden Organisation sind, jederzeit die Möglichkeit, den Zweck und die Philosophie ihrer Marke zu überprüfen und zu verändern. Im Alltag wird ihnen jedoch in erster Linie daran gelegen sein, die Praxis ihrer Organisation im Einklang mit dem ursprünglich von ihnen entwickelten Markenzweck und der verabschiedeten Philosophie zu halten. Unternehmer können also ihre Marke als Maßstab nutzen, um immer wieder zu überprüfen, ob es ihnen gelingt, ihr Denken so zu vermitteln, dass es zum gewünschten Handeln führt. Dazu können sie sich und ihren Führungskräften folgende Fragen stellen:

- Ist unser Markenzweck klar und verständlich formuliert?
- Bleiben wir diesem Markenzweck treu?
- Wirken in unserer Organisation Kräfte, die der Erfüllung des Markenzwecks im Wege stehen?

- Besteht für unsere wichtigsten Handlungsfelder eine klare Philosophie?
- Haben wir für das Handeln der Agenten unserer Marke eindeutige Gesetze und Tugenden verabschiedet?
- Gelingt es uns, unseren Markenzweck und unsere Philosophie Agenten und Außenstehenden zu vermitteln?
- Dienen unsere Produkte dem Markenzweck und spiegeln sie unsere Philosophie wider?
- Haben wir einprägsame Geschichten und wirkungsvolle Rituale entwickelt?
- Erlauben die Strukturen und Prozesse in unserem Unternehmen die Umsetzung unserer Philosophie?
- Gehen unsere Führungskräfte mit gutem Beispiel voran und übernehmen sie Verantwortung für ihr Handeln?
- Genießen die Agenten unserer Marke das nötige Vertrauen und die Freiheit, um eigenverantwortlich eine Praxis im Sinne der Marke entwickeln zu können?
- Haben wir ein realistisches Bild davon, wie unsere Marke von Außenstehenden wahrgenommen wird?

Als Führungskraft

Wer kein Unternehmer ist, sondern in einer bestehenden Organisation arbeitet, sammelt seine erste Erfahrung als Führungskraft normalerweise als Teamleiter oder übernimmt Verantwortung für eine Abteilung. Damit eine Marke als Instrument der Führung wirken kann, muss aber auch der Anführer einer derartig kleinen Organisation Eigentümer seiner Marke sein. Vielleicht denken Sie nun, »das ist doch unrealistisch«, weil man als Team- oder Abteilungsleiter eben nicht der Eigentümer der Marke ist, die für das gesamte Unternehmen steht. Schließlich gibt es doch noch einen Bereichsleiter, vielleicht eine nationale Führung und am Ende sogar noch die globale Führung des Unternehmens, die man nie zu Gesicht bekommt.

...

Wir hatten ja bereits darüber nachgedacht, dass wir uns als Mitarbeiter meist in einem Netzwerk aus verschiedenen Marken mit verschiedenen Eigentümern bewegen, die um unsere Loyalität kämpfen. Doch ganz egal ob Sie ein kleines Team leiten oder eine große Abteilung eines multinationalen Konzerns führen, um effektiv und gut führen zu können, müssen Sie zum Eigentümer Ihrer Marke werden. Und dabei hilft ein wenig Demut. Schmücken Sie sich nicht mit Marken, die Ihnen gar nicht gehören, und tun Sie auch nicht so, als würde die Arbeit Ihrer Mitarbeiter einem fremden Markenzweck dienen. An kurzen Beispielen veranschaulicht: Wenn Sie bei Ihrer Zeitung die Lokalredaktion führen, dann übernehmen Sie Verantwortung für die Marke »Lokalredaktion«, entwickeln für diese Marke einen Markenzweck und eine Philosophie, stimmen diese mit Ihren Vorgesetzten ab und führen Ihre Mitarbeiter mit Hilfe der Marke, die Ihnen gehört. Wenn Sie ein Service-Team leiten, dann entwickeln Sie eine Philosophie für Ihr »Team 2« und führen entsprechend. Wenn Sie ein kleines Marketing-Team leiten, dann tun Sie nicht so, als wären Sie für die Marke des ganzen Unternehmens verantwortlich, sondern beschreiben Sie den Zweck und die Philosophie Ihrer eigenen Marke und führen Sie damit Mitarbeiter und externe Partner. Mit anderen Worten: Übernehmen Sie Verantwortung für die Marke, die Ihnen tatsächlich gehört.

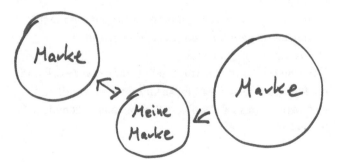

Auf dem Weg dahin können Ihnen folgende Fragen helfen:

- Was ist meine Marke und welchem Zweck dient sie?
- Wie verhält sich meine Marke zu übergeordneten Marken und was trägt sie zu deren Zweckerfüllung bei?
- Auf welchen Handlungsfeldern bin ich an die Philosophie einer übergeordneten Marke gebunden und auf welchen Handlungsfeldern kann ich selbst eine Philosophie entwickeln?
- Habe ich für letztere Handlungsfelder eine klare Philosophie entwickelt und transparent vermittelt?
- Harmoniert diese Philosophie mit den Vorstellungen meiner Vorgesetzten, anderer Führungskräfte und meiner Mitarbeiter?
- Erlauben es mir die Rahmenbedingungen in der Organisation (Budgets, Prozesse, Strukturen), die Philosophie meiner Marke in die Tat umzusetzen?
- Wird meine Leistung auf Basis des mit meinen Vorgesetzten abgestimmten Markenzwecks und der gemeinsam entwickelten Philosophie bewertet?
- Wie lautet meine Philosophie hinsichtlich der Führung meiner Mitarbeiter?
- Bringe ich meinen Mitarbeitern das nötige Vertrauen entgegen, damit sie auf Basis der von mir vorgegebenen Philosophie eigenverantwortlich eine Praxis entwickeln können?
- Beurteile ich die Leistung meiner Mitarbeiter danach, inwieweit sie dem Markenzweck dienen und der Philosophie gerecht werden?
- Habe ich von mir beauftragten Externen den Zweck und die Philosophie meiner Marke klar und verständlich vermittelt und sie darauf verpflichtet, entsprechend zu handeln?

...

Als Geschäftsführer oder Vorstand

Wer als Geschäftsführer oder Vorstand einer Kapitalgesellschaft (aber auch einer Partei oder eines Vereins) eine Organisation führt, vertritt als führender Agent die Interessen der Eigentümer einer Marke. Und was letztendlich für alle Agenten einer Marke gilt, ist an der Spitze einer Organisation unerlässlich: Damit Geschäftsführer oder Vorstände ihrer Führungsverantwortung gerecht werden können, muss Klarheit über den Zweck und die Philosophie der Marke herrschen. Diese Klarheit kann im Dialog, durch klare Vorgaben der Eigentümer der Marke oder dadurch entstehen, dass Geschäftsführung oder Vorstand ein Bild der Marke entwickeln und sich von den Eigentümern absegnen lassen.

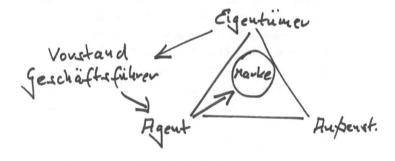

In jedem Fall wird es sich lohnen, aus Sicht der Geschäftsführung oder des Vorstands die folgenden Fragen zu klären:

- Gibt es einen eindeutig formulierten Markenzweck, an dem wir uns orientieren können?
- Ist die wirtschaftliche Philosophie der Marke geklärt?
- Befindet sich die formulierte wirtschaftliche Philosophie im Einklang mit der kurz- und mittelfristigen Erwartungshaltung von Anteilseignern und sonstigen Kapitalgebern?

- Für welche Handlungsfelder haben die Eigentümer der Marke eine Philosophie vorgegeben und ist diese Philosophie für uns klar und verständlich?
- Identifizieren wir uns mit dem Markenzweck und der gegebenen Philosophie?
- Orientieren sich unsere Ziele und unsere leistungsbezogene Vergütung am Markenzweck und der vorgegebenen Philosophie?
- Haben wir für weitere wichtige Handlungsfelder eine klare Philosophie entwickelt?
- Haben wir eine klare Führungsphilosophie?
- Haben wir klare Gesetze und wünschenswerte Tugenden für die Agenten unserer Marke entwickelt?
- Gehen wir mit gutem Beispiel voran?
- Gelingt es uns, den Markenzweck und unsere Philosophie Agenten und Außenstehenden zu vermitteln?
- Identifizieren sich unsere Mitarbeiter mit dem Markenzweck und der Philosophie?
- Haben wir Geschichten und Rituale entwickelt, mit denen wir uns und unseren Mitarbeitern den Markenzweck und die Philosophie immer wieder vergegenwärtigen können?
- Genießen unsere Mitarbeiter unser Vertrauen, um eigenständig eine Praxis im Dienste unseres Markenzwecks und im Sinne unserer Philosophie zu entwickeln?
- Unterstützen unsere Strukturen und Prozesse sie dabei?
- Dienen unsere Produkte und Leistungen unserem Markenzweck?
- Erbringen wir unsere Leistungen im Geiste unserer Philosophie und wird dies auch von Außenstehenden so wahrgenommen?

...

Als Aufsichtsrat

Die Mitglieder eines Aufsichtsrats, eines Beirats oder eines Verwaltungsrats vertreten in der Regel verschiedene Interessen und bringen unterschiedliche Erfahrungen mit. In ihrer Rolle tragen sie jedoch gemeinsam die Verantwortung für ihre Marke und das Unternehmen dahinter. Aufsichtsräte können eine bewusste Auseinandersetzung um die Marke, die für das Unternehmen stehen soll, nutzen, um einerseits untereinander für Klarheit zu sorgen und andererseits den von ihnen eingesetzten Vorständen, aber auch Außenstehenden wie Investoren oder Verbrauchern, die nötige Orientierung zu bieten. Für eine Diskussion im Aufsichtsrat bieten sich folgende Fragestellungen an:

- Haben wir für die Marke, die für unser Unternehmen steht, einen klaren Markenzweck formuliert?
- Widmen sich die von uns eingesetzten Vorstände diesem Markenzweck mit ganzer Kraft?
- Haben wir eine explizit formulierte wirtschaftliche Philosophie vorgegeben?
- Ist geklärt, für welche Handlungsfelder der Marke der Aufsichtsrat die Philosophie vorgibt und auf welchen Handlungsfeldern der Vorstand eigenständig eine Philosophie entwickeln kann?
- Ergibt die vom Aufsichtsrat und Vorstand gemeinsam verabschiedete Philosophie für die verschiedenen Handlungsfelder ein stimmiges Ganzes?
- Fühlt der Vorstand sich der Philosophie der Marke verbunden, vermittelt diese den Agenten der Marke und übernimmt Verantwortung dafür, dass eine entsprechende Praxis entsteht?
- Orientieren sich die Ziele und die leistungsbezogene Vergütung des Vorstands am Markenzweck und an der Philosophie der Marke?

Mit Marken leben

Als Außenstehende haben wir auf das Denken und Handeln der Agenten von Marken keinen direkten Einfluss. Trotzdem können wir uns selbst, den Menschen und Organisationen, die hinter den Marken stehen, und der Gesellschaft, in der wir alle leben, einen wertvollen Dienst erweisen, indem wir uns bewusst mit dem Zweck und der Philosophie von Marken auseinandersetzen. Jedem Einzelnen von uns hilft die Beschäftigung mit Marken dabei, jeden Tag große und kleine Entscheidungen zu treffen. Was soll ich kaufen? Zu welchem Arzt soll ich gehen? Wie soll ich mein Geld anlegen? Welcher Partei soll ich meine Stimme geben? Wir können derartige Fragen aus dem Bauch heraus beantworten und uns dabei gedankenlos dem Einfluss von Familie, Freunden, Medien und Werbung hingeben. Oder wir können, zumindest bei den wichtigsten Entscheidungen, einen Schritt zurücktreten und die Marke, um die es gerade geht, auf ihren Zweck und ihre Philosophie befragen.

So eine bewusste Auseinandersetzung mit Marken erfordert eine deutlich größere Aufmerksamkeit, kostet Zeit und wird das Leben nicht unbedingt immer leichter machen. Vor allem erfordert sie aber, dass wir uns unsere eigenen Zwecke bewusst machen und darüber nachdenken, welche Tugenden uns auf welchen Handlungsfeldern eigentlich wichtig sind. Was erwarte ich eigentlich von einem Produkt? Wozu werde ich es wirklich nutzen? Welche Aspekte der Herstellung oder des Vertriebs sind mir wichtig? Welche Leistung und was für eine Philosophie erwarte ich von einem Arzt, einer Bank oder einem Handwerker? Bin ich bereit, einen höheren Preis für Produkte oder Leistungen zu bezahlen, die eher meiner Philosophie entsprechen? Erst wenn wir uns selbst bewusst gemacht haben, was wir eigent-

•••

lich von den Marken, mit denen wir täglich zu tun haben, erwarten, können wir diese darauf überprüfen, inwieweit sie unseren Vorstellungen entsprechen. In so manchen Fällen könnte diese Gegenüberstellung uns durchaus auf die Füße fallen – wo wir in erster Linie »billig« fordern, können wir von einer Marke kaum besondere Tugendhaftigkeit erwarten. In jedem Fall kann die bewusste Auseinandersetzung mit Marken uns aber dabei helfen, bessere Entscheidungen zu treffen, besser zu handeln und damit unserem eigenen höchsten Zweck – unserem Glück – besser zu dienen.

Als Verbraucher

Das Angebot der Waren und Dienstleistungen, die täglich um unsere Aufmerksamkeit kämpfen, ist überwältigend und verlockend. Alle möglichen Marken versprechen, unser Leben zu verbessern und uns glücklich zu machen. Die Agenten dieser Marken wissen scheinbar ganz genau, was uns zu unserem Glück fehlt, und haben gelernt, uns Geschichten zu erzählen, die uns davon überzeugen, dass ihr Angebot genau richtig für uns ist. Den Techniken und Tricks der Werbung und Verführung können wir nur widerstehen, wenn wir unsere Kaufentscheidungen sehr aufmerksam treffen und uns bewusst machen, welchem Zweck eine Marke überhaupt dient und ob dieser Zweck bei uns ein echtes Bedürfnis erfüllt.

Ich
Bedürfnis
Philosophie

≙ ?

Marke
Zweck
Philosophie
Praxis

Warum brauche ich ein neues Smartphone? Welches Bedürfnis erfüllt die neue Handtasche? Bringt mich das neue Auto besser zur Arbeit? Was ist mir wichtig, wenn ich Lebensmittel einkaufe oder einen Urlaub plane? Die Marken, mit denen wir es zu tun haben, liefern uns Abkürzungen (»neu«, »besser«, »jung« »Freude«, »Bio«), damit wir – um es noch einmal in der Systematik Daniel Kahnemanns zu formulieren – unsere Entscheidungen dem Schnellen Denken überlassen. Doch wenn wir uns diese Fragen bewusst beantworten wollen, müssen wir absichtlich langsam denken. Wir müssen selbst denken.[73] Das ist anstrengend, und wir sollten es damit auch nicht übertreiben, aber mit ein wenig mehr Aufmerksamkeit im Alltag und bei größeren Anschaffungen wäre schon viel erreicht. Dabei kann es helfen, sich mit Marken zu beschäftigen und sich die folgenden Fragen zu stellen:

- Welchem Zweck dient die Marke, die ich in Erwägung ziehe?
- Erfüllt dieser Zweck mein Bedürfnis und woher kommt dieses Bedürfnis?
- Hat das Produkt einen Nutzen, der mein Bedürfnis substanziell besser erfüllt als ein Produkt, das ich schon besitze oder nutze?
- Welche Handlungsfelder der Marke und welche Tugenden der Agenten der Marke sind mir wichtig?
- Kenne ich die Philosophie der Marke in Bezug auf diese Handlungsfelder und Tugenden?
- Entspricht die Praxis der Agenten der Marke, soweit ich es weiß, dieser Philosophie?
- Was kann ich tun oder wen kann ich fragen, um mehr über das tatsächliche Handeln der Agenten der Marke in Erfahrung zu bringen?

...

Als Anleger oder Investor

Manchmal bleibt, nachdem wir all unsere Bedürfnisse befriedigt haben, ja tatsächlich noch ein wenig Geld übrig. Oder wir legen gezielt etwas für schlechte Zeiten oder zur Altersvorsorge zurück. Indem wir das tun, geben wir Organisationen entweder einen Kredit oder wir werden zu ihrem Miteigentümer. Oft ist es uns gar nicht so bewusst, aber das Geld, das auf unserem Giro- oder Festgeldkonto herumliegt, ist ein Kredit, den wir der Bank geben. Und dass die Aktien in unserem Depot uns zum Teilhaber eines Unternehmens machen, mag uns sehr abstrakt erscheinen, hat aber tatsächlich eine Bedeutung. Das Kapital, das wir auf diese Weise den Unternehmen zur Verfügung stellen, ermöglicht es diesen überhaupt erst, ihren Markenzweck zu erfüllen. Sollten wir uns also nicht vielleicht bewusster damit auseinandersetzen, welchen Zweck und welche Philosophie wir unterstützen wollen? Wir können ja nicht ernsthaft Banken und andere Unternehmen im In- und Ausland für ihr Denken und Handeln kritisieren und ihnen gleichzeitig das Kapital zur Verfügung stellen, mit dem sie dieses Handeln finanzieren, oder?

Weder ein Naturgesetz noch wirtschaftliche Not zwingen uns, bei der Geldanlage nach dem maximalen Gewinn zu streben. Das ist allein eine Frage unserer persönlichen Überzeugungen, und wir können uns genauso gut am Zweck und der Philosophie der Marken orientieren, die sich um unser ehrlich verdientes Geld bemühen. Bei der Entscheidungsfindung für oder gegen eine Anlage oder Investition können die folgenden Fragen helfen:

• Welche Marke ist der unmittelbare Nutznießer meines Kapitals?

- Reicht diese Marke mein Kapital an andere Marken oder Menschen weiter?
- Kenne und verstehe ich die Philosophie, mit der mein Kapital weitergegeben wird?
- Besteht Transparenz darüber, welche Marken letztendlich von meinem Kapital profitieren?
- Kenne und unterstütze ich den Markenzweck und die Philosophie dieser Marken?
- Gibt es Zwecke und Philosophien, die ich mit meinem Kapital auf keinen Fall unterstützen möchte, und kann ich mir sicher sein, dass dies auch nicht geschieht?
- Gibt es Möglichkeiten, mein Kapital gezielt Marken, deren Zweck und Philosophie ich unterstütze, zur Verfügung zu stellen?

Als Journalist

Zwischen der neutralen Berichterstattung und dem Kommentar bietet sich die Beschäftigung mit Marken als dritter Weg an, um sich in den Medien kritisch mit Organisationen auseinandersetzen zu können. Wenn Journalisten die faktische Praxis einer Marke dem Zweck und der Philosophie gegenüberstellen, die von Eigentümern und Agenten selbst für die Marke in Anspruch genommen werden, zeigt sich sehr schnell, ob eine Marke authentisch ist oder nur versucht, sich mit gutem Denken zu schmücken, während es mit dem guten Handeln in Wirklichkeit gar nicht so weit her ist. Dabei kann es jedoch nicht damit getan sein, Marken aufgrund ihrer Scheinheiligkeit an den Pranger zu stellen. Fortschritt wird erst möglich, wenn Journalisten anfangen, die Rahmenbedingungen auszuleuchten und herausarbeiten, warum die Agenten einer Marke anders handeln, als es dem Zweck und der Philosophie ihrer Marke entspräche. Als neutrale Außenstehende, deren Beruf und Handwerkskunst es ist, Aufmerksamkeit, Fokus und Bewusstsein auf

...

einen Sachverhalt zu richten, können sie damit den Eigentümern und Agenten einer Marke helfen, sich ein objektiveres Bild ihrer Marke zu machen und bessere Entscheidungen zu treffen. Und uns Außenstehenden, als Käufer, Investor oder Wähler, ermöglichen Journalisten es auf diese Weise, uns ein vollständiges Bild einer Marke zu machen und zu entscheiden, wie wir zu dieser stehen. Auf dem Weg dahin kann es Journalisten helfen, die folgenden Fragen möglichst präzise zu beantworten:

- Mit welcher Marke beschäftige ich mich und wer sind ihre Eigentümer?
- Welchen Zweck und welche Philosophie nehmen die Eigentümer für die Marke in Anspruch?
- Identifizieren sich die Agenten der Marke (Verkäufer, Vertreter) mit diesem Zweck und dieser Philosophie?
- Ist der Markenzweck für Außenstehende (Kunden, Partner, Bürger) relevant und erfüllt die Philosophie der Marke ihre Erwartungen?
- Dienen die Produkte und Leistungen tatsächlich dem Markenzweck?
- Entspricht das Handeln der Agenten in der Praxis der Philosophie der Marke?
- Gehen die Führungskräfte dabei mit gutem Beispiel voran und übernehmen sie Verantwortung?
- Befinden sich die Ziele und die Kriterien für eine leistungsbezogene Bezahlung der Führungskräfte im Einklang mit dem Zweck und der Philosophie der Marke?
- Wirken in der Organisation Kräfte (Budgets, Prozesse, Software), die einem Handeln im Einklang mit der Philosophie im Wege stehen?
- Erlauben die Strukturen der Organisation es den Mitarbeitern, sich optimal für den Markenzweck einzusetzen und der Philosophie der Marke gerecht zu werden?

- Genießen die Mitarbeiter den nötigen Freiraum und das Vertrauen der Führungskräfte, um eigenverantwortlich eine Praxis im Sinne des Markenzwecks und der Philosophie entwickeln zu können?
- Herrscht in der Organisation ein freundschaftliches Miteinander im Dienste des Markenzwecks?
- Bringen die Führungskräfte die nötige Aufmerksamkeit mit, lassen sie einen klaren Fokus erkennen und treffen sie Entscheidungen bewusst und auf Basis aller verfügbaren Daten?

Als Wähler

Politiker sind keine Marken, sondern Menschen aus Fleisch und Blut mit allen Stärken und Schwächen, die das so mit sich bringt. Als Mitglieder ihrer Parteien sind sie zwar Agenten oder sogar Eigentümer einer Marke, doch einmal gewählt, sind sie in unserem politischen System lediglich ihrem eigenen Gewissen verpflichtet. Kein Gesetz und kein Parteistatut verpflichtet unsere gewählten Vertreter dazu, sich nach der Wahl an das zu halten, was vor der Wahl erklärt wurde, und um Erklärungen (Ausreden?) sind sie ja meistens auch nicht verlegen. Umso mehr lohnt es sich, unsere Parteien und Politiker als Marken zu betrachten und sich wenigstens vor der nächsten Wahl bewusst zu machen, inwieweit Denken und Handeln bei ihnen im Einklang sind. Und da alle politischen Marken – wie bereits besprochen – den gleichen Zweck verfolgen, nämlich ihre Vorstellung vom guten Leben durchzusetzen, können wir uns direkt der Philosophie und der Praxis zuwenden. Dabei können uns die folgenden Fragen helfen, uns zu orientieren und uns für eine Partei oder eine Person zu entscheiden:

- Welche Handlungsfelder sind für meine eigene Vorstellung vom guten Leben ausschlaggebend?

...

- Wie lautet die Philosophie der politischen Marke für diese Handlungsfelder?
- Welche Tugenden sollen das Handeln der Agenten dieser Marke bestimmen?
- Handeln die Agenten der Marke im Sinne der Philosophie und im Einklang mit den Tugenden?
- Setzen die Agenten der Marke sich freundschaftlich miteinander für den Markenzweck und die Durchsetzung und Einhaltung ihrer Philosophie ein?
- Bringen die Agenten der Marke die nötige Aufmerksamkeit mit, sind sie fokussiert und treffen sie Entscheidungen bewusst und unter Berücksichtigung aller bekannten Daten und Fakten?
- Übernehmen die Agenten der Marke Verantwortung für ihr Handeln?
- Und falls die Antworten auf all diese Fragen nicht zufriedenstellend ausfallen: Was kann ich selbst tun, um meiner Vorstellung vom guten Leben zur Durchsetzung zu verhelfen?

Als Bürger

Unser gutes Leben verdanken wir ganz wesentlich dem Funktionieren unserer staatlichen und halbstaatlichen Einrichtungen und Institutionen. Ohne eine unabhängige Justiz, eine unbestechliche Polizei, ein ordentliches Erziehungs- und Gesundheitssystem und eine effiziente Bürokratie könnten wir uns als Bürger nicht frei entfalten. Und dennoch haben wir zu den Marken, die für unsere gemeinschaftlichen Organisationen stehen, ein äußerst gespaltenes Verhältnis. Obwohl wir als Bürger eigentlich Miteigentümer dieser Marken sind, begegnen wir ihren Agenten als Außenstehende und fühlen uns von diesen auch häufig als solche behandelt. Auf der einen Seite vergessen wir schnell (spätestens wenn es ans Geld geht), dass zuverlässige Behörden, Bundeswehr und Polizei, Schulen und Universitäten, aber auch Bibliotheken, Krankenhäuser, Stadtwerke oder Schwimmbäder, keine Selbstverständlichkeit sind. Auf der anderen Seite dürfen wir auch von den Agenten dieser Marken erwarten, dass sie nicht vergessen, dass sie keinem Selbstzweck dienen, sondern uns bei der Verwirklichung eines guten Lebens unterstützen sollen. Sie daran zu erinnern ist Aufgabe ihrer Anführer, doch dem gegenseitigen Respekt und Verständnis wäre viel damit gedient, wenn wir gemeinsam den Zweck und die Philosophie der jeweiligen Marken wieder herausarbeiten und uns bewusst machen könnten. Dazu können wir uns die folgenden Fragen stellen:

· Welchem Zweck dient die betreffende Marke in unserer Gesellschaft und welche Bedeutung hat sie für unser gutes Leben?
· Soll die Marke ihren Zweck nach marktwirtschaftlichen Prinzipien erfüllen?
· Für welche Handlungsfelder soll die Marke verantwortlich sein?
· Ist eine klare Philosophie für die betreffenden Handlungsfelder erkennbar?
· An welchen Tugenden sollen sich die Agenten der Marke orientieren?
· Gelingt es den Anführern der Organisation, den Zweck und die Philosophie der Marke nach innen wie nach außen zu vermitteln?
· Dient das Handeln der Agenten der Marke in der Praxis dem Markenzweck und folgt es der Philosophie?
· Bringen wir als außenstehende Bürger den Agenten der Marke das nötige Vertrauen entgegen, damit sie eigenständig eine Praxis im Sinne der Philosophie entwickeln können?

...

- Erlauben die Rahmenbedingungen (Budgets, Prozesse, Software) und Strukturen es den Agenten der Marke, dem Markenzweck optimal zu dienen und der Philosophie der Marke gerecht zu werden?
- Übernehmen die Agenten der Marke Verantwortung für ihr Handeln?
- Was können wir als Mit-Eigentümer tun, um die Agenten der Marke dabei zu unterstützen, dass der Markenzweck bestmöglich erreicht wird?

Fortschritt

....

Man muss also das zuvor Gesagte untersuchen,
indem man es auf die Taten und das Leben anwendet,
und wenn es mit den Taten übereinstimmt,
müssen wir es akzeptieren,
wenn nicht, für bloße Worte halten.

ARISTOTELES,
NIKOMACHISCHE ETHIK, X.9.3

An die Arbeit

Nachdem ich jetzt all diese Fragen aufgelistet habe und Sie das Wort *Marke* wahrscheinlich endgültig nicht mehr hören können, möchte ich noch einmal auf den Anfang zurückkommen. Mein persönlicher Antrieb für dieses Buch war mein Glaube daran, dass wir die Dinge besser machen können, als sie sind, wenn wir uns darauf besinnen, was uns eigentlich wichtig ist, wie wir leben und insbesondere wie wir arbeiten wollen. Und wenn ich sage *besser*, dann spreche ich weder von Innovation noch von Effizienz und schon gar nicht von Wachstum, sondern von Fortschritt. Echter Fortschritt bemisst sich für mich daran, ob wir wirklich etwas bewegen und verändern können, das uns einem guten Leben und gutem Handeln ein Stück näher bringt. Derartiger Fortschritt braucht Führung, Führung braucht Orientierung, und Marken sind für mich das beste Mittel, um diese Orientierung zu schaffen.

Marke → Fortschritt → Glück
= =
Orientierung → besser leben → Gutes Leben
↓ + +
Führung → besser handeln → gutes Handeln

Führung geht uns alle an, weil unser Glück davon abhängt, dass wir die Möglichkeit haben, gut zu handeln. Und deshalb möchte ich Sie auffordern und herausfordern, sich aktiv mit der Führung, die Sie ausüben oder die Ihnen widerfährt, auseinanderzusetzen. Das Modell und die Begriffe, die ich Ihnen vorgestellt habe, sind dabei eine Möglichkeit, sich ein Bild von der Welt zu machen, um diese besser ordnen und verstehen zu können. Wir brauchen solche Begriffe, um uns über unser Denken und unser Handeln auszutauschen. Eine gemeinsame Sprache zu finden ist der erste Schritt zu jeder konstruktiven Auseinandersetzung.

Und diese Auseinandersetzung wird nicht einfach. Sie werden auf Widerstände oder Desinteresse stoßen und Sie werden auch als Führungskraft immer wieder daran scheitern, ihrem Markenzweck und ihrer Philosophie treu zu bleiben. Ist es mir in der Praxis immer gelungen, so konsequent zu führen und mit gutem Beispiel voranzugehen, wie ich es von guten Anführern erwarte? Auf keinen Fall. Und es wird mir und uns auch in Zukunft nicht immer gelingen. Wir sind und bleiben alle Menschen mit Fehlern und Schwächen und sollten deshalb schon aus eigener Erfahrung idealisierten Geschichten von großen Führungspersönlichkeiten erst einmal misstrauen. Vor allem sollten wir aber zwischen *erfolgreicher* Führung und *guter* Führung unterscheiden. Ein erfolgreicher Anführer mag seine Ziele erreicht und seine Gefolgschaft zu bedingungslosem Einsatz *ver*führt haben. Deren eigenem Glück muss er damit aber noch lange nicht gedient haben. Gute Führung entsteht erst im Einvernehmen zwischen dem Eigentümer und den Agenten einer Marke, unter Berücksichtigung der Erwartungen von Außenstehenden. Gute Führung ist Führung von oben wie von unten, von innen wie von außen. Sie ist das Ergebnis einer bewussten Verständigung über die Zwecke, denen wir

....

uns widmen wollen, und die Philosophie, der wir dabei folgen wollen. Von wem der Anstoß zu dieser Verständigung kommt, spielt keine Rolle. Warum also nicht von Ihnen?

Sprechen Sie mit den Menschen, denen Sie in der Kantine oder der Teeküche begegnen, über den Zweck und die Philosophie Ihrer Marke. Wofür wollen wir eigentlich stehen? Woran glauben wir eigentlich? Hinterfragen Sie die Praxis Ihrer Organisation. Warum machen wir das überhaupt? Und warum so und nicht anders? Was ist uns wichtig? Seien Sie nicht einfach irgendwie tätig, sondern handeln Sie und treffen Sie bewusste Entscheidungen, die einem Zweck dienen. »Ein Leben ohne alles Sprechen und Handeln«, in dem wir einfach nur einer Arbeit nachgehen, um unseren Lebensunterhalt zu verdienen, nennt Hannah Arendt »buchstäblich kein Leben mehr, sondern ein in die Länge eines Menschenlebens gezogenes Sterben«.[74] Für Arendt, die sich bereits Ende der 50er-Jahre beeindruckend hellsichtig mit unserer Arbeits- und Massengesellschaft auseinandergesetzt hat, werden wir überhaupt erst zu einzigartigen Menschen, indem wir uns sprechend und handelnd in die Welt einschalten – insbesondere in unsere Arbeitswelt.

Der Rückzug ins Private, der mit dem Konzept der »Work-Life-Balance« einhergeht, ist ein Irrweg. Es geht nicht darum, mehr oder weniger zu arbeiten, sondern darum, besser zu arbeiten, damit wir besser leben können. Wenn wir wollen, dass die Arbeit unserem Glück nicht im Wege steht, dann dürfen wir uns nicht sprachlos von ihr abwenden, sondern wir müssen miteinander sprechen und uns unser Handeln bewusst machen. Das ist eine große Herausforderung, aber auch eine große Chance, die unsere volle Aufmerksamkeit verdient.

Anhang

Anregungen zum Lesen

Die folgende Literaturliste soll nicht dem Nachweis von Quellen dienen. Es wäre auch völlig unmöglich, vollständig aufzulisten, welche Erfahrungen, Gespräche und Texte zu den Gedanken geführt haben, die in dieses Buch eingeflossen sind, und welchen Menschen ich dafür zu Dank verpflichtet wäre. Verstehen Sie die folgenden Titel bitte einfach als Anregungen aus meinem Bücherregal. Dort stehen viele Bücher im englischsprachigen Original, aber ich bin mir sicher, dass Sie von den meisten auch eine Übersetzung finden werden. Hauptsache, Sie lesen weiter. Und lesen Sie weiterhin Bücher, denn Bücher fordern und stärken wie kein anderes Medium unsere Fähigkeit zu Aufmerksamkeit und Fokussierung. Nehmen Sie sich die Zeit dafür, es lohnt sich.

- Arendt, Hannah: *Vita activa oder vom tätigen Leben,*
  Piper, München 2002
- Aristoteles: *Nikomachische Ethik,*
  Übersetzt und herausgegeben von Ursula Wolf.
  Rowohlt, Reinbek bei Hamburg 2006
- Belz, Christian: *Marketing gegen den Strom,*
  Schäffer-Poeschel, Stuttgart 2012
- Berzbach, Frank: *Die Kunst ein kreatives Leben zu führen.*
  Anregung zu Achtsamkeit,
  Hermann Schmidt, Mainz 2013
- Bueb, Bernhard: *Von der Pflicht zu führen.*
  Neun Gebote der Bildung,
  Ullstein, Berlin 2009
- Cain, Susan: *Quiet. The Power of Introverts in a World That Can't Stop Talking,*
  Crown, New York 2012
- Carr, Nicholas: *The Shallows. What The Internet Is Doing To Our Brains,*
  Norton, New York 2011

- Chatfield, Tom: *How to Thrive in the Digital Age*,
  Macmillan, London 2012
- Chouinard, Yvon: *Let my people go surfing:*
  the education of a reluctant businessman,
  Penguin Books, New York 2006
- De Botton, Alain: *The Architecture of Happiness*,
  Vintage, New York 2008
- De Botton, Alain: *The Pleasures and Sorrows of Work*,
  Vintage, New York 2010
- De Botton, Alain: *Religion for Atheists.*
  A Non-Believer's Guide to the Uses of Religion,
  Vintage, New York 2013
- De Botton, Alain: *The News. A User's Manual*,
  Vintage, New York 2014
- Dave, Karen: *Warum die Sache schiefgeht. Wie Egoisten,*
  Hohlköpfe und Psychopathen uns um die Zukunft bringen,
  Galiani, Berlin 2014.
- Dobelli, Rolf: *Die Kunst des klaren Denkens*,
  Hanser, München 2011
- Dobelli, Rolf: *Die Kunst des klugen Handelns*,
  Hanser, München 2012
- Eggers, Dave: *The Circle*,
  Penguin Books, New York 2013
- Emerson, Ralph Waldo: *A Critical Edition of the Major Works*,
  Oxford University Press 1990
- Eppler, Erhard: *Auslaufmodell Staat?*,
  Suhrkamp, Frankfurt 2005
- Esslinger, Hartmut: *Schwungrat,*
  Wie Design-Strategien die Zukunft der Wirtschaft gestalten,
  Wiley-VCH, Weinheim 2009
- Frankfurt, Harry G.: *On Bullshit*,
  Princeton University Press 2005
- Fried, Jason / Hansson, David: *Rework*,
  Crown, New York 2010

- Godin, Seth: *Tribes. We Need You to Lead Us*,
  Portfolio, New York 2008
- Hessel, Stéphane: *Empört euch!*,
  Ullstein, Berlin 2011
- Hsieh, Tony: *Delivering Happiness.*
  A Path to Profits, Passion, and Purpose,
  Hachette Book Group, New York 2010
- Huxley, Aldous: *Brave New World & Brave New World Revisited*,
  Harper & Row, New York 1965
- Kabat-Zinn, Jon: *Wherever you go, there you are:*
  mindfulness meditation in everyday life,
  Hyperion, New York 2005
- Kahneman, Daniel: *Thinking, Fast and Slow*,
  Penguin Books, London 2012
- Keller, Gary: *The One Thing. The Surprisingly Simple Truth*
  Behind Extraordinary Results,
  Bard Press, Austin 2013
- Klein, Naomi: *No Logo*,
  Picador, New York 1999
- Kraus, Katja: *Macht. Geschichten von Erfolg und Scheitern*,
  S. Fischer, Frankfurt 2013
- Krznaric, Roman: *How To Find Fullfilling Work*,
  Macmillan, London 2012
- Lanier, Jaron: *You are not a Gadget. A Manifesto*,
  Vintage, New York: 2011.
- Mackey, John / Sisodia, Raj: *Conscious Capitalism.*
  Liberating the Heroic Spirit of Business,
  Harvard Business School Publishing 2014
- Martin, Roger: *The Opposable Mind*,
  Harvard Business Press 2009
- Mayer-Schönberger, Viktor / Cukier, Kenneth:
  Big Data. A Revolution That Will Transform
  How We Live, Work and Think,
  John Murray, London 2013

- McIntyre, Alasdair: *After Virtue. A Study in Moral Theory*,
  Bloomsbury, London 2011
- Melville, Hermann: *Bartleby*,
  Penguin Books, New York 1995
- Milan, Debbie: *Brand Thinking And Other Noble Pursuits*,
  Allworth, New York 2013
- Montague, Ty: *True Story:*
  How to Combine Story and Action to Transform Your Business,
  Harvard Business Review Press 2013
- Morozov, Evgeny: *To Save Everything, Click Here:*
  The Folly of Technological Solutionism,
  Public Affairs, New York 2014
- Mycoskie, Blake: *Start Something That Matters*,
  Spiegel & Grau, New York 2012
- Olins, Wally: *Brand New: The Shape of Brands to Come*,
  Thames & Hudson, New York 2014
- Packer, George: *The Unwinding.*
  An Inner History of the New America,
  Farrar, Straus and Giroux, New York 2013
- Pink, Daniel H.: *Drive.*
  The Surprising Truth About What Motivates Us,
  Riverhead Books, New York 2009
- Pink, Daniel H.: *To Sell Is Human.*
  The Surprising Truth About Moving Others,
  Riverhead Books, New York 2013
- Pirsig, Pobert M.: *Zen und die Kunst, ein Motorrad zu warten*,
  Fischer Taschenbuch, Frankfurt am Main 1978
- Popper, Karl R.: *Objektive Erkenntnis. Ein evolutionärer Entwurf*,
  Hoffmann und Campe, Hamburg 1995
- Popper, Karl R.: *Alles Leben ist Problemlösen.*
  Über Erkenntnis, Geschichte und Politik,
  Piper, München 1996
- Ramge, Thomas: *Montags könnt ich kotzen.*
  Vom ganz normalen Bullshit,
  Rowohlt, Reinbek bei Hamburg 2014

- Ries, Eric: *The Lean Startup,*
  Portfolio, London 2011
- Sandel, Michael J.: *Justice. What's The Right Thing To Do?,*
  Farrar, Straus and Giroux, New York 2010
- Sandel, Michael J.: *What Money Can't Buy.*
  The Moral Limits Of Markets,
  Penguin Books, London 2013
- Schieche, Arnd / Errichiello, Oliver: *Marke ohne Mythos,*
  Gabal, Offenbach 2013
- Schwartz, Peter: *The Art of the Long View.*
  Planning for the Future in an Uncertain World,
  Crown Business, New York 1996
- Schwingen, Hans-Christian / Schmidt, Tobias:
  Marken Treiben Wandel,
  Hoffmann und Campe, Hamburg 2011
- Sinek, Simon: *Start With Why,*
  Penguin, New York 2011
- Sinek, Simon: *Leaders Eat Last,*
  Penguin, New York 2014
- Skidelsky, Robert und Edward: *Wie viel ist genug?*
  Vom Wachstumswahn zu einer Ökonomie des guten Lebens,
  Kunstmann Verlag, München 2013
- Sommer, Bernd / Welzer, Harald: *Transformationsdesign.*
  Wege in eine zukunftsfähige Moderne,
  Oekom, München 2014
- Stengel, Jim: *Grow. How Ideals Power Growth and*
  Profit at the World's Greatest Companies,
  Crown Business, New York 2011
- Tapscott, Don: *grown up digital. how the net generation is*
  changing your world,
  McGraw Hill, New York 2009
- Thaler, Richard H. / Sunstein, Cass R.: *Nudge.*
  Improving decisions about health, wealth and happiness,
  Penguin Books, London 2009
- Thiel, Peter: *Zero to One.*

Notes On Startups, Or How To Build The Future,
Crown Business, New York 2014

· Thoreau, Henry David: *Walden and Civil Disobedience.*
A Norton Critical Edition,
W. W. Norton & Company, New York 1966

· Vašek, Thomas: *Work-Life-Bullshit.*
Warum die Trennung von Arbeit und Leben in die Irre führt,
Riemann, München: 2013.

· Veken, Dominic: *Ab jetzt Begeisterung.*
Die Zukunft gehört den Idealisten,
Murmann, Hamburg 2009

· Watzlawik, Paul: *Anleitung zum Unglücklichsein,*
Piper, München 1990

· Welzer, Harald: *Selbst denken. Eine Anleitung zum Widerstand,*
S. Fischer, Frankfurt am Main 2013

· Zepter, Nicole: *Kunst hassen. Eine enttäuschte Liebe,*
Tropen, Stuttgart 2013

· Zinn, Howard: *A People's History of the United States,*
Harper Collins, New York 2001

Anmerkungen

1 Alle Übersetzungen aus der Ausgabe von
   Ursula Wolf, Rowohlt, 2006
2 Vašek, Thomas: *Work-Life-Bullshit*, München 2013
3 Kahnemann, Daniel: *Thinking, Fast and Slow*, London 2012
4 Berzbach, Frank: *Die Kunst ein kreatives Leben zu führen.*
   Anregung zu Achtsamkeit, Mainz 2013
5 Sandel, Michael J.: *What Money Can't Buy*, London 2013
6 Stengel, Jim: *Grow. How Ideals Power Growth and Profit at the*
   World's Greatest Companies, New York 2011
7 Dank an Matthias Eylers frei nach John F. Kennedy.
8 *www.dpma.de/marke/recherche/*
9 Der erklärte Zweck der Marke »NSA« lautet »Defending our
   Nation. Securing the Future.«, und für Snowden standen
   die tatsächlichen Handlungen der Führung und Mitarbeiter der NSA im direkten Widerspruch zu diesem selbst
   erklärten Zweck. Abgesehen davon entsprachen die
   Praktiken auch nicht seiner Vorstellung der Marke
   »Amerika«.
10 Roberts, Kevin: *Lovemarks*, London 2005
11 »Was Kunden wirklich wollen«. Harvard Business Manager,
   September 2010
12 Aristoteles: *Nikomachische Ethik I.8.3*
13 Falls Sie es noch nicht gesehen haben, schauen Sie sich
   zumindest die ersten Minuten an: *www.ted.com/talks/*
   simon_sinek_how_great_leaders_inspire_action
14 Masonite produziert bis heute ausschließlich Türen und
   zwar an 60 Standorten bis zu 120.000 Türen am Tag.
15 Ein Projekt der Agentur Heimat Hamburg, deren
   Geschäftsführer der Autor bis Anfang 2014 war.
16 *www.dcgk.de/de/kommission.html*

[17] Für beide Organisationen war der Autor in der Vergangenheit tätig. Die Berliner Flughäfen waren Kunde der Agentur Jung von Matt/Spree. Der HSV wurde zeitweise durch Heimat Hamburg werblich betreut.

[18] *www.berlin-airport.de/de/unternehmen/ markenkommunikation/unsere-marke/index.php* – Stand 7.10.14

[19] *www.siemens.com/press/pi/AXX20140968d*

[20] *www.miele.de/haushalt/philosophie-442.htm* – Stand 20.01.2015

[21] *www.volkswagenag.com/content/vwcorp/content/de/the_ group/strategy.html* – Stand 21.01.2015

[22] Unternehmensleitbild Deutsche Bahn: *www.deutschebahn. com/file/de/2191740/-pt3UdswTzIyRU960SLPW8P- 9BUQ/2192512/data/konzernleitbild.pdf*

[23] Schwingen, Hans-Christian / Schmidt, Tobias: *Marken Treiben Wandel.* Deutsche Telekom 2011.

[24] Ebenda, S. 17.

[25] *www.faz.net/aktuell/feuilleton/medien/mathias-doepfner- warum-wir-google-fuerchten-12897463.html*

[26] *www.google.de/about/*

[27] Ries, Eric: *The Lean Startup,* London 2011

[28] Thiel, Peter: *Zero to One,* New York 2014

[29] *www.rocket-internet.com/about* – Stand 21.01.2015

[30] *www.uni-muenchen.de/ueber_die_lmu/index.html* –Stand 21.01.2015

[31] Homepage Spiegel-Gruppe Oktober 2014, Text unterschrieben von Geschäftsführer Ove Saffe

[32] Homepage VHB, Zitat aus dem Mission Statement der VHB, Oktober 2014

[33] *www.axelspringer.de/downloads/21/16537145/Axel_Springer_ Homepage_DE.pdf*

[34] *www.porsche.com/germany/aboutporsche/responsibility/* – Stand 21.01.2015

[35] *www.bertelsmann.de/unternehmen/grundwerte/unser-verstaendnis/* – Stand 21.01.2015

[36] *www.axelspringer.de/artikel/Unsere-Homepage-Was-wir-sind-und-was-wir-wollen_40314.html* – Stand 21.01.2015

[37] *www.commerzbank.de/de/nachhaltigkeit/markt___kunden/Clients.html* – Stand 21.01.2015

[38] *www.karstadt-karriere.de/das-unternehmen#Unsere%20Werte* – Stand 21.01.2015

[39] *http://about.hm.com/en/About/sustainability.html*

[40] *www.ikea.com/ms/de_DE/this-is-ikea/people-and-planet/index.html*

[41] *www.patagonia.com/us/patagonia.go?assetid=2388*

[42] *www.rwe.com/web/cms/de/11806/rwe/verantwortung/nachhaltige-unternehmensfuehrung/* – Stand 21.01.2015

[43] *https://www.commerzbank.de/media/konzern_1/konzerninfo/verhaltensrichtlinie/Compliance_Verhaltensrichtlinie_de_Juli11.pdf*

[44] *www.dpdhl.com/de/ueber_uns/code_of_conduct.html* – Stand 21.01.2015

[45] *www.ft.com/cms/s/0/0e3f0760-1bef-11e4-9666-00144feabdc0.html#axzz3GYpkOkyN*

[46] *www.gls.de/privatkunden/ueber-die-gls-bank/arbeitsweisen/anlage-und-finanzierungsgrundsaetze/* – Stand 21.01.2015

[47] *www.kaufland.de/Home/05_Unternehmen/001_Unsere_Werte/002_Teamkultur/index.jsp* – Stand 21.01.2015

[48] *http://corporate.vattenfall.de/nachhaltigkeit/gesellschaft-und-stakeholder/* – Stand 21.01.2015

[49] *www.apple.com/de/supplier-responsibility/* – Stand 21.01.2015

[50] *www.allianzdeutschland.de/engagement*

[51] *www.axelspringer.de/artikel/Grundsaetze-und-Leitlinien_40218.html*

[52] *https://www.commerzbank.de/de/hauptnavigation/presse/pressemitteilungen/archiv1/2014_1/3_quartal/presse_archiv_detail_14_03_46346.html*

53 *www.zeit.de/studium/hochschule/2014-10/multitasking-laptops-vorlesung-verbot/komplettansicht*

54 Kahnemann, Daniel: *Thinking, Fast and Slow,* London 2012

55 De Botton, Alain. *Religion for Atheists,* New York 2013

56 Es handelt sich um die Agentur Heimat in Berlin, deren Gründer Geschäftspartner des Autors bei der Gründung der Agentur Heimat Hamburg waren.

57 Hsieh, Tony: *Delivering Happiness. A Path to Profits, Passion, and Purpose,* New York 2010

58 Legendäre wiederkehrende Szene aus der Comedy-Serie Little Britain: *https://www.youtube.com/results?search_query=computer+says+no*

59 Ramge, Thomas: *Montags könnt ich kotzen. Vom ganz normalen Bullshit,* Reinbek bei Hamburg 2014

60 McIntyre, Alasdair: *After Virtue. A Study in Moral Theory.* London 2011

61 *www.zeit.de/karriere/beruf/2014-09/datenschutz-zukunft-arbeitnehmer*

62 Sinek, Simon: *Leaders Eat Last,* New York 2014

63 Thaler, Richard H. / Sunstein Cass R.: *Nudge.* London: 2009.

64 Carr, Nicholas: *The Shallows. What The Internet Is Doing To Our Brains,* New York 2011

65 Lanier, Jaron: *You are not a Gadget,* New York 2011

66 Morozov, Evgeny: *To Save Everything, Click Here: The Folly of Technological Solutionism,* New York 2014

67 Tapscott, Don: *grown up digital. how the net generation is changing your world,* New York 2009

68 Zum Beispiel Peter Drucker oder William Edwards Deming.

69 Kabat-Zinn, Jon: *Wherever you go, there you are: mindfulness meditation in everyday life,* New York 2005

[70] Berzbach, Frank: *Die Kunst ein kreatives Leben zu führen. Anregung zu Achtsamkeit,*

[71] Carr, Nicholas: *Wer bin ich, wenn ich online bin ... und was macht mein Gehirn solange?*, München 2011

[72] *http://www.theguardian.com/science/2015/jan/18/modern-world-bad-for-brain-daniel-j-levitin-organized-mind-information-overload*
www.zeit.de/karriere/beruf/2012-08/multitasking-gehirnleistung

[73] Welzer, Harald: *Selbst denken. Eine Anleitung zum Widerstand*, Frankfurt am Main 2013

[74] Arendt, Hannah: *Vita activa oder vom tätigen Leben,* München 2002

Über den Autor

Nach dem Studium der Amerikanistik, Philosophie und Kunstgeschichte begann Andreas Freitag seine berufliche Laufbahn bei Kabel New Media. Es folgten Stationen bei BBDO Interone, Argonauten G2 und Neue Digitale, bevor er 2008 als Geschäftsführer zu Jung von Matt/Spree ging. Neben seiner Agenturtätigkeit entwickelte er immer wieder eigene Geschäftsideen, gründete unter anderem einen Verlag und den Berliner Sofortbild-Shop.

2011 wechselte er als Geschäftsführender Gesellschafter zur Kreativagentur Heimat und baute in den folgenden Jahren den Hamburger Standort auf. Anfang 2014 verließ er Heimat, um ein Studium an den Universitäten von Toronto und St. Gallen mit dem Erwerb jeweils eines »Global Executive MBA« abzuschließen und sich der Arbeit an *Von Marken und Menschen* zu widmen.

Als Pendler zwischen den Welten lebt Andreas Freitag in seiner Heimatstadt Hamburg und im kalifornischen Palo Alto. Mit seiner dort gegründeten Firma Plot Inc. und deren Hamburger Niederlassung hilft er Organisationen und Unternehmen dabei, das Beste aus ihrer Marke zu machen.

Impressum

Wir übernehmen Verantwortung.
Nicht nur für Inhalt und Gestaltung, sondern auch für die Herstellung. Das Papier für dieses Buch stammt aus sozial, wirtschaftlich und ökologisch nachhaltig bewirtschafteten Wäldern und entspricht deshalb den Standards der Kategorie »FSC MIX«.

Die Druckerei ist FSC- und PEFC-zertifiziert. FSC (Forest Stewardship Council) ist eine Organisation, die sich weltweit für eine umweltgerechte, sozialverträgliche und ökonomisch tragfähige Nutzung der Wälder einsetzt, Standards für nachhaltige Waldwirtschaft sichert und regelmäßig deren Einhaltung überprüft. Durch die Zertifizierung ist sichergestellt, dass kein illegal geschlagenes Holz aus dem Regenwald verwendet wird, Wäldern nur so viel Holz entnommen wird, wie natürlich nachwächst, und hierbei klare ökologische und soziale Grundanforderungen eingehalten werden.

Bücher haben feste Preise!
In Deutschland hat der Gesetzgeber zum Schutz der kulturellen Vielfalt und eines flächendeckenden Buchhandelsangebots ein Gesetz zur Buchpreisbindung erlassen. Damit haben Sie die Garantie, dass Sie dieses und andere Bücher überall zum selben Preis bekommen: bei Ihrem engagierten Buchhändler vor Ort, im Internet, beim Verlag. Sie haben die Wahl. Und die Sicherheit. Und ein Buchhandelsangebot, um das uns viele Länder beneiden.

© 2015
Verlag Hermann Schmidt Mainz
(und beim Autor)

Gestaltung: Sven Ingmar Thies, Christina Hosiner
www.thiesdesign.com
Satz: Bettina Andresen, Laura Eckes
Verwendete Schriften: Diogenes von Ludwig Übele
Papier: Munken Print Cream 80g/m² 1.8 vol FSC
Gesamtherstellung: CPI, Ulm

Printed in Germany with Love. 🔒

Verlag Hermann Schmidt Mainz
Gonsenheimer Straße 56, 55126 Mainz
Tel +49 (61 31) 50 60-0, Fax +49 (61 31) 50 60-80
info@verlaghermannschmidt.de
www.verlaghermannschmidt.de
facebook: Hermann Schmidt Verlag
twitter: VerlagHSchmidt

ISBN 978-3-87439-866-4